本书系国家社科基金重大项目"中国疆域最终奠定的路径与模式研究"成果一部分
项目号：15ZDB28

STUDY ON THE ETHNIC GROUPS AND RELICS ALONG THE NORTHEAST ASIA ANCIENT SILK ROAD

東北亞古絲路民族與文物研究

邓树平 著

燕山大学出版社
·秦皇岛·

图书在版编目（CIP）数据

东北亚古丝路民族与文物研究 / 邓树平著. 一秦皇岛：燕山大学出版社，2021.3
ISBN 978-7-5761-0056-3

Ⅰ. ①东… Ⅱ. ①邓… Ⅲ. ①民族文化－研究－东北亚经济圈②文物－考古－研究－东北亚经济圈 Ⅳ. ①K310.03②K883.1

中国版本图书馆 CIP 数据核字（2021）第 017916 号

东北亚古丝路民族与文物研究
DONGBEIYA GU SILU MINZU YU WENWU YANJIU

邓树平　著

出 版 人：陈　玉
图书策划：陈　玉　裴立超
责任编辑：柯亚莉　唐　雷　李　冉
装帧设计：刘维尚
出版发行：燕山大学出版社 YANSHAN UNIVERSITY PRESS
地　　址：河北省秦皇岛市河北大街西段 438 号
邮政编码：066004
电　　话：0335-8387555
印　　刷：秦皇岛墨缘彩印有限公司
经　　销：全国新华书店

开　　本：889mm×1194mm　1/16　　印　张：21.25　　字　数：450 千字
版　　次：2021 年 3 月第 1 版　　印　次：2021 年 3 月第 1 次印刷
书　　号：ISBN 978-7-5761-0056-3
定　　价：198.00 元

作 者 简 介

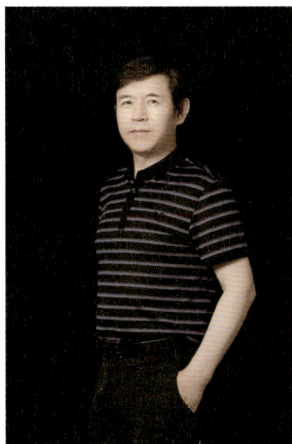

邓树平，男，满族。1967 年 6 月 1 日生，黑龙江省海伦人。本科学历。

现任燕山大学东北亚古丝路文明研究中心主任；东北亚古丝路文明博物馆馆长；副研究馆员，硕士生导师。

长期从事田野考古调查与东北古代民族史和东北亚古丝路城站驿路研究，足迹遍布东北三省和河北及内蒙古部分地区。特别是对古代橐离史与夫余史研究，已经分别取得了哈尔滨市社科学院重点科研项目 1 项、国家社科基金重大委托和重大项目 2 项、国家社科基金一般项目 1 项成果。

主持国家社会科学基金重大项目"东北抗联档案文献整理翻译与研究"子课题"东北抗战遗址遗迹调查与研究（黑龙江卷）"，项目批号：16ZDA136。

参与国家社科基金重大委托项目"中国东北方国属国史研究"子课题"夫余史研究"，项目批号：10@ZH006。

参与完成国家社科基金项目"黑龙江省萝北县共青农场七连北山古山城遗址调查简报"，项目批号：10 & ZD085。

参与吉林大学种子基金项目"黑龙江省萝北县共青农场七连北山古山城遗址调查简报"，项目批号：201022018。

主持河北省社会科学基金项目"东北亚古丝路沿线古城驿站（河北段）调查与研究"，项目批号：HB20KG002。

参与完成黑龙江省社科重大委托项目"肃慎女真族系研究"子课题"黑水靺鞨地有范围与黑水府治初探"，项目批号：08A—004。

主持完成哈尔滨市社科院重点科研项目 1 项"橐离史研究"。

出版学术专著 1 部，《橐离历史与文化研究》，2012 年由黑龙江人民出版社出版。

出版学术著作（合著）《夫余史》（国家社科基金重大委托项目），2019 年由中国社会科学出版社出版。

在《社会科学战线》《边疆考古研究》《北方文物》《满族研究》等期刊上发表学术论文 20 余篇。

2020 年 6 月，资政报告《发挥卡位优势，助推河北省引领"东北亚古丝路文明"建设》，获得河北省三位副省级领导重要批示。

曾多次参加国际学术交流与国家级和省级学术研讨会，其间发表学术论文 10 余篇。

曾主持策划 5 次大型学术会议。

2011 年被哈尔滨市社会科学院聘为特邀研究员；

2012 年被黑龙江大学黑龙江流域文明研究中心聘为客座研究员；

2015 年被哈尔滨师范大学历史文化学院聘为客座教授。

现系：中国民主同盟盟员；中国民族学会会员；中国博物馆协会会员；中国辽金女真契丹史学会会员；中国剪纸家协会会员；黑龙江省文物博物馆学会会员；黑龙江省历史学会会员。

序

我国东北地区、内蒙古东北部，蒙古国东北部、俄罗斯之远东，向东延伸到朝鲜半岛、日本列岛，这一广阔地带，处亚洲东北部，概称"东北亚"。

从地理学上说，东北亚无疑是亚洲的一个地理单元。若与亚洲的其他地理单元相比，东北亚的位置占优，自然条件更为优越。诸如肥沃的东北大平原，水草丰茂的蒙古大草原，雄奇的长白山、内外兴安岭、锡霍特山等，皆为林海所覆盖；从南到北，自东至西，江河湖海纵横交错，为大地注满生机！

东北亚物种之多，生态之盛，实居亚洲前列。在这里，寒暑交替，四季分明，可农垦，可游牧，可渔猎，可采伐，适合人类从事各种生产实践活动。肥沃的土地、丰厚的自然资源，孕育出众多民族，产生出不同类型的文明与多姿多彩的文化。

打开世界地图，把目光投向东北亚，马上就会发现：我国东北地区处东北亚中心，同时也是多民族活动与文明文化凝集的中心。这些民族及文化都详载于中国历史典籍，地下出土文物及地面留下的残迹，与文献相印证，无可置疑，证明东北地区确属东北亚文明文化的发源地。

本书（《东北亚古丝路民族与文物研究》，以下简称《文物》）以东北亚为研究对象，阐述了这一区域诸民族的各自历史及其文化创造。这是一个全新的学术命题。在此之前的数十年间，我国学者尤其是东北地区的学者从未对东北亚民族历史文化展开研究，当然，也未提出过相关的命题。他们将全部注意力集中在东北地区，迄今已出版长短不一的8部东北通史，几无一点东北亚地区的信息！已发表成千累万的学术论文，也没有东北亚的研究成果。个别论文在论及东北亚国际关系时，才提到东北亚，这只是地理位置概念，不具文化意义。可见，东北亚民族历史文化研究长期无人问津，留下一块学术空白。《文物》之作，终于弥补此空白，可喜可贺！

或许有人会提出疑问：本书研究的内容，不也是东北史的内容吗？与研究东北史有何不同？表面看，两者似无不同，但换个眼光，从深层次看，两者是大不同。研究东北史者，只见东北，不见东北亚；对东北史的研究就事论事，重复书写历代东北史的演变过程，却忽略东北诸民族对东北亚及对中国有何影响。其结果，至今还未识东北在历史上的战略地位，还不承认东北民族的文化创造，一提到具体文物遗存，总是论定是"受中原文化的影响"，或说成是从中原"传来"的。甚至连"红山文化"也未看重，在一些东北通史及一些论文中，"红山文化"只作为一般考古发掘，与其他一般性文物予以简单介绍而已！考古学界对"红山文化"早有定论，以已故考古大家苏秉琦为代表，称此文化为"中华文明曙光"，如女神庙、积石冢已证明此时代已经进入文明社会的"门槛"，它的出现，把中华文明提前了1000余年，中国与埃及、印度一样，已成为与之并列的文明古国。这些结论已在20世纪80年代由《光明日报》发表。遗憾的是，一些学者还不能认识到它的价值，因而也不认识东北地区的重要性。具体说，就是东北对中国历史发展有多大作用，不予了解，因为不予认识，也难以解释清楚。那么，"红山文化"在东北地区应居何种地位，有何价值，更不可能为学者们所认识！

《文物》与以往的研究完全不同。首先，它是以东北亚的视野看东北，使我们清楚地看到：东北亚的文明与文化皆源于我国的东北地区，如上文提到的"红山文化"，其不只是"中华文明的曙光"，也是"东北亚的文明曙光"！东北地区周边的国家与地区，没有一个文明走在"红山文化"的前面。以朝鲜为例，中国典籍记载，至周灭商时，其商之贵族箕子率华夏族人经辽东，进入朝鲜北部立国。其后，直至清代，朝鲜一直是中国历代王朝的属国，东北地区的南部辽东（今辽宁）一直是朝鲜朝贡中原的通道，它所受的文化全是华夏文化即儒家文化的影响。至于日本之文明同样远在"红山文化"之后。俄之远东，是东北亚最北端，其族迟至17世纪中期才出现在中国黑龙江流域。所以，东北地区的文明文化对东北亚之影响是决定性的，因而提升了我们对东北地区历史地位的认识。其次，东北史的一个基本问题，就是民族问题。数千年间之东北民族知多少，不知道有哪部东北通史做过统计，人们常见的无非就是那么几个主要民族，反复重复书写。尤其是这些民族如何活动，对东北亚产生什么影响，几无关注。

《文物》以第四纪猛犸象、披毛犀动物群为东北历史之开端，接着是旧石器时代、新石器时代，展示着两个时代的生产生活工具，然后进入到青铜时代至早期铁器时代，各民族相继登上人类的历史舞台，以中国朝代为序，从夏商周至清代，逐朝逐代对东北民族梳理清晰，逐个阐述他们的实践活动和文化创造。诸如橐离、夫余、秽族、貊族、肃慎、挹娄、沃沮、勿吉、靺鞨、女真、满洲，等等。民族不论大小，也不论存续多久，只要在某代时期存在过，皆予表述。在上列民族中，如橐离、夫余、沃沮、勿吉、东夏、黑水靺鞨、东丹等民族与文物研究，迄今国内外还没有一部学术著作进行整体论述，而《文物》全面系统地论列，当属首次！展示东北民族之繁盛，当推《文物》！特别要指出的是，《文物》具体开列东北亚古丝路沿线的民族，计有东胡、肃慎、橐离、秽与貊、乌桓、鲜卑、夫余、挹娄、匈奴、高句丽、契丹、女真、靺鞨、蒙古、满洲等族。这些民族的实践活动，对于东北亚历史的发展尤其具有重大的历史意义。因为东北亚的民族，绝大多数都集中在东北地区，即使生息在蒙古草原的游牧民族，也必向东北靠拢，在这里再获发展壮大的机会。

《文物》突破传统的东北史研究局限，放眼东北亚，这不是眼界的扩大问题，更重要的是，真正揭示东北史的真相与本质，从亚洲的一角揭示中国华夏文明对人类历史发展的重要贡献！

前面已提到东北亚古丝路问题，这是《文物》首次提出的一个新的学术概念。此前，我们只知道西北有一条"丝绸之路"，兴于汉代通西域，历代相沿，我国生产的丝绸、瓷器等就通过此条通道达西亚各国。东北亚是否也有一条"丝路"？改革开放初，确有个别学者提出东北亚地区乌苏里江下游与黑龙江汇流地区的少数民族，还有生活在库页岛上的"虾夷"，通过海上，把内地丝绸、瓷器、茶叶等贩运到日本列岛的北海道，称这条水道为"海上丝绸之路"，仅此而已。其后，不见有学者继续此项论证。直至今日，始有《文物》提出东北亚古丝路不仅存在，且论证始于汉，此路一经开通，历代相沿，直到清代，有所扩大。此路之起点，皆起自历代王朝之都城，经辽东，再分路前进。如前已提出，自辽东通过今丹东入朝鲜。还有水路，自辽东入辽河，进入吉林，再连松花江，至下游江口与黑龙江汇流，直达北海，今属俄境，当为东北亚最北端。唐在黑龙江中游设黑水都督府，元在此地区设征东元帅府，明在此设奴儿干都指挥使司，清设置吉林将军、黑龙江将军分辖黑龙江流域地区。这些地点与地段，皆为东北亚古丝路的必经地。向西北，通过东北大平原，即进入蒙古地区，将中原与东北文物传入，是为东北亚古丝路之一。这几条通道，不仅具有经济上的作用，同时也是一条文化通道。显然，东北是连接我国中原华夏与东北亚各地区包括相关国家的纽带，"内循环"（指国内经济文化交流）与"外循环"（与周边的国家与地区交流）连接处。

东北亚古丝路是真实的存在，只是长久未被发现，因为没有深入研究，不能将这条存续一两千年的古丝路真实地再现出来。《文物》就是这条路的发现者，并以"东北亚古丝路"命名，也是名副其实，与历史事实完全吻合。《文物》的这一学术发现与论证，足以弥补东北史研究中又一空白，为未来研究指明方向。

《文物》的研究方法，值得推崇，它把历史文献与考古有机结合起来，使研究别开生面，向纵深发展。这个研究方法称不上奇特，不过是学术研究普遍适用的基本方法。问题是，在实际研究中却很少应用。从事史学研究的只专注于文献典籍，从中寻找相关史料，对与之相关的出土文物却不予重视，甚至无视其存在。同样，搞考古的，则轻视文献，只断其物生成年代，为哪个王朝所有，至于器物所含文化就不予解读了。考古方面的问题，就不去说它了。我们从事文献研究的，不重考古、不识文物，不能不是一个严重的缺欠。如前已指出，不识"红山文化"，就不认识史前东北真相，不能正确评价这一时期东北的历史地位。这里，再补充一个事例：在彰武查海出土用石砌的长龙，长19米多。在长江流域，在山东也出土过"龙"，远未有查海龙的规模，故被誉为"中华第一龙"。又如，在吉林省王府屯发现古人类遗址，距今百万年！在全国已发现百万年的古人类遗址，不足十处，东北即有一处。综合这些考古发掘的成果，可以确认：东北地区是中华文明发源地之一。如果无考古发掘，我们无论如何也不能正确认识东北！因此，一些东北通史对史前东北就写不出它的历史真相！

《文物》恰好克服东北史研究的这一弊端，在研究东北亚每一个民族，书写其历史时，都把他们各自的文物逐一地提出来，逐一解释该文物的文化意蕴。《文物》是以固态来展现文化的，这种文化就是物质文化，与文字记录的文化相区别开来。这就是书写各民族的历史，要依赖文献典籍的文字记载，反映各个民族的文化，除了部分取之文献，主要是对文物展开深入研究，这比研究文献难度更大。对文物的辨析贯彻于全书之中，每个民族的文化创造，都选若干文物为代表，把它们的各自文化反映出来。以往东北史研究，是在抄录古书记载，把认为是文化的文字转换成说明。《文物》靠的是对具体文物构件的反复研究，给出答案。文物不同，文化含义也不同，显示各个民族间的文化差异，其发展水平不一，高与低、先进与落后，易见分晓。《文物》就是通过不同的文物，把不同文化具体化、形象化，这是《文物》的又一个显著的学术创新。

《文物》准确而翔实地展现东北亚古丝路从开创到持续发展的数千年历程，令人耳目一新，在中国东北史研究中独树一帜，可谓一花独秀！这并非夸大。改革开放以来，史学成果之繁盛，简直是不可胜计！其中，重复书写，大同小异，比比皆是，根本原因，就是缺乏学术创新！我说《文物》独特，就是指它与东北史已出的书无雷同，更非重复以往的内容，而是以新视角、新观念、新方法，重新解释在东北本土生长起来的各民族的历史与文化，给予正确评价。《文物》全面创新，就使它与以往的同类研究及其成果区别开来。

《文物》从选题、内容设计到研究方法，以及学术观点的表达，皆为树平一手操持。据我了解，树平长期致力于东北地区的历史考古，既有野外作业的实践经验，又有熟读相关典籍、刻苦研究的经历，他把考古与文献结合起来，取得了显著成就。树平并没有高深的学历，是自学成才的后起之秀。他做学问如同做人，求真求实，不虚掩，不事夸张，务求符合历史真相！谦虚好学，明明问题已经解决，他还是愿听他人观点，以证他个人的看法是否有误。他尤其尊重前辈人的想法或意见，耐心听取。即使他不同意对方的观点，仍敬之如常，不改初衷。我听过他讲述这类小故事，让我好感动！为人与治学之统一，才使他不断取得进步，走在了同时代学术研究的前列！

树平在撰写本书过程中，多次与我商讨。我上面写的这些文字，皆源出他的想法与观点。本书可以认为是他的学术的一次升华，是多年考古与学术研究的一个结晶。出版此书时，他刚好就职于燕山大学，算是他送给学校的一个大礼包！

我与树平交往有年，彼此相知相信。他邀我为本书写篇"序"，一则盛情难却，一则也有责任推广其学术成就，为学术界提供一门东北亚新学术，就写了上面那些话，是为序。

李治亭

2020 年 8 月 2 日于长春寓所

前　言

　　《东北亚古丝路民族与文物研究》一书的撰写，源自笔者多年来对东北亚区域内诸民族的认识和思索，再佐以对燕山大学东北亚古丝路文明博物馆馆藏文物的整理，从民族与文物视角展开论述，书中难免会挂一漏万。本书有如下四个特点：一是填补东北亚古丝路研究领域空白；二是首次对某民族及文物进行论述；三是将东北亚民族与文物有机联系起来；四是以独特视角对部分文物进行解析。

　　凡本书所收录东北亚古丝路民族与文物的相关材料，均属本人多年来搜集与研究的结果。

　　本书以旧石器时代为开端，新石器时代承接沿袭前人足迹先后开通了早期东北亚通道。进入青铜器时代与早期铁器时代，特别是对东胡、橐离、夫余、肃慎、挹娄、沃沮等族均有翔实阐述。汉、魏、晋至南北朝、隋唐至辽金时期的夫余、勿吉、高句丽、黑水靺鞨、渤海国、契丹、女真、东丹、东夏以及其他族团均有涉猎。其余部分结合学界成说，再辅以各民族文物，文字配图相得益彰。本书基本涵盖了东北亚古丝路沿线的代表性民族。而书中所罗列部分民族文物均属于首次公布，具有资料性、代表性、稀缺性和可读性特征。编撰此书的目的还在于，对东北亚古丝路民族与文物研究领域作初步探索，希望通过此书能够引起学界足够重视。

　　东北亚古丝路沿线民族与中原王朝之间的关系是错综复杂的。早在商周至春秋战国时期，东北亚古丝路沿线民族有东胡、肃慎、橐离、秽族、貊族。秦汉时有匈奴、乌桓、鲜卑、夫余、挹娄诸族。魏晋南北朝时有夫余、高句丽、勿吉、鲜卑。隋唐时期有契丹、渤海国。宋辽金时期主要是契丹建立的辽和女真建立的金朝。元代，蒙古族崛起北方，后占据全国。明末，东北满族兴起，清代，君临全国。上述这些民族的兴衰嬗替，此消彼长，兼并融合，谱写了东北亚历史上五彩缤纷的壮丽画卷。沿线民族所创造出绚丽多姿的各色文化，以其独特的民族特征，逐渐形成中华民族文化的重要组成部分。

　　纵观中国历史，东北亚古丝路沿线民族，有的建立过地方政权或地方民族政权（方国），有的统治过大半个中国，有的统治过整个中国。他们以非凡的智慧和创造力，对中国历史发展进程产生巨大影响，对统一的多民族国家形成和发展作出过突出贡献。

　　本书在撰写过程中，燕山大学有关领导在各方面给予了大力支持，在此表示衷心的感谢！

　　因本人水平所限，错误在所难免，敬祈读者批评指正。

邓树平

2020 年 11 月 6 日于燕山大学

目　　录

Contents

东北亚古丝路民族与文物研究

Chapter 6 Ethnic Groups in Northeast Asia and the Development of Cultural Relics in the Yuan, Ming, and Qing Dynasties

东北亚古丝路民族与文物研究

第一章　东北亚地理环境与石器时代文物

第一节　东北亚地理环境

一、华北地区地理环境

华北地区，一般为秦淮线之北、长城以南广大地区，北与东北和内蒙古接壤。地域范围主要包括今山东、山西、河北、北京、天津和内蒙古一部分，总面积约为79.83万平方公里。

华北地区陆路，东起山海关海滨，沿长城向西北越燕山和辽西山地直至平泉东北与辽宁接壤；由平泉东北端向西北行至围场后，转向西到康保县再南折怀安与内蒙古相连；再由怀安向南至阳原经蔚县至太行山接山西境；南界黄河，东至山东。

华北地区部分省区处东北亚十分重要的位置，特别是华北东部地区的河北、北京、天津等地。又因这一地带属古冀州，因而简称冀（包含北京和天津），又因同属于古燕赵辖境而被统称为燕赵之地。自战国、秦汉、魏晋与南北朝、隋唐至辽金元明清以来，这一地区被历代王朝所重视，也逐渐被东北亚地区诸国所瞩目。

其中，河北省位处北纬36°03′～42°40′，东经113°27′～119°50′；北京位处北纬39°54′，东经116°23′；天津位处北纬39°54′20″，东经116°23′29″。三地均位于华北地区北部（东北）边缘，而北京和天津两地又被河北省呈半包围状态。其中，天津、河北唐山与秦皇岛等地东临渤海，西依太行山，北与辽宁、内蒙古为邻。

华北地区地势总体是西北高、东南低。地貌类型有山地、高原、盆地、丘陵、平原、湖泊、洼淀。域内有太行山、燕山山脉两大山系矗立在西部和北部地区。其中，坝上草原位于最北部区域，自古以来就是天然牧场。

华北地区北部属于温带大陆性季风气候，到了冬季，大部分地区被西北风流所控制，因寒流所产生的大风、降温伴随风雪等天气出现。到了春季则多风和干旱。夏季，随着东南和西南暖风气流的出现，降雨增多，益于农业耕作。

华北地区北部地貌类型，由高原、山地、平原、湖泊和洼地组成。

高原地带，主要集中在河北省北部与内蒙古连接区域，属于蒙古高原的组成部分。其南缘为南西西—北东东向延伸的一列山脉。南坡陡峭，相对高程在 500 米以上，远望如横亘的一道大坝，故将其称之为"坝缘"或"坝上"。坝缘北坡和缓，逐渐向高原过渡。

地质学家根据高原形态特征，将其划分为垅状高原和波状高原两大类型。

垅状高原位于河北省东部，为丰宁和围场县的坝上地区，学术界称其为"围场高原"。在这些垅状高原间，也散布着一些低山或丘陵以及少量的固定沙丘。

波状高原分布在坝上西部，位于张北和保康县辖境及尚义县的坝上部分，因此，学术界又将其称作"张北高原"。波状高原地带有个别的浅山及丘陵，其间也含滩地和熔岩台地，呈波状起伏状态。

山地，主要由高中山、中山、低山和丘陵组成。

平原地带，主要由山前倾斜平原、中部平原和滨海平原构成。

华北地区占据得天独厚的地理优势，温暖的气候，理想的生存环境，自古以来为人们的生产生活提供了诸多便利的自然条件。

华北地区各个历史时期均有代表性遗址，诸如泥河湾遗址、北京周口店遗址、山顶洞遗址，以及诸多新石器时代遗址、各个历史阶段遗址，等等。

二、辽宁省地理环境

辽宁省位于东北南部，居东经 118º50′～125º47′、北纬 38º43′（陆地）～43º29′ 之间。"东北、西北、西南分别与吉林和内蒙古及河北省交界，南濒黄海和渤海，隔渤海海峡与山东半岛相望，东南以鸭绿江与朝鲜半岛唇齿相依。辽宁东西最大距离为 584.5 公里，南北最大距离为 529.4 公里，面积为 14.59 万平方公里，约占全国陆地面积的 1.5％。"[1]

辽宁地势东、西高，中部低，呈东北—西南走向的山地丘陵分列于东西两翼，约占全省面积的 2/3。东、西部山地丘陵一般海拔在 500 米左右，部分山峰在 1000 米以上。辽河平原由巨厚的冲积层构成，平原北部受第四纪松辽分水岭上升的影响，形成起伏平缓的漫岗丘陵；平原南部海拔在 50 米以下，地势低洼，风沙地貌主要分布于西北部地区，岩溶（喀斯特）地貌分布于辽东和辽西的石灰岩分布区。辽宁的地理地貌可分为不同类型，根据大地貌单元形成再结合气候条件、新结构运动以及现代地貌引力作用类同性质，将地貌划分为"侵蚀性构造山地、构造侵蚀山地、腐蚀构造山地、腐蚀丘陵台地、火山堆积台地、山前腐蚀堆积平原、腐蚀堆积谷地等九类"[2]。

侵蚀构造地貌和腐蚀构造地貌，是指原始构造地貌或腐蚀作用受到一定程度的破坏，但仍保持构造形态的基本特征。这种结构地貌主要分布在气候条件比较湿润的辽宁东北部山地。腐蚀性地貌则主要分布在气候比较干燥的辽西山地。构造侵蚀地貌和构造剥蚀地貌，是指原始地貌经过强烈侵蚀或剥蚀作用，保存很差，但是还能显现出构造面和现代地表的一致性。构造侵

[1] 辽宁省地方志编纂委员会办公室主编：《地理志·建置志》，辽宁人民出版社 2002 年版，第 5 页。
[2] 辽宁省地方志编纂委员会办公室主编：《地理志·建置志》，辽宁人民出版社 2002 年版，第 57 页。

蚀地貌主要分布于辽东山地南部丘陵，构造剥腐地貌主要分布在辽西山地中部。[1]

辽宁省海岸线总长度约 2920 公里，其中大陆岸线长 2292.4 公里，约占全国海岸线总长度的 12%；岛屿岸线长 627.6 公里，约占全国海岸线总长的 5%；有大小岛屿 506 个，占全国岛屿总数的 8%。

辽宁省地处中国东部季风区，属中纬度温带季风气候，雨热同季，日照丰富。冬季寒冷期较长，春秋季短。由于地理位置、地貌等因素的影响，省内各地的气候又有较大的差异，主要表现为东湿西干，南暖北冷，平原和沿海多风。

辽宁省河网密集，有大小河流 360 多条，其中，流域面积在 5000 平方公里以上的有 10 条，5000 平方公里以下、1000 平方公里以上的有 45 条。这些河流分别汇入辽河、浑河、太子河、鸭绿江、大凌河和小凌河等外流河后注入渤海与黄海。

辽宁省自然植被处于长白、华北和蒙古三大植被分布区的交汇地带，具有明显的过渡性和混杂性，各植被区的代表相互渗透，交错分布。

多样的自然环境，优越的地理条件，使之自古以来就是人们首选的生存之地。

辽宁省多地发现了旧石器时代早中期遗址、新石器时代遗址，如营口金牛山遗址、本溪庙后山遗址、沈阳新乐文化遗址以及各个历史阶段重要遗址，等等。

三、吉林省地理环境

吉林省位处于中国东北区的中部，地理坐标为北纬 40°52′ ～ 46°18′，东经 121°38′ ～ 131°19′ 之间，东部与俄罗斯南滨海边疆区接壤，东南以图们江和鸭绿江为界与朝鲜隔江相望，南依辽宁省，北邻黑龙江省，西界内蒙古。东西长约 650 公里，南北宽约 300 公里，平面轮廓略呈西北窄东南宽的狭长形。总面积为 18.74 万平方公里，约占全国总面积的 2%。

吉林省东据长白山山地，西卧松辽平原，松花江上游自东而西流经全境，境内最高峰是长白山白云峰，海拔高度为 2691 米，也是我国东北的最高峰。全省的绝大部分地区属温带湿润、亚温润大陆性季风气候。东北山地森林茂密，西部平原与草原辽阔，自然景观具有明显的地带性。

吉林省地势总体是东南向西北降低。东北向延伸的新华夏系与华夏式构造，控制了现代地貌的基本框架。东部长白山地的山脉多呈东北—西南走向，山脉与宽谷盆地相间分布，构成明显的盆—山地形。山的东半部以中山、低山为主，河谷狭窄，并多火山与熔岩台地；西半部以低山丘陵为主，河谷平原开阔。西部松辽平原地势东高西低。平原东半部多和缓起伏的台地，主要由黄土状土构成；西半部以开阔平坦的冲积平原为主，并由大片沙丘覆盖，构成坨子与甸子相间分布的沙地景观。平原西部直抵大兴安岭山麓台地。

吉林省是我国纬度偏高，经度偏东的省区，具有明显的温带大陆性季风气候特征。冬季太阳高度角较小，昼短夜长，地面获得的光热较少，寒冷而干燥。夏季太阳高度角明显增大，昼

---

[1] 辽宁省地方志编纂委员会办公室主编：《地理志·建置志》，辽宁人民出版社 2002 年版，第 57 页。

长夜短，地面获得的光热较多，温暖而湿润。

吉林省有松花江、辽河、鸭绿江、图们江、绥芬河五大水系，流域面积在 20 平方公里以上的河流有 600 余条。其中松花江水系的流域面积最大，辽河水系次之。这些水系的河流大多集中在东部山区，并蕴藏着丰富的水资源和水能资源，为农业灌溉、水力发电、小型航运和水产养殖事业提供了便利条件。

吉林省的植被有森林、草原、森林草原以及草甸和沼泽等多种类型。东部山区，水力充足，适宜森林生长，以针阔叶混交林和次生落叶阔叶林为主的森林植被广泛分布，森林中蕴藏有人参、天麻等数百种药材，以及山葡萄、猕猴桃等食用植物资源。

吉林省东部临近日本海，西部接近内蒙古高原，自然景观具有明显的径向分异规律。全省自东向西依次为东部山地丘陵温带湿润针阔叶混交林暗棕壤地带、山前台地温带亚温润森林草原原黑土地带和松辽平原温带亚温润至亚干旱草甸原黑钙土地带。东部长白山的自然景观具有明显的高度地带性分异规律，自下而上依次为针阔叶混交林带、针叶林带、岳桦林带和高山苔原带。多样的自然条件和丰富的自然资源，自古以来为人们的生产生活提供了各种物质保障。

早在晚更新世末期和全新世初期，吉林境内就有了古人类（安图人等）的生存。在同大自然的斗争中，人类不断发展演化，从东部山地到西部平原几乎到处都留下了石器时代的文化遗存以及各个历史时期的遗址。

四、黑龙江省地理环境

黑龙江省因省内最大河流黑龙江而得名。

黑龙江省有黑龙江、松花江、嫩江、牡丹江、乌苏里江、讷谟尔河、乌裕尔河、拉林河、呼兰河、蚂蜒河、汤旺河、嘉荫河等著名水系。

黑龙江省位于中国东北边陲，地域辽阔，全省总面积为 45.46 万平方公里，约占全国总面积的 4.7%，土地面积全国排名位居第六位。

黑龙江省的东端在抚远黑瞎子岛上（东经 134º24′～135º05′），西端至大兴安岭北部的大林河源头以西（东经 121º11′）；北起漠河以北的黑龙江主航道（北纬 53º33′），南至东宁南端（北纬 43º25′）。东西长 930 公里，跨 14 个经度，时差约 54 分；南北相距约 1120 公里，跨 10 个纬度。黑龙江省北部和东部隔黑龙江与俄罗斯远东地区相望，与俄罗斯远东地区水、陆边界线长达 3045 公里（这是指黑瞎子岛没有回归前的数据）。西部与内蒙古相邻，南与吉林省接壤。

黑龙江省的地形，大致西北部、北部和东南部较高，东北和西南部较低。西北部为东北—西南走向的大兴安岭山地，北部为北西—南东走向的小兴安岭山地，东部为东北—西南走向的张广才岭、老爷岭和完达山脉。兴安山地与东部山地的山前为台地。东北部为三江平原（包括兴凯湖平原），西部则是松嫩平原。

黑龙江省山地海拔高度在 300～1000 米，占全省总面积的 58%；台地海拔高度为 200～350 米，面积占全省总面积的 14%；平原海拔高度为 50～200 米，面积约占全省总面积的28%。地貌特征为五山、一水、一草、三分田。

黑龙江省处于中纬度欧亚大陆东沿与太平洋的西岸，北临寒冷的西伯利亚，南北跨中温带与寒温带。冬季，高空受贝加尔湖高压脊与亚洲大陆东部低压槽控制，而地面受蒙古高压中心与阿留申群岛低压中心的影响，使来自蒙古高压区的干冷极地大陆性气团不断向太平洋阿留申群岛低压区流动，形成冬季风，即常见的寒冷干燥的西北风；夏季，随着太阳辐射能量逐渐加大，亚洲大陆由冬季高压系统转为低压系统，在西太平洋副热带高压控制和高空锋区的影响下，使来自西太平洋的温湿海洋性气团不断向亚洲大陆流动，形成夏季风，即温暖湿润的东南风或南风。

第四纪以来，部分山地相继抬升，平原继续下降。平原在下降过程中有间歇性的上升，形成了山前台地及阶地。

中更新世初期，由于新构造运动的影响，松辽分水岭与小兴安岭隆起。松辽分水岭切断了松花江水系与辽河水系的联系，使松嫩平原与辽河平原分开；小兴安岭切断了结雅河、布列亚河同嫩江的联系，使松嫩平原成为一个独立的盆地。同时，黑龙江汇合松花江向东北流，从而使黑龙江省两大平原区主要水系形成，地貌形态基本定型。山前台地和丘陵漫岗为古人生产生活提供了便利的自然条件，这就产生了旧石器时代晚期至八九千年前的早期山地农业。河边丘岗、泡沼附近高岗均是古人便利的生息地。

黑龙江地区在晚更新世地层中曾出土大量猛犸象、披毛犀动物群组化石。这些大型哺乳动物化石，其绝对年代距今约为10万～1万年。由此反映出黑龙江当时大部分地区为寒冷的干草原环境，也从侧面说明在更新世黑龙江地区有过冷暖交替的变化。当然，这一历史时期，与猛犸象和披毛犀一同存在的古人类也从不会缺席。这期间典型的遗址有阿城交界洞穴旧石器时代中晚期遗址、哈尔滨东郊黄山旧石器时代晚期遗址、闫家岗旧石器时代晚期古营地遗址、饶河小南山旧石器时代晚期遗址，等等。进入新石器时代，黑龙江省多地均发现了数量和规模庞大的遗址或遗址群。另外，全省各地均发现为数众多的各个历史阶段遗址。

五、黑龙江省是连接西伯利亚、日本、北美的纽带

黑龙江省所处的自然地理位置，自古以来就是连接亚洲中部与西伯利亚、日本和北美阿拉斯加地区交往的必经之地。旧石器时代中晚期，从华北至东北，再到西伯利亚以及北美阿拉斯加地区是楔形石核（洲际石核）迁徙的主要路线。国内外学术界曾对我国东海、黄海、渤海以及太平洋沿岸地区进行科学考察，已经掌握晚更新世时期海平面的多次变化，测证距今约127000年至10000年之间曾发生过三次大的海浸。地质学家根据钻探研究后认为，伴随三次海浸而来的还有三次海退。根据碳14年代测定，这三次海退分别在60000～33000年前至15000～12000年前。这和日本学者对此方面的研究结果十分接近。就在这一历史时期，古鞑靼海峡与亚洲大陆连成一片，平均水深只有30多米的白令海峡和库页岛与北海道之间也变成了陆桥。这使得大陆原始居民有条件从日本北部地区进入日本列岛。这条陆桥使得旧石器文化从

大陆传到日本列岛成为可能。

华北地区旧石器时代晚期文化与北美原始文化有着紧密的联系。种种迹象表明，沿线各地发现的楔形石核（洲际石核）就有着共同的制造特征，它的传播区域和范围主要在东亚、东北亚、北美地区。这也得到了日本学者杉原庄介、美国学者纳尔逊以及法国学者德日进和我国一些学者的认同。中外多数学者认为，细石器主要源于我国华北，途经东北地区传入西伯利亚、日本和北美地区。

在黑龙江一些地区已知的考古材料中，反映出这一文化是由华北向东北亚及北美传播的主要途径。这对探索华北与东北亚、北美旧石器时代晚期相互关系有着极其重要的意义。

第二节　东北亚的石器时代

一、东北亚区域内第四纪动物群组

东北亚地区国内部分，沿线很多省区都出土过第四纪动物群组的化石。从出土的动物化石标本和土壤孢子分析，可以从侧面了解石器时代动物的生存环境以及当时与人类伴生的动物种类。它们主要由灭绝动物如王氏水牛、梅氏犀牛、猛犸象、披毛犀、剑齿虎、野牛、东北野牛、原始牛（家牛祖先）、普氏野马、野驴、普氏羚羊、最后鬣狗等，以及传延至今的现生野生动物，如马鹿、梅花鹿、野猪、狼、蒙古黄鼠、鼢鼠、仓鼠、蛙、各种鸟类等组成。这些带毛的食草动物证明那时气候寒冷，多苔原、草原植物和适应严寒的针叶林等。

二、动物化石

披毛犀头骨化石：该标本石化程度较深，整体呈酱紫色，上、下额骨，臼齿保存完整。齿面上珐琅质层均有细小皱纹。这类化石在东北地区较常见，尤其在黑龙江大部分地区均有发现，但完整标本不多。年代为更新世中晚期。

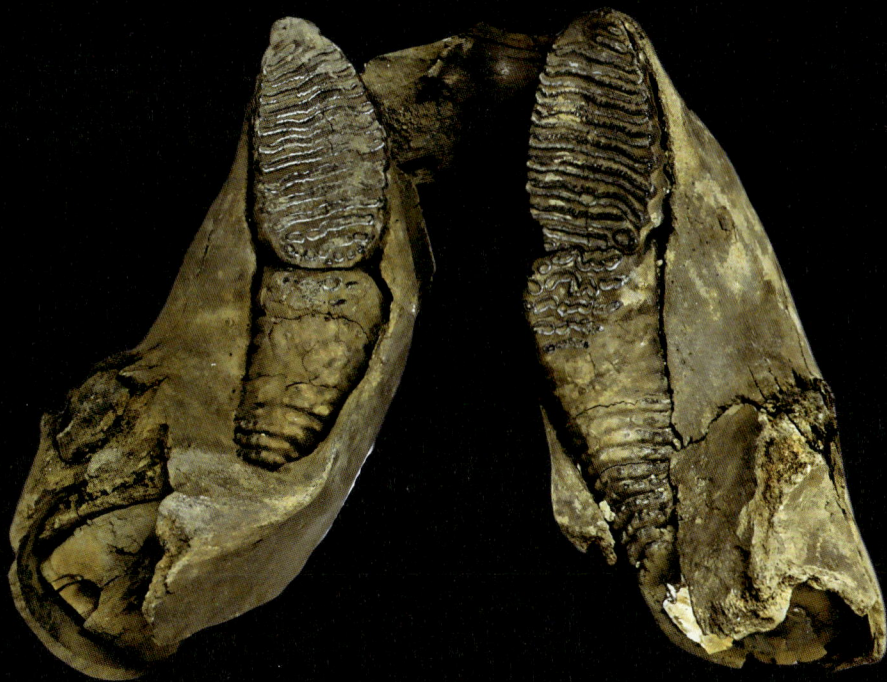

猛犸象下颚骨化石：该标本石化程度中度，整体呈深赭色，前端吻骨部断裂（但还能完整地拼接在一起），右侧齿板共 17 列，左侧 16 列。根据牙齿的萌出和磨蚀程度等方面判断，这件猛犸象下颚骨化石，其至少在 15～30 岁之间，齿板排列整齐，均匀紧密。釉质层不是很厚，厚度在 1.5～1.8 毫米，褶皱紧密且规整，各齿板间的齿质和类似水泥层厚度大致相等，齿脊背频率 8～10。年代为更新世中晚期。

东北野牛头骨化石：该标本角心粗而长，向后倾斜，明显向上弯曲。角尖高于额骨，角尖端部稍有外旋。角横切面近圆形，角基部的脊与纵沟很明显，额骨隆起明显。角心向外倾斜和向上弯曲度比较大。考虑到该化石征集地点在哈尔滨松花江采砂场，再结合该化石的头骨特征，我们认为，这件标本与东北野牛哈尔滨亚种比较接近，与哈尔滨的闫家岗、顾乡屯出土的化石略有区别。该类化石主要分布在松嫩平原一带。年代为更新世晚期。

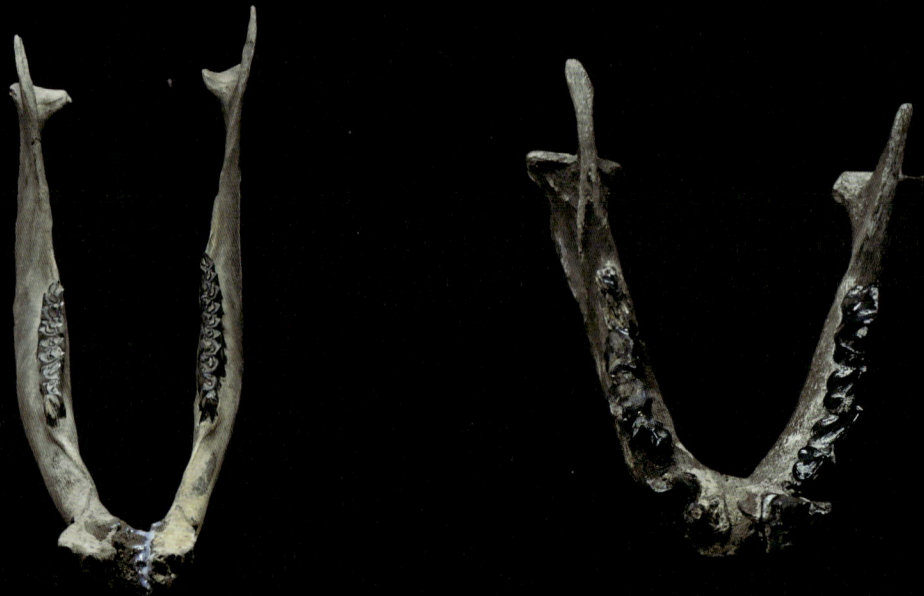

普氏野马下颚骨化石：马属，适应于草原地区生存。黑龙江境内更新世晚期地层多有出土。上颊缘尖长，附折皱很少。臼齿保存完整。珐琅质褶皱较少。马刺一般都有，但不很发育，下缘尖和次尖外壁一般增宽，有时甚至有稍许下凹。通长 36 厘米，宽 15.5 厘米。年代为更新世晚期。

最后鬣狗下颚骨化石：狗属，体型较大，面部短，矢状嵴高，近似三角形。人字嵴突出，第三上门齿较其他门齿大，p^1 退化或缺失，后面的臼齿大，后附尖弱。p^{2-3} 齿尖粗大二钝。下裂齿 m_1 大而长，下后尖缺失或退化。上臼齿 m^1 缺失，下臼齿 m_1 跟座小。这类化石主要分布在松嫩平原，在哈尔滨顾乡屯、闫家岗一带均有分布。年代为更新世晚期。

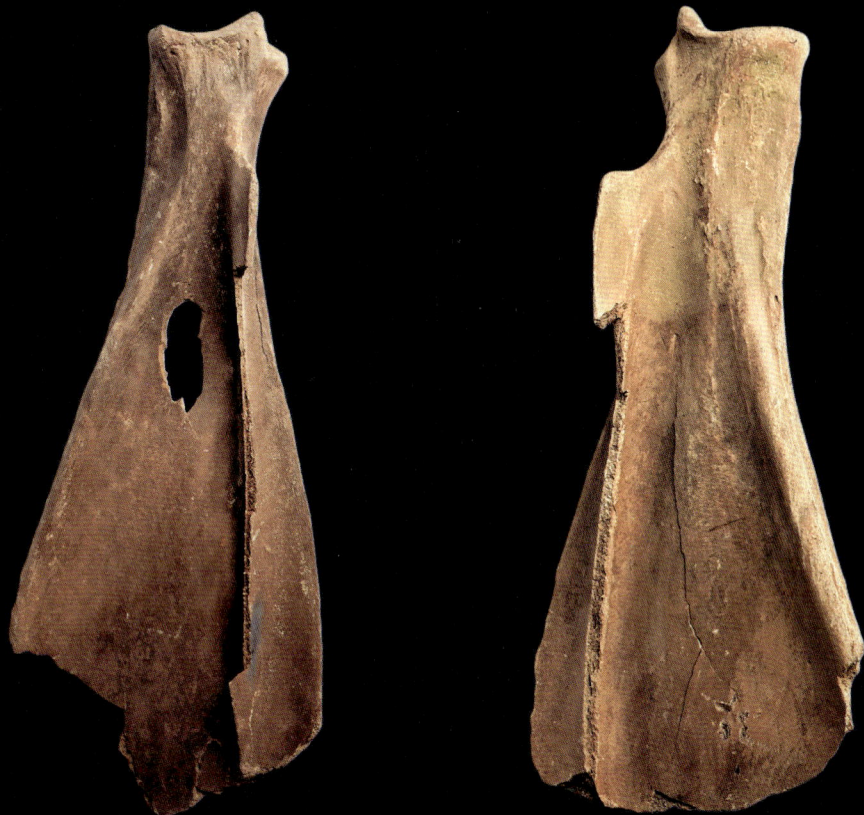

披毛犀肩胛骨化石：共两件，标本整体呈酱紫色，标本石化程度高，基本保存完好。一件通长55厘米，宽34厘米，该标左侧边缘有明显人工切割痕迹；一件通长50厘米，宽23厘米。年代为更新世晚期。

披毛犀枢椎化石：标本呈浅酱色，骨质疏松，石化程度不高。保存完整，通长36厘米，宽14厘米。年代为更新世晚期。

披毛犀背椎化石：标本整体呈土黄色，属于沙坑埋藏。石化程度中度，保存完整。通长43厘米，宽13.5厘米。年代为更新世晚期。

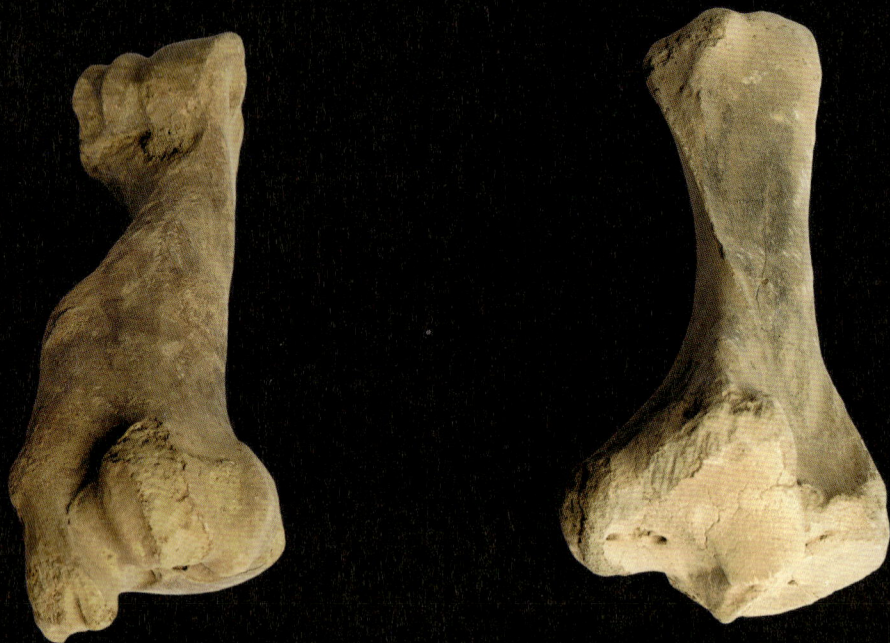

披毛犀肢骨化石：共两件。均呈土黄色，标本保存完整，属于沙坑埋藏，一件通长 39 厘米，宽 15 厘米；一件长 38 厘米，宽 18 厘米。年代为更新世晚期。

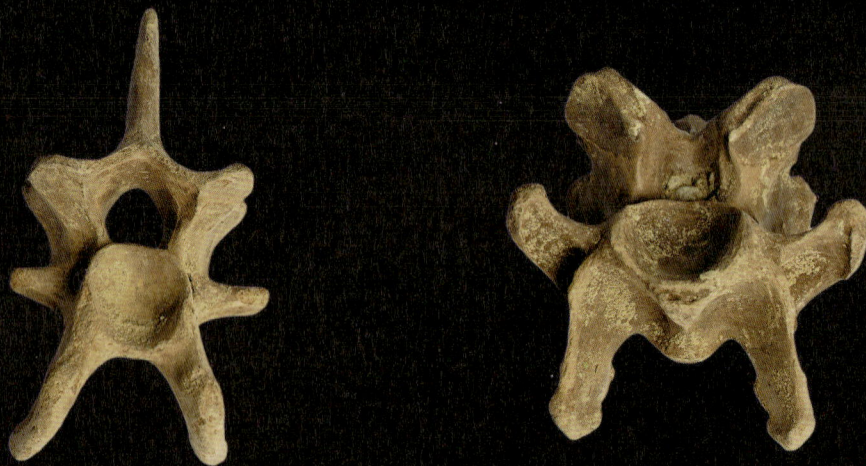

披毛犀颈椎骨化石：共两件。均呈深赭色，标本保存完整。均属于沙坑埋藏，一件通长 23 厘米，宽 17 厘米；一件长 24 厘米，宽 13.7 厘米。年代为更新世晚期。

野马头骨化石：石化程度不高，骨质。长 43 厘米，宽 13 厘米，厚 11.5 厘米。年代为更新世晚期。

披毛犀下颚骨化石：共两件。石化程度高，骨质。一件长 39.5 厘米，宽 14.3 厘米，厚 5.5 厘米；一件长 36 厘米，宽 11 厘米，厚 5.2 厘米。年代为更新世晚期。

三、旧石器时代文物

1. 打制石器

打制石器：共八件。质料有黑曜石、燧石、安山岩；器型有刮削器、切割器、石片等。年代为旧石器时代。

压制石器：共八件。质料有燧石、蛋白石、玛瑙石、细砂岩；器型有石核、石片、刮削器、石叶等。年代为旧石器时代。

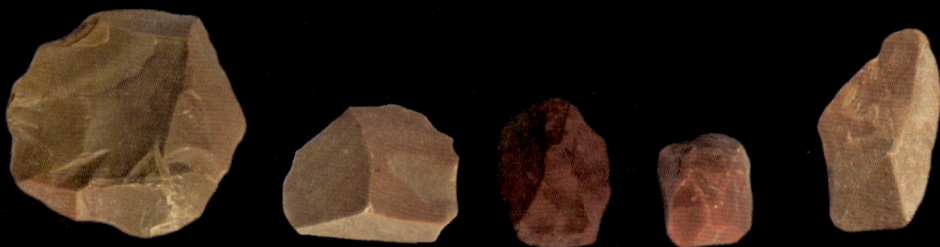

压制石器：共五件。质料有玛瑙石、燧石、细砂岩等；器型有石片、刮削器等。年代为旧石器时代。

2. 相关石质工具

各式石叶：共八件。质料有玛瑙石、蛋白石等。从左向右，从上到下，按顺序分别将其编号为1、2、3、4、5、6、7、8进行研究。

石叶1：质地为赭色燧石，斜平顶，有两道明显脊。长2.5厘米，宽1.2厘米，厚0.3厘米。

石叶2：石质为赭色燧石，顶上左右各有一个斜面，圆弧刃，边刃锋利。长3厘米，宽1.3厘米，厚0.3厘米。

石叶3：石质为赭色燧石，平顶，下端有尖，器面中间有一脊背，边刃锋利。长2.5厘米，宽1厘米，厚0.2厘米。

石叶4：石质为赭色燧石，平顶，器面上有两道明显的脊，边刃锋利。长2.7厘米，宽1.5厘米，厚0.3厘米。

石叶5：石质为赭色燧石，器面上有两道脊。长3.2厘米，宽1厘米，厚0.3厘米。

石叶6：石质为赭色燧石质，通体呈叶状，器面上有两道脊。边刃锋利，长2.4厘米，宽1.5厘米，厚0.3厘米。

石叶7：石质为蛋白石，整体呈叶状。器面上有一条明显的脊；边刃锋利。长2.4厘米，宽0.4厘米，厚0.2厘米。

石叶8：石质为赭色燧石，器面上有一条明显的脊，边刃锋利。长2.3厘米，宽1.2厘米，厚0.2厘米。以上八件标本其年代均为旧石器时代。

圆头刮削器：黑曜石质地，经压制而成。平顶，圆弦刃。器身有两道明显的脊，一是左侧自上而向中下，二是右侧边自上而下，脊凸明显。左侧有清晰的打击后留下的同心波和打击点，共打掉四个明显的石片。中间脊背上有一条形自然岩面。长5.5厘米，宽4.5厘米（刃），顶宽2.5厘米，厚2厘米。年代为旧石器时代。

刮削器：黑曜石质地，经压制而成。自左上斜划向右下有一明显的脊。左中自下是自然岩面。右侧被打掉整整一大块石片。右侧上角有一处打击石片。长5.6厘米，宽4.3厘米，厚0.4厘米。边刃锋利，年代为旧石器时代。

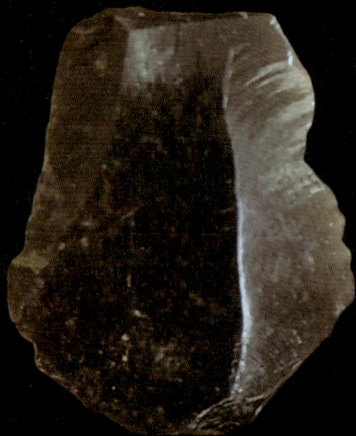

刮削石片：石质为黑曜岩，打制而成，通长2.2厘米，宽1.8厘米，厚0.2厘米。经过研究发现，该标本正面有两道明显的脊背，这两条脊背，左侧略窄，右侧脊背略宽，边刃处有明显人工压制留下的细小鱼鳞片疤痕。边刃锋利。年代为旧石器时代晚期。

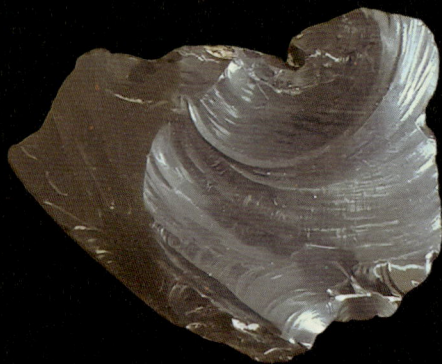

刮削石片：石质为黑曜岩，打制而成，通长2.4厘米，宽3.3厘米，厚0.5厘米。该标本有一道明显的脊背，这条脊背占据该器右侧绝大部分，其中，台面、打击点、放射线、锥疤、同心波纹清晰，脊背左侧有一小块空间，其上也布满放射线和疤痕，左侧上角与右下侧边刃锋利。年代为旧石器时代晚期。

圆头刮削器：石质为黑曜岩，打制而成，器身多面都经人工打击过，该器身除顶部是一个平整的台面之外，其余部分均留有压制时留下的均匀鱼鳞状石片疤，边刃锋利。该标本制作精美，是典型的此类石器中的精品。通长2.5厘米，宽3.4厘米，厚1.2厘米。年代为旧石器时代晚期。

端刃刮削器：石质为黑曜岩，打制而成，通长2.4厘米，宽3厘米，厚0.8厘米。该标本右下侧一面呈尖状。左右两侧边刃锋利。该器面上留有十分清晰的石片疤。年代为旧石器时代晚期。

砍伐器：石质为细砂岩，该标本通体打制，通长14.5厘米，宽8.5厘米，厚2厘米。该标本器身正反两面遍布打制时留下的大小石片疤，刃部锋利，立剖面呈中锋直注。年代为旧石器时代晚期。

刮削石片：石质为黑曜岩，该标本打制而成，通长3.7厘米，宽3厘米，厚0.6厘米。通体呈下尖状，器身正反两面布满大小不一、深浅不等的石片疤痕。年代为旧石器时代晚期。

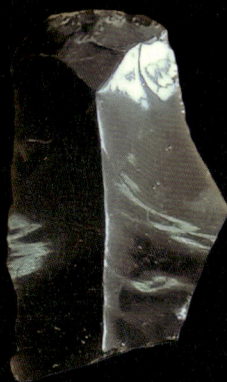

刮削石片：石质为黑曜岩，该标本打制而成，通长2.4厘米，宽1.5厘米，厚0.3厘米。该标本尖部缺失。器身中央有一自上而下的脊背，两侧边刃锋利。年代为旧石器时代晚期。

石核：石质为黑曜岩，该标本打制而成，器身多面都经人工打击过，并留下多面石片疤痕。通长5.5厘米，宽6.7厘米，厚2厘米。左右及下尖部锋利。年代为旧石器时代晚期。

刮削石片：石质为黑曜岩，该标本打制而成，通长3厘米，宽4.4厘米，厚1.1厘米。该标本上下均有残断，中间有一道十分明显的脊背，两侧边刃锋利。年代为旧石器时代晚期。

四、新石器时代文物

1. 压制石器

石镞：白玛瑙石质，压制而成。通体呈三角形，器身布满压制时留下的鱼鳞状疤痕。长2.3厘米，宽1.6厘米，厚0.3厘米。年代为新石器时代。

石镞：燧石质地，经压制而成。呈叶状，边刃两侧均留有压制产生的齿状痕。长5厘米，宽1.6厘米，厚0.4厘米。年代为新石器时代。

压制石镞：色燧石质地，经压制而成，尖部残断。平底，器身遍布压制痕迹。长3.2厘米，宽1.3厘米，厚0.2厘米。年代为新石器时代。

石镞：乳白色蛋白质，压制而成。通体呈叶状，有一自上而下的脊，边刃两端留有压制时产生的鳞片疤，呈齿状。长4厘米，宽1.8厘米，厚0.4厘米。年代为新石器时代。

刮削石片：黑曜石质地，打制而成。该石片有一明显脊背，头呈圆刃，尖刀锋利。长4厘米，宽2.5厘米，厚0.3厘米。年代为新石器时代。

圆头刮削器：黑曜石质地，经压制而成。平顶，圆刃。有两条脊形成一个"U"形自然面。左右下方均是边刃、锋利。长2.6厘米，宽2.5厘米，厚0.2厘米。年代为新石器时代。

刮削器：黑曜石质地，压制而成。标本自下而上，从左上至左下、右上至右下各有一脊背，左侧被均匀打掉大小若干石片。两条脊的中间顶上部位也留有少许打制疤痕，其余为自然岩面。右侧被打掉大石片疤三块。长6厘米，宽5.5厘米，厚1.7厘米。年代为新石器时代。

长石片：黑曜石质地，压制而成，整体呈条状。该石片有两道明显的脊。左上边缘被连续打掉数片石片，中间脊背顶端留有几块大小不一的石片疤。右侧留有两块明显的大石片疤。其余为自然岩面。长8.3厘米，宽2.5厘米，厚1.4厘米，尖端锋利。年代为新石器时代。

2. 磨制石器

石磨盘与石磨棒：

石磨盘，采用砂岩经先敲琢后磨制而成。磨盘通长36厘米，宽22厘米，厚4.3厘米。该标本保存完整，仅在右下角被打掉一块小石片。是标准的展出品，立剖面呈新月形；

石磨棒，石质为砂岩，通长23厘米，宽5.6厘米，厚3.5厘米。杵状，立剖面呈馒头形。年代为新石器时代。

窝头状石器：为细砂岩石质，通体呈窝头状，平底，有一直径2厘米、深约2厘米的未透圆眼，该标本直径6厘米，高4.6厘米，壁厚2.3厘米。年代为新石器时代。

窝头状石器：为细砂岩石质，通体呈窝头状，平底，有一直径2.4厘米、深1.3厘米未透圆眼，整体直径5.2厘米，高3.8厘米，壁厚1.6厘米。年代为新石器时代。

窝头状石器：为土黄色细砂岩，通体呈窝头状，平底，有一直径0.8厘米、深1厘米的圆眼，直径6.2厘米，高4.8厘米，壁厚1厘米。年代为新石器时代。

穿孔石器：石质为玄武岩，器身的石料上有大小不一的孔窝，整体呈梨形，在器型的中间部位有一穿孔，孔径5厘米，对穿外缘直径4厘米。器身总长15厘米，宽12厘米，厚6厘米。年代为新石器时代。

穿孔石器：石质为黄褐色细砂岩，器身双面平滑，略呈圆角长方形。中间有一对钻孔径，直径约1.6厘米，孔外缘2.6厘米，孔壁厚3.6厘米。通长12厘米，宽9厘米。年代为新石器时代。

磨制石球：采用土黄色细砂岩磨制而成，共两枚。器型规整呈圆形，直径均为6.2厘米。标本保存完整。年代为新石器时代。

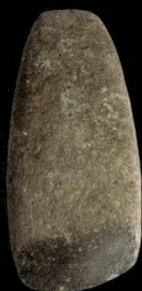

磨制石斧：石质为黑色安山岩，柱状，通体琢制而成，圆弧刃，刃部锋利，剖面呈中锋直注。通体长12厘米，宽4.5厘米，厚4.6厘米。柄部留有精琢的凹凸斑痕。年代为新石器时代。

磨制石斧：石质为安山岩，呈灰黑色。通体磨制，长10厘米，宽6厘米，厚4.8厘米，柱状。立剖面呈中锋直注，圆弧刃，刃部留有使用崩痕。年代为新石器时代。

磨制石斧：石质为安山岩，柱状，通体精琢后磨制而成，斜平顶，圆弧刃，刃部锋利。立剖面观察，呈中锋直注。通长12厘米，宽6.3厘米，厚4.9厘米。年代为新石器时代。

磨制石凿：石质为安山岩，柱状，圆顶，直刃。通体磨制，长9厘米，宽5.2厘米，厚4.8厘米，刃部锋利，呈中锋直注，是少见的精品。年代为新石器时代。

磨制石斧：石质为安山岩，应该称之为"长身磨制石斧"，棒状，平顶，直刃。是少见的磨制精品，通体精琢后磨制而成，圆形棒状，刃部锋利，刃口略有一处残裂。通长30厘米，宽7厘米，厚6.2厘米，刃部立剖面呈中锋直注。年代为新石器时代。

磨制石斧：石质为安山岩，通体精琢后磨制，是精品。板状。略呈圆顶。斧刃宽阔，磨制精细，刃面占全器的一半左右，磨制光滑，呈灰绿色。通长12.5厘米，宽6.5厘米，厚4.8厘米。立剖面观察，呈中锋直注。刃部磨制锋利。年代为新石器时代。

磨制石斧：石质为蛇纹岩质地，采用绿色蛇纹岩琢制而成，刃部精磨。通体观察，该标本近似长方形，斜平顶，刃部略呈弧刃。通长10厘米，宽5.2厘米，厚4.5厘米。刃部呈中锋直注。年代为新石器时代。

磨制石斧：石质为安山岩，板状，斜圆顶，弧刃。中锋直注。该标本通体经磨制而成，刃部精磨，通长12.3厘米，宽6.5厘米，厚4.5厘米。年代为新石器时代。

磨制石斧：石质为安山岩，板状，斜圆顶，通体磨制，器身大部分有一层灰色包浆，刃部露出少部分黑色光滑面，弧刃，刃部锋利，呈中锋直注。长12.5厘米，宽5.6厘米，厚4.5厘米。年代为新石器时代。

磨制石斧：石质为安山岩，板状，标本通体磨制，圆顶，弧刃，刃部锋利，剖面观察呈中锋直注。通长10.3厘米，宽6厘米，厚3厘米。年代为新石器时代。

磨制石斧：石质为安山岩，通体磨制，柱状，斜圆顶，弧刃。刃部锋利，通长10.1厘米，宽4厘米，厚3.2厘米。年代为新石器时代。

石斧：石质为黑色安山岩，仅刃部磨制，其余部分为琢制留下的凹凸麻点，圆顶，弧刃，立剖面为中锋直注。通体呈柱状，长 16 厘米，顶宽 5 厘米，刃宽 6 厘米，厚 3 厘米。年代为新石器时代。

石斧：石质为黑色安山岩，通体磨制。柱状，圆顶，斜刃，刃部锋利。通长 16 厘米，顶宽 4.6 厘米，刃宽 6.5 厘米，厚 3.6 厘米，立剖面呈中锋直注。年代为新石器时代。

石斧：石质为黑色安山岩，通体磨制。柱状，圆顶，直刃，刃部有使用崩痕。通长 17 厘米，顶宽 5 厘米，刃宽 6 厘米，厚 4 厘米，立剖面呈中锋直注。年代为新石器时代。

玉锛：玉质为岫岩玉冻石。通体磨制，左侧立壁上留有绳切痕迹，与石料断裂面崩出的凹凸错落残茬，呈不规则齿状。右侧立壁光滑。圆顶，略呈弧刃，刃部锋利。长 18.2 厘米，顶宽 1.5 厘米，腰宽 3.3 厘米，刃宽 3.7 厘米，厚 2.5 厘米。立剖面呈中锋直注。年代为新石器时代。

石凿：石质为黑色安山岩，仅刃部磨制，其余部分呈琢制或打击形成凹凸不平的石片疤与麻面，通体呈圆柱状，圆顶，直刃，刃部锋利。通长 14 厘米，顶宽 2.3 厘米，柄宽 4 厘米，刃宽 2.5 厘米，厚 3.8 厘米。立剖面呈中锋直注。年代为新石器时代。

石范：石质为土黄色砂岩。通体呈圆角方形，四角四边圆润光滑，磨制。该器自上而下有一个直径1厘米、深0.7厘米的磨制石槽。通长7.8厘米，宽5.7厘米，厚1厘米。年代为新石器时代。

磨制石斧（残）：石质为黑色安山岩，通体磨制而成。仅剩石斧的一段。斜刃。残长6厘米，宽3.7厘米，厚0.4厘米，年代为新石器时代。

磨制石斧：安山岩石质，磨制而成。长20厘米，刃宽8厘米，柄宽6厘米，厚2.2厘米。立剖面呈中锋直注。年代为新石器时代。

叶状石凿：石质为土黄色细砂岩，通体采用一个叶状河卵石仅磨制刃部而成。其余的光滑面为河流磨蚀所致。圆顶，弧刃，刃部异常锐利。通长12厘米，柄宽4厘米，刃宽0.8厘米，厚1厘米。立剖面呈中锋直注。年代为新石器时代。

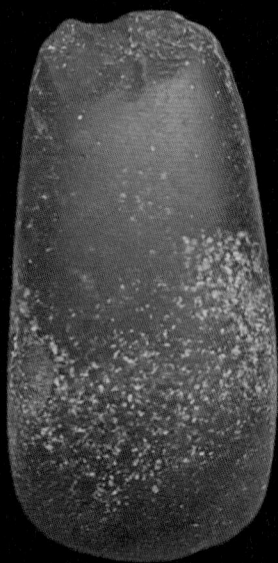

磨制石斧：石质为黑色安山岩，通体磨制，标本精致。略呈板状。顶部双面均留有打击形成的大小不等石片疤痕。圆弧刃、刃部锋利，通长 10 厘米，宽 5 厘米，厚 1.6 厘米。该标本为新石器时代磨制精品。

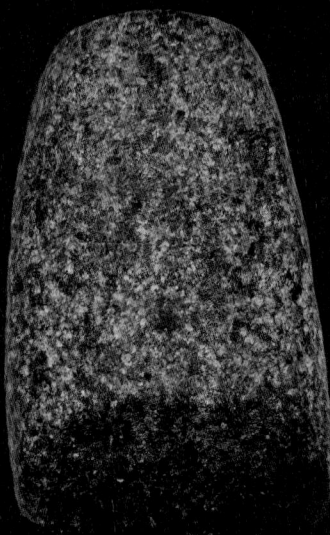

磨制石斧：石质为蛇纹岩，该标本保存完整，呈柱状，平顶，略弧刃，立剖面呈中锋直注。通长 8.2 厘米，宽 4.8 厘米，厚 2.6 厘米。年代为新石器时期。

磨制石斧：石质为蛇纹岩，该标本保存完整，呈柱状，圆顶，直刃，立剖面呈中锋直注。通长 10.5 厘米，宽 5.5 厘米，厚 3 厘米。年代为新石器时期。

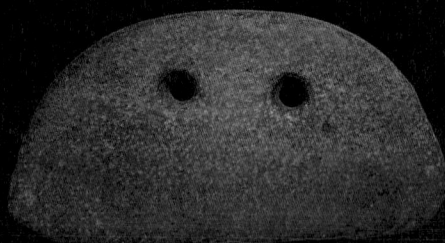

带孔石刀：石质为赭色细砂岩，该标本保存完整，通体呈"月"形，器身有两个对钻圆孔，孔径均为 0.6 厘米。通长 10.5 厘米，宽 5.3 厘米，厚 0.9 厘米。该标本刃部锋利，立剖面呈中锋直注。年代为新石器时期。

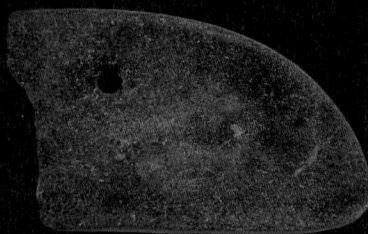

带孔石刀：石质为安山岩，该标本现已残断。通体呈片状，在该标本背部有一对穿圆孔，孔径 0.6 厘米，残长 9.2 厘米，宽 6.2 厘米，厚 0.8 厘米，该标本刃部锋利，立剖面呈中锋直注。年代为新石器时期。

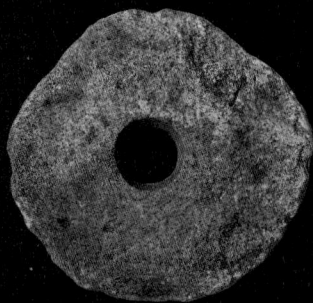

环状石器：石质为细砂岩，该标本呈圆形饼状，中间有一规圆穿孔，孔径2.8厘米，孔壁厚3厘米。环状外缘留有交互打击形成的大小不等的石片疤，通体直径为13.5厘米，外缘厚2厘米。年代为新石器时期。

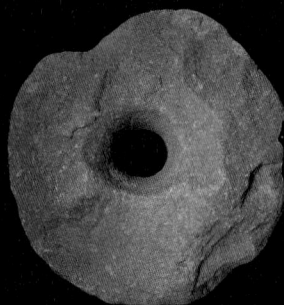

环状石器：石质为玄武岩，该标本呈圆形饼状，中间有一对穿圆孔，孔的外缘直径3厘米，内圆直径1.8厘米，孔壁厚2.6厘米。环状外缘留有交互打击形成的大小不等的石片疤，通体直径为10厘米，外缘厚1.3厘米。年代为新石器时期。

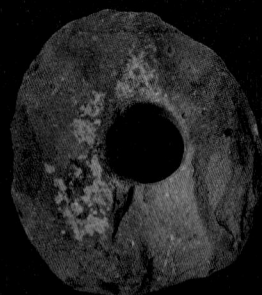

环状石器：石质为玄武岩，该标本呈圆形饼状，中间有一对穿圆孔，孔的外缘直径3厘米，孔壁厚3.2厘米。环状外缘留有交互打击形成的大小不等的石片疤，通体直径为10厘米，外缘厚1.3～1.5厘米。年代为新石器时期。

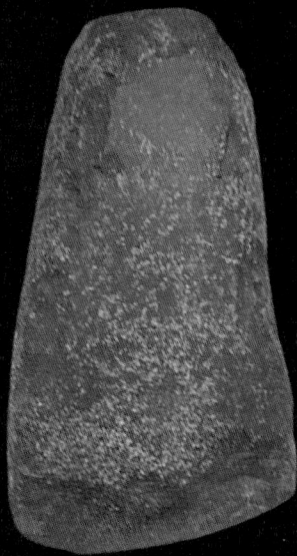

磨制石斧：石质为黑色安山岩，通体磨制而成，略呈柱状，斜刃。平顶。器身双面均留有打击痕迹。在其一面留有好几块大小不等的石片疤痕。通长10.5厘米，宽5.8厘米，厚2.8厘米。年代为新石器时期。

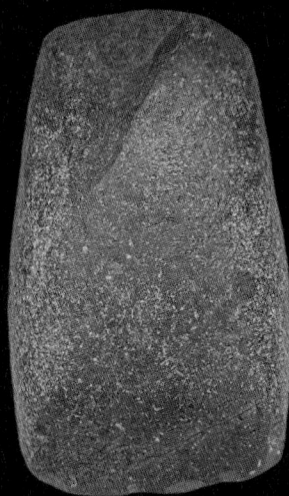

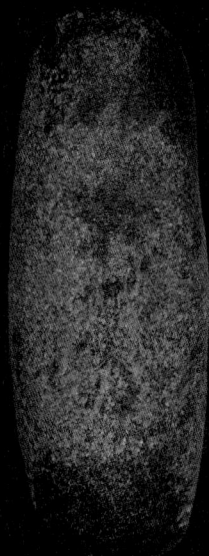

磨制石斧：石质为黑色安山岩，通体磨制而成，略呈柱状，斜刃。平顶。器身双面均留有打击痕迹。在其一面留有好几块大小不等的石片疤痕。通长10.5厘米，宽5.8厘米，厚2.8厘米。年代为新石器时期。

磨制石斧：石质为安山岩，该标本保存完整，呈柱状，圆顶，弧刃，立剖面呈中锋直注。通长16.5厘米，宽6厘米，厚3.3厘米。年代为新石器时期。

3. 骨器与角器

骨刀梗：采用马和牛、鹿等动物的下肢骨制作而成。共四件，分为Ⅰ、Ⅱ、Ⅲ、Ⅳ式。

Ⅰ式：采用牛的下肢骨制作而成，一侧刻有深0.5厘米的凹槽，呈长条形，长8厘米，宽0.2厘米。该器在制作时，有意识地留有一个便于抓握的柄。前伸部分至末梢呈尖刃状，便于剃剥和挑刺之用，该标本整体腐蚀严重，呈鸡骨白色。通长20厘米，宽4厘米，厚0.35厘米。该标本基本保存完整。尾端略残，有燕尾式分叉。年代为新石器时代。

Ⅱ式：采用马的下肢骨制作而成。通体平直，与上件不同，通体表面腐蚀成一层鸡骨白色，器物表面留有一层凹凸不平的斑痕。有尖锐的尖刃，一侧背呈漫圆状，余呈板状。另一面有凹槽便于镶嵌石叶，复合成刀刃。根部略残。通长36厘米，宽4厘米，厚0.3厘米。该标本保存完整。年代为新石器时代。

Ⅲ式：采用马的下肢骨制作而成，一侧刻有深0.6厘米的凹槽，呈长条形，长8.6厘米，宽0.2厘米。在刀梗的前端略下部残缺一块骨片，其余与上述略同。由于久露地表腐蚀严重，通体呈鸡骨白色。通长16厘米，宽3.4厘米，厚0.4厘米。该标本的柄部尾端也有一个类似燕尾的分叉。年代为新石器时代。

Ⅳ式：采用鹿的下肢骨制作而成。背平直，前伸部分近乎匕首状，该标本在腹腰处断裂，整体基本保存还算完整。刀腹部有凹槽长约10厘米，深约0.5厘米，宽约0.02厘米。该标本通长36.5厘米，宽3.2厘米，厚0.3厘米。年代为新石器时代。

磨制骨针：共四根，均采用动物下肢骨经磨制而成，共分为Ⅰ、Ⅱ、Ⅲ、Ⅳ式。

Ⅰ式：采用牛的下肢骨磨制而成，该标本保存完整，圆顶，靠近圆顶下方留有一圆孔，孔径约 0.13 厘米。从顶至底部尖端精磨而成，中锋直注。通体长 8.6 厘米，厚 0.2 厘米。年代为新石器时代。

Ⅱ式：采用牛的下肢骨经磨制而成，通体略有弯曲。长 9 厘米，宽 0.2 厘米。尖残断。靠近顶部有一椭圆形对钻穿孔，孔径 0.12 厘米。该标本整体精磨而成，略呈鸡骨白色。年代为新石器时代。

Ⅲ式：采用马的下肢骨经磨制而成。该标本是这一组骨针中的精品，通体精磨，保存完整，骨针表面附着一层黑灰色。靠近顶部穿孔略残，但尚能辨别清楚孔形。长 10 厘米，宽 0.2 厘米。年代为新石器时代。

Ⅳ式：采用鹿的下肢骨经磨制而成。在该标本略下方（尖腹部）有比较明显的弯曲，可能是埋藏时受外力挤压所致。通长 8.7 厘米，宽 0.2 厘米，穿孔径 0.12 厘米。年代为新石器时代。

骨锤：采用猛犸象肢骨经磨刻而成。该标本通体经磨制捎带刻琢錾口。通长 11 厘米，宽 7 厘米，厚 4.5 厘米。又一面为残裂面，有一光滑圆润的顶，下方应该是一个渐窄的斧刃，中间有一长方形孔，孔贯穿该器，孔的一方呈长方形，长 4 厘米，宽 2.1 厘米。穿孔的另一面呈正方形，长 2.5 厘米，宽 2.5 厘米。我们经研究后认为，这个长方形孔是为了插入木柄用的。类似的标本在黑龙江曾出土过一件 [1]。年代为旧石器时代晚期至新石器时代早期，距今至少 12000 年。

磨制骨针：骨质，用马的下肢骨经磨制而成。长 12 厘米，粗径 0.2 厘米。年代为新石器时代。

[1] ［俄］B.B. 包诺索夫著：《北满发现的一件史前遗物的新观点》，《黑龙江考古民族资料译文集》第一辑，第 21 页。

骨管：采用小型动物肢骨（未鉴定种属）经磨制而成。整体带有 12 道刻画弦纹。通长 9 厘米，直径 2.2 厘米，壁厚 0.02 厘米。12 道弦纹排列规整，两个一组，共六排，纹饰均采用阴刻下凹状。用刻和磨两种手段在骨管的质料上进行刻磨，略凹陷处弦纹没有刻到位，刻痕深处达 0.1 厘米，宽 0.2 厘米。每一组为两道并排弦纹。在该骨管上方留有一十分规整的对穿圆孔，孔径 0.2 厘米。穿孔距骨管顶部 0.3 厘米，据此，揣测这个穿孔应该是便于穿挂之用。年代为新石器时代。

4. 打制石器

双肩石锄：采用细砂岩打制而成。通体呈"凸"字形，左右肩对称。该标本采用板状石坯经打制而成。长 12 厘米，宽 8 厘米，厚 0.8 厘米。分为 A 和 B 两个面。A 面：平面正视呈"凸"字形，平顶，左右双肩对称，该器左侧自柄部（肩）由上而下被古人均匀敲击形成大小不一的鱼鳞状石片疤。该器右侧与左侧相同，采用同一手段均匀地自上而下（指肩头）经敲击形成大小不一的石片疤痕。在该器的右侧右下肩头附近留有一较大石片疤，残缺一个大豁口。该标本的左右两侧肩头自肩下由外向内渐收至尖端成圆弧状刃，刃口呈"S"形。有使用崩痕。B 面：将该器自左向右翻转 90° 角即是该面。平面观察与 A 面略同，只是器型旋转角度变化而已。该器的右面，匀称的双肩拱起该器的头部。观察左面，自头部下沿至右肩上端，被均匀敲掉 6 个小石片疤，头部左侧略向外凸鼓，平顶。右侧较规整。自上而下有数片鱼鳞状斑痕组成。该器右侧肩下有一大豁口，左右向腹下渐收成圆弧状刃。年代为新石器时代。

亚腰石锄：鸡骨白色砂岩质地，该标本采用板状石料精琢后打制而成。通长 10 厘米，宽 16 厘米，厚 1.2 厘米。分为 A 和 B 两个面。A 面：该面呈亚腰状，左侧略大于右侧，略呈斜齐平顶。亚腰特征明显。边和刃均采用左右交互打击法打制而成。略呈弧刃。B 面：将该标本的 A 面向右侧翻转 90° 角后即是 B 面。该面大体与 A 面相同，束腰，下摆的锄面似裙摆，束腰处与 A 面大体相当，仅见有很多细小的鱼鳞状石片疤。刃部留有交互打击形成的刃，立面观察呈"S"形，留有使用崩痕数处。年代为新石器时代。

双肩石锄：通体呈薄板状，通长15厘米，宽8厘米，厚0.6厘米。略平顶。该标本分为A、B两个面。A面：自平顶左右肩下起至双肩，被均匀的敲击形成沿两侧器身的鱼鳞状斑痕。平刃，刃口呈"S"形，留有使用崩痕。B面：大致与A面略同，整体保留原始岩面，该器面的周身布满人工打击形成大小不一的鱼鳞状石片疤。仅在刃口边缘上能清晰地见有几处较大的石片疤。该标本保存完整。年代为新石器时代。

亚腰石锄：采用赭黄色砂岩经打制而成，通体呈板状，双肩至顶的中间部位（抓握处）略亚腰，该标本分A和B两个面。A面：有一向右下倾斜的顶。左侧亚腰处留有一处明显的凹陷，古人特意在此处进行琢修。在该器的顶略靠右上部位，自上向下被打掉一个较大的石片疤，左侧自顶向右侧外部有一个斜平面，自此向内（腰部）渐收，古人又特意在此处进行细琢呈凹陷状。双肩圆垂分向左右两侧至下端形成弧形刃，刃部留有细小的鱼鳞状石片疤。B面：大体与A面相同。整体保留原始岩面，柄部被均匀敲击成亚腰状，刃部敲击形成一个圆凸弧刃，刃口呈"S"形。年代为新石器时代。

8字形石锄：通体呈土黄色，由于久露地表、腐蚀等缘故，致使器表上的打击痕迹不是很清楚，但器型很规整。该标本通长12厘米，宽10厘米，厚0.8厘米，圆弧刃。分为A、B和C三面。A面：左侧上部有一明显凹陷亚腰，至腹部前伸凸鼓，而后内收成刃。右侧凹陷亚腰不明显，与左侧大致相同，也是从亚腰处前伸凸鼓而后向下内收成刃，该器A面平放呈"8"字形，略呈鞋底状。B面：立剖面，呈中锋直注，刃部锋利。C面：大致与A面相同，只是角度转换，由左移向右侧，也是在亚腰处人为地敲击形成一个豁口，而后依此细致地进行沿边缘琢制。锄刃略锋利，有使用崩痕。依刃部边缘上能清楚地看出细小的鱼鳞状纹。年代为新石器时代。

打制石铲：石质为安山岩，通体呈薄板状，近似长方形。略呈平顶。通长8厘米，宽12厘米，厚0.9厘米。A面：该标本右侧腰部略呈亚腰，留有敲击形成的若干石片疤。刃部略呈弧状，锋利。B面：将该器A面向右翻转90°角即是该器的B面，与A面大体相同，都保留有大面积的原始岩面，上布有少许石片疤痕。年代为新石器时代。

双肩石锄：石质为安山岩。通长12厘米，宽6厘米，厚3厘米。该标本采用板状安山岩经打制而成。该标本分为A、B和C三个面。A面：该锄面左肩略低、窄于右侧。肩上的柄部向左上角倾斜明显，斜平顶。左肩外侧齐平，右侧呈椭圆形。左侧肩下有一条斜向上（柄部）打掉一个大石片；右侧肩头外缘斜向右上方有一斜平面至肩上形成亚腰状。B面：立剖面，右侧上角有一明显斜平顶，中锋直注。C面：大致与A面相同，仅是位置左右转换，但表面打击痕迹较A面明显，并留有原始岩面，显得粗糙不平。年代为新石器时代。

尖顶板状石斧：石质为土黄色细砂岩。打制。整体呈薄板状。长10.4厘米，宽7厘米，厚0.7厘米，该标本保存完整，属于是打制石器中的精品。该标本分为A、B和C三个面。A面：左侧斜向上方呈直角至顶成尖状。左侧自上而下被均匀敲击形成细小的鱼鳞状疤，右侧自尖向下被均匀地敲击成石片疤若干，刃部呈圆弧状。B面：立剖面，呈中锋直注。C面：大体与A面相当。左右两侧均留有被敲击形成的鱼鳞状疤痕。中间留有一大片原始岩面。该标本刃口呈"S"形，刃部锋利。年代为新石器时代。

打制长石斧：石质为细砂岩，分为A、B和C三个面。标本保存完整，为打制石器中的精品，体型大，是比较少见的上乘标本。通体呈板状，圆顶。A面：经打制而成，留有很多细小的敲击痕迹布满顶部。该面的左侧自上而下有四块比较大的石片疤，在大石片疤内还留有不少依该器的外缘自上而下敲击形成的小片鱼鳞斑，打击点、放射线清晰，至下部向内渐收形成斧刃；A面右侧自上而下依旧有四个大石片疤，在疤痕内留有细小的鱼鳞状斑痕，至下部向内渐收形成斧刃。该标本左右两侧被古人刻意敲凿成形的同时，在该器A面中间自上而下留有天然的岩面。B面：立剖面，通体呈中锋直注，尖刃呈"S"形刃口。C面：与A面左右两侧差不多采用等同手段制作。只是所有疤痕较A面精细小巧而规整。纵观该标本，最深的石片疤约0.5厘米。通体长约30厘米，宽8厘米，厚1厘米，重0.5公斤，该标本通体略呈灰黑色。年代为新石器时代。

亚腰石锄：石质为灰绿色细砂岩，通体呈薄板状，分为 A 和 B 两个面。A 面：器面上留有一个较平整的岩面，柄部两端和上缘呈凸起状，略亚腰。B 面：与 A 面略同，亚腰处留有人为敲击形成的石片疤十余处。大弧刃，长 11.3 厘米，宽 12.6 厘米，厚 0.8 厘米。年代为新石器时代。

有肩石铲：采用灰黑色细砂岩经琢制而成。通体长 8 厘米，宽 12 厘米，厚 1.2 厘米。该标本分为 A、B 和 C 三个面。A 面：平视左右有对称的双肩，齐平顶，铲刃呈弧形。左侧中上部位向内连续敲击形成一串打击石片疤。右侧亦采用同样的手法打击而成。平面呈"凸"字形。B 面：将 A 面从左向右翻转即是该器的 B 面，为立剖面，呈斜平顶，中锋直注。C 面：与 A 面大致相同，仅是角度左右转换一下。首先将该器 B 面翻转成 45°角后平放，即是该器的 C 面。在该面的左侧上凸部分，从器肩向上凸起的夹角上，能清晰地看到自上而下十分匀称地被敲击形成的石片疤数处。铲刃从左向右随弧形外缘被均匀地敲击形成"S"形边刃，该标本器型总体比较规整。年代为新石器时代。

亚腰石锄：采用安山岩石质经打制而成，板状。锄刃若不是残断，整体应呈"鞋底状"或"8"字形。该标本左侧上方有一个由右向左略下伸展的斜平顶，至边刃向内收缩呈内"凹"陷状，深约 1 厘米，而后向外下方伸展。从左侧上角边缘至亚腰处下方，被敲击打掉一个大石片疤，内布小巧人为打击形成的鱼鳞斑。右侧上端有一凸起，上布有连续打击形成的石片疤，排列紧密，至亚腰处内收束腰，深约 0.8 厘米，而后渐向下至刃、依次规则地敲击形成十余处石片疤。通长 13 厘米，宽 13.6 厘米，厚 0.8 厘米。刃部立面观察，呈"S"形刃口。其余为原始岩面。年代为新石器时代。

石叶：赭色燧石质地，压制，呈扁片状。器身有一条明显的脊背，长4.5厘米，宽1.5厘米，厚0.2厘米。年代为新石器时代。

石叶：赭色燧石质地，压制，略呈桃叶状。器身有一条明显的脊背，脊背的两侧边刃处，左右各有数处压制形成的石片疤。长8.3厘米，宽1.4厘米，厚0.3厘米。年代为新石器时代。

叶状石镞：赭色燧石质地，压制，略呈叶状。器身左侧有一条自上而下明显的脊背，脊背的两侧边刃处，左右各有数处压制形成的石片疤。尖刃锋利，根部有一小台面。长4.5厘米，宽2.2厘米，厚0.4厘米。年代为新石器时代。

石叶：赭色燧石质地，压制，呈扁片状。器身有一条明显的脊背，长4.3厘米，宽1.1厘米，厚0.3厘米。年代为新石器时代。

石叶：赭红色燧石质地，压制，呈扁片状。器身有两条明显的脊背，长4.3厘米，宽1.5厘米，厚0.23厘米。器身附着一层乳黄色石沁。年代为新石器时代。

石叶：黑曜石质地，压制，呈扁片状。器身中间有两条距离很近的脊背，长5.4厘米，宽1.8厘米，厚0.32厘米。器身附着一层土黄色石沁。年代为新石器时代。

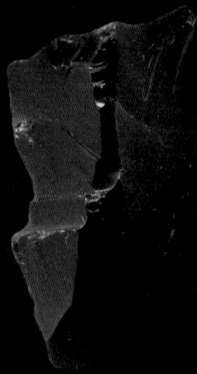

刮削器：黑曜石质地，压制。器身中间有条明显的脊背，长5.3厘米，宽2.7厘米，厚0.4厘米。年代为新石器时代。

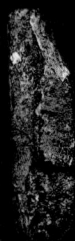

圆头条状刮削器：赭色燧石质地，压制，圆头，经过人工精心修琢，整体略呈条状。器身有一条明显的脊背，长5.2厘米，宽1.4厘米，厚0.3厘米。器身附着一层灰白色石沁。年代为新石器时代。

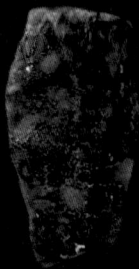

刮削石片：碧玉质地，压制，平顶，片状。器身有一条明显的脊背，长4.8厘米，宽2.4厘米，厚0.2厘米。器身附着一层蓝绿色相间漂亮的石沁。年代为新石器时代。

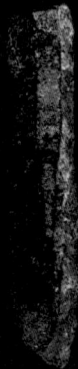

石叶：赭红色燧石质地，压制，平顶，呈扁条状。器身有两条明显的脊背，长6厘米，宽1厘米，厚0.4厘米。器身附着一层乳黄、土黄色石沁。年代为新石器时代。

石叶：赭红色燧石质地，压制，呈扁条状。器身有两条明显的脊背，顶部有一个小台面，长4厘米，宽1.3厘米，厚0.3厘米。器身附着一层灰白色石沁。年代为新石器时代。

圆头条状刮削器：灰色燧石质地，压制，圆头，经过人工精心修琢，整体略呈条状。器身有两条明显的脊背，长5.5厘米，宽2厘米，厚0.2厘米。器身附着一层灰白色石沁。年代为新石器时代。

石叶：灰色燧石质地，压制，圆顶，呈扁片状。器身有两条明显的脊背，长4.5厘米，宽1.6厘米，厚0.2厘米。器身附着一层灰色石沁。年代为新石器时代。

圆头刮削器：黑曜石质地，压制，圆头，经过人工精心修琢，整体略呈片状。器身有一条明显的脊背，脊背上留有一处较深的石片疤。左侧自上而下有四处石片疤痕。长4.3厘米，宽6.5厘米，厚0.35厘米。器身附着一层灰绿色石沁。年代为新石器时代。

刮削石片：黑曜石质地，压制，片状。长4厘米，宽2.3厘米，厚0.2厘米。年代为新石器时代。

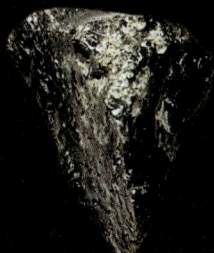

尖状器：黑曜石质地，压制，通体呈三角形。长3.7厘米，宽3.81厘米，厚0.5厘米。年代为新石器时代。

打制石片：黑曜石质地，压制，片状。长3厘米，宽2.3厘米，厚0.22厘米。年代为新石器时代。

石叶：赭红色燧石质地，压制，平顶，呈扁条状。器身有两条明显的脊背，长6.2厘米，宽0.4厘米，厚0.3厘米。器身略附着一层乳黄、土黄色石沁。年代为新石器时代。

石叶：赭红色燧石质地，压制，呈扁条状。平顶。器身有一条明显的脊背，长6厘米，宽1厘米，厚0.31厘米。器身附着一层灰白色石沁。年代为新石器时代。

石叶：赭红色燧石质地，压制，顶部有个小平台，呈扁条状。器身有一条明显的脊背，长6厘米，宽0.42厘米，厚0.31厘米。器身附着一层乳黄、土黄色石沁。年代为新石器时代。

石叶：白玉质地，打制，呈片状。器身有一条不太明显的脊背，边刃锋利。长6厘米，宽1.3厘米，厚0.2厘米。器身附着一层蓝、赭红、绿色相间的石沁。年代为新石器时代。

石叶：赭红色燧石质地，压制，圆顶，圆尖，呈条状。器身有两条明显的脊背，两侧压制痕迹清晰。长6.6厘米，宽0.4厘米，厚0.37厘米。器身略附着一层乳灰白色石沁。年代为新石器时代。

石叶：墨玉质地，打制，呈片状。器身有两条不太明显的脊背，长4.4厘米，宽1厘米，厚0.21厘米。器身附着一层墨绿、蓝、赭红、浅绿色相间的石沁。年代为新石器时代。

打制石片：赭色燧石质地，打制，片状。平顶，圆头。长5.4厘米，宽1.5厘米，厚0.3厘米。年代为新石器时代。

5. 各式陶器

夹砂黄褐陶罐：圆唇，敞口。圆唇外侧饰三道弦纹，其下是与弦纹等粗的网格纹（或水波纹），其次是刻画线状网格纹，再下是竖"之"字纹，底下是小坑点纹。略残（口沿处），口径15厘米，通高22厘米，底径8厘米。年代为新石器时代。

褐陶罐：内夹粗细不等的砂粒，烧制时火候偏低，陶质较疏松。手制，圆唇，侈口。自口沿下侧饰有7道刻画弦纹。器腹微鼓，上饰有密集的点刺纹。口径8厘米，底径6厘米，通高8厘米。残破后经拼合而成。年代为新石器时代。

陶罐：夹砂黄褐陶质地，轮制，敛口，平底。器表经过磨光处理，器外壁略鼓，上饰大"之"字纹，通高20厘米，口径15厘米，底径8.3厘米。残破后拼合而成。年代为新石器时代。

陶罐：夹砂黄褐陶质地，手制，圆唇，敞口，平底。经过观察发现，该器经手塑成型后，在器表先划出11道弦纹，而后在弦纹凸起棱处，极有可能用骨质工具剔挑呈三角形纹，凹凸有致，十分精巧。该器残破后经拼合而成。口径11厘米，底径6厘米，通高14厘米。年代为新石器时代。

陶罐：夹砂褐陶质地，手制，圆唇，敞口，平底。器壁外侧口沿下饰有上下排列 6 排竖式条状纹。口径 10 厘米，底径 6 厘米，通高 18 厘米。年代为新石器时代。

陶罐：夹砂褐陶质地，手制，圆唇，敞口，平底。器壁外侧口沿下饰有 6 道弦纹，约占器形的 1/3 略多，经过观察发现，该陶器烧制时夹有均匀的砂粒。口径 9.5 厘米，底径 5.6 厘米，通高 20 厘米，该器残裂 3 块，经拼合而成。年代为新石器时代。

陶罐：夹砂褐陶质地，手制，圆唇，敞口，平底。器壁外侧约 1 厘米处饰有一圈排列规整的斜指甲纹，而后有几组"之"字纹。该标本现已残破，经拼合后仅缺少两块不大的口沿，其余皆完整。口径 14 厘米，底径 6.8 厘米，通高 12 厘米。年代为新石器时代。

陶罐：夹砂黄褐陶质地，手制，立唇，敞口，平底。器壁微外鼓，上饰刻画横"之"字纹，该器现残剩 2/3 左右。口径 8 厘米，底径 6 厘米，通高 8 厘米。年代为新石器时代。

饼状陶纺轮：夹砂褐陶质地，烧制时火候偏低，陶质较疏松。圆形饼状。直径 6.8 厘米，厚 1.4 厘米，穿孔径 0.5 厘米。年代为新石器时代。

陶纺轮：夹砂黄褐陶质，烧制时火候适中，陶质较坚硬。两件，均呈馒头状。其一，直径 6 厘米，中穿 0.4 厘米，通高 3 厘米；其二，直径 6.2 厘米，中穿 0.5 厘米，高 3.2 厘米。年代为新石器时代。

饼状陶纺轮：夹砂红褐陶质地，烧制时火候偏高，陶质较坚硬。直径 6.7 厘米，厚 1.6 厘米，中穿孔径 0.7 厘米。年代为新石器时代。

馒头状陶纺轮：夹砂红褐陶质地，烧制时火候偏高，陶质较坚硬。直径 7 厘米，厚 2.3 厘米，孔径 0.7 厘米。年代为新石器时代。

新石器时代陶器残片

陶器口沿：质地分别是夹砂黑陶、夹砂褐陶、夹砂灰陶、夹砂红陶、红衣陶。大多数都为陶器口沿或部分为器底。文化类型属于密山新开流和海林振兴文化类型。年代处于新石器时代中晚期，至今5000～7000年。

第三节　东北亚古丝路开创与发展

东北亚古丝路的开通，大致分为如下几个时期：开创时期、发展时期、繁荣时期和兴盛时期。

一、开创时期

主要分为两个历史阶段，包括旧石器时代中晚期和新石器时代。

1. 旧石器时代中晚期

古人为了糊口，从华北山地及平原追寻他们的猎物猛犸象、披毛犀动物群组成员，一路向北（东北方向），开辟了远古狩猎通道。从山西峙峪至华北北部和东北部地区，辽河平原至松嫩平原，沿黑龙江至俄罗斯远东的库页岛，日本北海道地区，而后越过白令海峡进入北美阿拉斯加地区，这一沿线在历年来的考古发掘和考古调查中，均发现过形制相同、制作手段和工艺技术类似的"楔形石核"，从侧面证实了这一条道路的开通始于旧石器时代中晚期。

2. 新石器时代

从新石器时代早期起贯穿至整个新石器时代，在前辈基础上延续了这条通道并使之变成了通途，从而更加巩固了中原与东北亚区域间的各种联系。

据考古资料证实，在河北省中部的保定和天津，"北京地区的平谷、房山、密云、昌平等地，均发现新石器时代中期与辽宁兴隆洼文化和赤峰红山文化类型的遗址，年代为距今约5000 ～ 7000 左右"[1]。由此说明，自新石器时期以来，京津唐燕山南麓就与燕北地区以外的东北连成了一片。

二、发展时期

青铜器时代，东北亚地区与中原地区人们仍然保持着良好的互动关系，再加上一部分中原人北上，逐渐地也将其传统融入沿线各地，这在历年来的考古发现中已经得到了证实。像走亲戚一样，东北地区的民族也走着同样的路线对中原进行回访，这些民族的往来交流更加促动各自的发展。

---

[1]　宋大川主编、郭京宁著：《北京考古史·史前卷》，上海古籍出版社 2012 年版，第 134 ～ 137 页。

磨制石斧：土黄色细砂岩，磨制光滑，柄部有一对钻形成的直径1厘米的圆孔，平顶，弧刃，刃部锋利，留有使用崩痕。立剖面呈中锋直注。通体呈长方形，长16厘米，柄宽8厘米，刃宽9.7厘米，厚1厘米。年代为青铜器时代。

磨制石斧：灰绿色细泥岩，磨制光滑，通体呈长方形。腰部有一对钻圆孔，孔径0.7厘米，在该器圆孔四周，双面均见有细密的漏斗状敲击痕。该器四周棱角边刃清晰，通体呈长方形、板状。长12.5厘米，柄宽6.7厘米，刃宽8.3厘米，厚1.2厘米，平底，弧刃，刃部锋利，立剖面呈中锋直注。年代为青铜器时代。

石斧：灰绿色砂岩，通体磨制光滑，略呈圆角长方形。柄部有一对钻圆孔，直径1厘米，在双面圆孔四周，均能清晰看出被细心均匀地敲击过，斑痕清楚。平顶，弧刃，刃部立剖面呈中锋直注。年代为青铜器时代。

石斧：绿色细砂岩，通体磨制光滑，柄部有一直径3厘米圆孔，孔壁光滑规圆，平顶，直刃，刃部锋利。在刃部右下角有一处使用崩痕，顶的左侧边角有一处打掉的石片疤。通长15厘米，顶宽7厘米，刃宽4.5厘米，立剖面呈中锋直注。年代为青铜器时代。

石斧：灰色砂岩质，磨制，器表光滑，通体呈不规则长方形。腰部有一直径1厘米对穿圆孔，圆孔四周有直径约2.5厘米敲击形成的"凹窝"。略圆顶，弧刃，刃部锋利。通长13厘米，斧顶宽5厘米，刃宽7厘米。立剖面呈中锋直注。年代为青铜器时代。

石斧：土黄色细砂岩质，双面磨制，器表光滑，整体呈不规则长方形，柄部有一直径约1厘米圆孔，在其四周有个直径约3厘米的敲击形成的"凹窝"，平顶，弧刃。通长15厘米，柄宽5.4厘米，刃宽7.4厘米，立剖面呈中锋直注。年代为青铜器时代。

石斧：灰白色花岗岩质，双面磨制，器表光滑，柄部有一直径约1.2厘米穿孔，在其四周有一敲击形成的直径约2.6厘米的"凹窝"。略原定，弧刃，器表留两道开裂，一道是自器顶顺中间由上而下贯穿，这一条属于原始开裂；另一条开裂在该器右侧腰下至刃的中间，似因外力撞击产生。通长16厘米，顶宽5厘米，刃宽8.3厘米。年代为青铜时代。

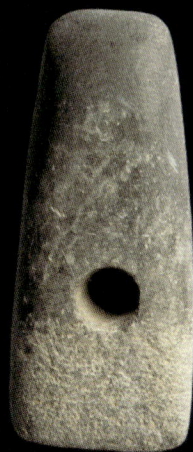

石凿：石质为黑色安山岩，双面磨制，器表顶部留有琢制时产生的坑状麻点，腰腹至刃端光滑，柄部有一直径2厘米的圆孔，孔壁光滑，平顶，略弧刃，刃部锋利。通长14.5厘米，柄宽6厘米，刃宽4.3厘米，厚3.5厘米。立剖面呈中锋直注。年代为青铜时代。

石斧：石质为灰绿色砂岩，双面磨制，顶部残失，根据残剩器型判断，该器整体为长方形。在该器腹身处有一直径1厘米圆孔，在孔的四周留有对钻产生的直径1.8厘米的"凹窝"，平顶，直刃。残长11.3厘米，残顶宽4.5厘米，刃宽5.3厘米，厚1.4厘米。年代为青铜时代。

石斧：石质为土黄色花岗岩，双面磨制，呈薄板状，由于长期埋于土层中，器身附着一层很厚的土黄间乳黄色斑沁，总体呈长方形。平顶，略弧刃。柄部有一个直径1.6厘米的圆孔，孔壁光滑，刃的左下角有使用崩痕。通长12.5厘米，顶宽7.5厘米，刃宽7厘米，厚1.7厘米。年代为青铜时代。

石斧：石质为灰绿色砂岩，双面磨制，刃部残失。在柄部有一直径1.3厘米穿孔，在其四周留有对钻时产生的直径2.3厘米的"凹窝"。平顶，因刃部残失不清。残长12.3厘米，顶宽6厘米。年代为青铜时代。

石斧：石质为黑灰色安山岩，仅刃部磨制，其余部分为琢制，器身上大部分留有敲琢留下的凹痕与麻点。圆顶，略弧刃。通长16厘米，顶宽5厘米，刃宽5.5厘米，厚2.3厘米，立剖面呈中锋直注。年代为青铜时代。

石蝉：石质为赭色砂岩，通体呈圆柱状，磨制。该标本仅寥寥数刀，即完成蝉的形态，简练、干净。通长9厘米，宽与厚3.8厘米。年代为青铜器时代。

箍形器：本地玉质地。器表挂有乳白色、土黄色和砂土结核，筒形，有纹饰，带两道线纹，分别饰于口沿下和器底部。另外，在器型上等距用阴刻竖线分割成三份，后又依竖线分成向左与向右斜刻的直线纹。圆唇，敞口，底与口类似。通高10厘米，口径9.5厘米，外径13.3厘米，壁厚1.7厘米。年代为青铜器时代。

带纹饰石杯：石质为本地玉，呈乳黄色。带有土黄、赭色、青色、土红等沁色。在唇的外缘由一圈凹弦纹，据此向腹部5厘米处，有第二道凹弦纹。两组弦纹圈定另外两组不同的刻画纹饰，我们将其称之为网格纹与长线竖纹。圆唇，敞口，尖底。腹下带有一扁桥状耳，耳孔规圆，孔壁干净光滑，孔径1.4厘米。通长15.5厘米，口径8.7厘米。腹径9.3厘米，厚1厘米。年代为青铜器时代。

陶纺轮：夹砂红陶质地，烧制时火候偏高，陶质较坚硬，圆形，馒头状。中间有一直径 0.7 厘米的穿孔。直径 6.6 厘米，厚 1 厘米。年代为青铜器时代。

陶纺轮：夹砂黄褐陶质地，烧制时火候偏低，陶质较疏松，圆形，橄榄状（算珠形），中间有一直径 0.6 厘米的穿孔，孔壁上有一开裂。直径 5.5 厘米，厚 6 厘米。年代为青铜器时代。

陶纺轮：共三枚。

一是泥质黄褐陶质地，烧制时火候偏高，陶质较坚硬，圆形，饼状，中间有一直径 1 厘米的穿孔。直径 6 厘米，厚 0.8 厘米。年代为青铜器时代。

二是泥质灰陶质地，烧制时火候偏高，陶质较坚硬，圆形，饼状，中间有一直径 0.8 厘米的穿孔，直径 6 厘米，厚 0.76 厘米，标本略残。年代为青铜器时代。

三是夹砂黄褐陶质地，烧制时火候偏高，陶质较坚硬，圆形，饼状，中间有一直径 1 厘米的穿孔。直径 6.5 厘米，厚 1 厘米，标本略残。年代为青铜器时代。

陶纺轮：夹砂黄褐陶质地，烧制时火候偏高，陶质较坚硬，带纹饰，圆形，草帽状，中间有一直径 0.4 厘米的穿孔。直径 6 厘米，厚 2 厘米。年代为青铜器时代。

陶纺轮：夹砂褐陶质地，烧制时火候偏高，陶质较坚硬，带纹饰，圆形，算珠状，平底，凸形。中间有一直径 0.4 厘米的穿孔。直径 4.8 厘米，厚 2.9 厘米。年代为青铜器时代。

陶纺轮：夹砂黄褐陶质地，烧制时火候偏高，陶质较坚硬，圆形，饼状，中间有一直径 0.5 厘米的穿孔。直径 6.5 厘米，厚 1.3 厘米。年代为青铜器时代。

陶纺轮：夹砂黄褐陶质地，烧制时火候偏低，陶质较疏松，圆形，饼状，有一直径 0.6 厘米的穿孔。直径 6.5 厘米，厚 0.8 厘米。年代为青铜器时代。

陶猫：夹砂黑陶质。烧制时火候偏高，陶质较坚硬，手制。造型夸张简练，在猫的面部及肢体上，寥寥数刀，即勾画出猫的神态。通体浑圆，作蹲卧状。长 11.5 厘米，高 7 厘米。年代为青铜器时代。

陶纺轮：共 5 枚。分为夹砂红陶、夹砂褐陶质地。

一是夹砂红陶质地，烧制时火候偏高，陶质较坚硬，圆形，饼状，中间有一直径 0.5 厘米的穿孔。直径 6.3 厘米，厚 0.8 厘米，边缘略残。

二是夹砂红陶质地，烧制时火候偏高，陶质较坚硬，圆形，饼状，中间有一直径 0.8 厘米的穿孔。直径 6.5 厘米，厚 0.6 厘米。

三是夹砂红陶质地，烧制时火候偏高，陶质较坚硬，圆形，饼状，中间有一直径 0.6 厘米的穿孔。直径 5.5 厘米，厚 0.8 厘米。

四是夹砂红陶质地，烧制时火候偏高，陶质较坚硬，圆形，饼状，中间有一直径 1 厘米的穿孔。直径 7.3 厘米，厚 0.6 厘米。

五是夹砂褐陶质地，烧制时火候偏高，陶质较坚硬，圆形，略呈馒头状，平底，底部饰有用骨质工具依边缘刺成的不规则坑纹，中间有一直径 0.86 厘米的穿孔。直径 7 厘米，厚 1.6 厘米。以上年代为青铜器时代。

带纹饰陶纺轮：共3枚。

一是夹砂红陶质地，烧制时火候偏高，陶质较坚硬，圆形，饼状，中间有一直径0.4厘米的穿孔。直径4厘米，厚3厘米。在该器底面上在中穿外缘分两圈用动物肢骨经磨制而成的工具，挫刺形成圆坑纹。

二是夹砂褐陶质地，烧制时火候偏高，陶质较坚硬，圆形，饼状，中间有一直径0.6厘米的穿孔。底面上在中穿十字交叉刻画出凹线至边缘，而后，依十字线左右点刺出坑纹，在边缘附近又饰有两圈坑纹。直径6.3厘米，厚2厘米。

三是夹砂黑陶质地，烧制时火候偏高，陶质较坚硬，圆形，馒头状。中间有一直径0.4厘米的穿孔。在该器底面上依中穿向四周饰有不规则辐条状线纹，形似五星状，不规则。在按压凹线左右饰有坑点纹。直径6.7厘米，厚2.6厘米。以上年代为青铜器时代。

带纹饰陶纺轮：分为夹砂褐陶、夹砂红陶，共3枚。

一是夹砂褐陶质地，烧制时火候偏高，陶质较坚硬，圆形，饼状，依边缘锥刺形成两道纹饰。中间有一直径0.7厘米的穿孔。直径6.5厘米，厚0.8厘米。

二是夹砂红陶质地，烧制时火候偏高，陶质较坚硬，圆形，略呈馒头状，依中穿向四周饰按压纹于器底，中间有一直径0.65厘米的穿孔。直径5.9厘米，厚1.2厘米。

三是夹砂褐陶质地，烧制时火候偏高，陶质较坚硬，圆形，略呈馒头状，中间有一直径0.5厘米的穿孔，依中穿向外饰有两圈似"。"号的圆坑点纹，揣测其使用工具可能是鸟的肢骨做成的，直径5厘米，厚2厘米。以上年代为青铜器时代。

夏商周至战国秦汉时期，已有青铜铭文对东北地区民族的往来交流进行翔实记载。同时，大量历史文献也对其进行了真实的记录并使之传流后世。从商周起直至清代，这条古道就一直是往来各地商旅和驿员必经之途。中原内地的丝绸（包括锦缎和布匹），是代表中华传统文化的一个十分重要的符号，从其诞生那一刻起，伴随着中原内地人的足迹通过迁徙和商贸交流散布到所历经之地。无论最早从汉朝张骞开通的"丝绸之路"，到明代亦失哈开通的东北亚古丝路，还是晚于亦失哈79年由郑和所开通的"海上丝绸之路"，在当时各地均引起极大的震动和影响。历史上中国内地丝绸是何时才进入东北亚地区的？遍查史料发现，早在汉晋时期就已有之。据史料记载："五威将奉符命，赍印绶，王侯以下及吏官名更者，外及匈奴、西域，徼外蛮夷，皆即授新室印绶，因收故汉印绶。赐吏爵人二级，民爵人一级，女子百户羊酒，蛮夷币帛各有差。"[1]从解读上述文献获知，早在西汉晚期，王莽篡汉夺取汉室江山后所做的第一件事，就是立即着手更换前朝（汉）对边疆各族所颁赐的印绶，并适当地给予新赐爵位的边疆诸族"锦帛"加以笼络。

据《三国志》卷三十《魏志·乌丸鲜卑东夷传·夫余条》中记载："……出国则尚缯绣锦罽"，其中所提到的绣锦极有可能来自向汉朝缴纳土贡的回赐。[2]据史料记载，公元46年（东汉光武帝建武二十二年），"……帝乃以币帛赂乌桓"[3]。从东汉皇帝对乌桓"赏赐币帛"等情况看，也是为了笼络乌桓所采取的一种策略。应该是边民内服朝贡，朝廷回赠丰厚的恩赏，边民又将绣锦和丝绸及币帛分别带到各自属地。这种恩赏和边民朝贡真正形成规模应在魏晋至北朝时期。

三、繁荣时期

东北亚古丝路的繁荣时期，最初是以贡和赏方式将丝绸与东北（亚）地区紧密联系起来的。即东北土著边民内服向中原王朝朝贡，诸王朝给予这些朝贡者的大量恩赏中即包含丝绸。最早出现在商周至春秋战国时期。有史可查的可以追溯到汉代，据《后汉书·乌桓传》记载，东汉光武帝建武二十二年，"匈奴国乱，乌桓乘弱击破之，匈奴转北徙数千里，漠南空地，帝乃以币帛赂乌桓"[4]。文献中所提到的"帛"，其实就是中原的丝绸或锦缎。由于乌桓出兵协助汉朝袭击匈奴，致使匈奴从此衰落，汉朝后来又对乌桓"给其衣食"或在上谷宁城"岁时互市"。在同一历史时期，乌桓与鲜卑部族集团，因协助汉军联手夹击北匈奴有功，"辄持首级诣辽东受赏"。自此以后，史书上多有赏赐丝绸的记载，如赏赐给朝贡或有特殊功勋的边民有"彩缯和缣彩"。

同样，东北强族夫余也同其他边疆少数民族政权（受中央王朝羁縻下的方国）及部族一

[1]　[东汉] 班固著：《汉书·王莽传》，中华书局1962年版，第4114页。

[2]　[晋] 陈寿著：《三国志·乌丸鲜卑东夷传·夫余条》，中华书局1982年版，第841页。

[3]　[南朝宋] 范晔著：《后汉书·乌桓传》，中华书局1965年版，第2982页。

[4]　[南朝宋] 范晔著：《后汉书·乌桓传》，中华书局1965年版，第2982页。

样遣使朝汉，从夫余人出使的贵族穿着上研究，就知道他们出门"缯绣锦罽"一定来自中原内地。这些锦帛丝绸随着他们频密的朝贡也不断地流入东北及其他地区。与夫余一道结伴朝贡的有挹娄和高句丽人。据初步统计，挹娄随团或者独立进入中原汉魏王朝朝贡共有6次。

据史料记载："及文帝作相，魏景元末，来贡楛矢、石砮、弓甲、貂皮之属。魏帝诏归于相府，赐其王褥鸡、锦罽、锦帛。"[1] 这样朝贡和恩赏制度一直维系到汉魏以后，作为定制被东北亚各地方民族政权及边民代代沿袭。

四、兴盛时期

两晋至北朝时期，勿吉臣服中原诸王朝，并派遣使节赴北魏、东魏、北齐朝贡达30余次，使团规模最多达50余人。今嫩江流域的豆末娄国使节，想方设法与中原王朝加强联系。库莫奚族向北魏及北齐王朝贡献土物。室韦和地豆于族团经常向中原王朝朝贡。正是这些边疆民族的主动归附或与中原诸王朝存有羁縻隶属关系，诸族长年累月地奔波在这些固定的朝贡道上，促使东北亚丝绸之路日益繁盛起来。

渤海国是唐藩属国，作为臣下侍上经常向唐朝贡，必然会得到唐朝廷的格外恩赏。据统计，渤海总共向唐朝朝贡多达130余次。这也体现在历代王朝对羁属的边民诸族来朝而采取的恩赏大于朝贡的抚边政策。边疆诸族首领则在上朝缴纳贡赋时，根据其所封官阶等级着穿朝廷赐予的品级袍服。

辽金时期，契丹经常向女真诸部及五国部索要海东青及各种赋税，所行走的也是这条东北亚内陆古道。

金元时期，又加以利用和新设置一些沿线古城、驿站、堡寨等设施，其功能日益完善。

明清时期，也是这条古道最为繁盛的时期，东北亚地区诸族相继向明清朝廷朝贡，也使得这条驿道因边民朝贡和商贸往来而日益繁盛起来。

---

[1] ［唐］房玄龄等著：《晋书·四夷·肃慎氏》，中华书局1974年版，第2535页。

第二章 商周、春秋、战国至秦代东北亚民族

第一节 东 胡

大约距今4000～3000年间（夏商时期），在东北及大兴安岭左近地区出现很多族群部落，这些族群均属于原始社会部落或初始的部落联盟集团，其中一些影响较大的族群属于种族性质，他们不同于现代民族，只能从考古学视角来逐一地加以区分。东胡其先世，就出现在这一历史时期。

东胡是我北方古代少数民族之一，因其地域在匈奴以东而得名。

东胡主要分布在今东北的西部，辽河支流西拉木伦河流域以北的大兴安岭山脉及其附近地带。其语言属于阿尔泰语系，现在的达斡尔族语和蒙古族语的祖源就是东胡语。

东胡，自从在我国很多历史文献记载中出现，直到西汉初期被匈奴冒顿单于击破时止，在历史上相当长一个阶段是比较强盛的，曾与燕国和赵国都有过频繁的接触和往来。

据《逸周书》记载："周公相武王伐纣，夷定天下……东胡黄罴。"注释又言："东胡，东北夷。"周王朝曾把北方民族称作狄，或胡或戎。而东胡处于中原王朝的东北方，我们发现在一些古籍文献记载中，有时还将东胡划归东北夷，有时又与北狄并列，另外，因东胡族源来自大兴安岭左近之地，有时候又被称作"山戎"。

另据《山海经》记载："东胡在大泽东。"对于大泽的解释，目前有三种观点：第一，称贝加尔湖为大泽；第二，称呼伦湖为大泽；第三，称锡林郭勒盟的达赉湖为大泽。

春秋之交，东胡逐渐发展壮大，此时的东胡已经向长城附近移动。东胡本属于游牧民族，其经济生活主要以畜牧业为主，兼营采集和狩猎，随着部族集团逐渐靠拢在长城附近，与以农耕为主的汉族来往和商贸，逐渐促使自己的农业和手工业得到发展。战争中俘掠的战俘与民口为其役使和徭赋的主要对象，从而也加深了民族与周邻之间的矛盾，阶级分化日益明显。

据《史记》记载："燕北有东胡、山戎。"文献中已明确此时东胡已经接触到燕的北部，而此时东胡与山戎被中原燕和赵等国以不同族群分别对待了。春秋晚期，齐桓公发兵袭破山戎（北与东胡为邻），此后致使山戎衰败，山戎的南部领地为燕国所吞并，山戎的北部领地大部划归并入到东胡境内，从而形成了到战国时期燕国与东胡界邻的对峙局面。

燕昭王姬职在位时（前311—前279年），燕国大将秦开曾为人质留于东胡，归而统军攻之，东胡退千余里，于是燕设上谷、渔阳、右北平、辽西、辽东五郡，筑长城自造阳（今河北省独

石口附近），至襄平（今辽宁辽阳市），以防东胡。东胡最强盛之时，经常能威胁到燕和赵的国境安全。燕与赵等国将其视为边寇盗患。由于燕国与东胡长久地南北为邻，长时间的敌对使得界邻双方均感到前所未有的压力。为了破局，燕国派大将秦开出兵北破东胡，致使东胡向北败退千余里，回归到其祖居地大兴安岭和呼伦贝尔草原。

公元前209年，匈奴冒顿弑父篡位后逐渐统一了匈奴诸部族，后自封为单于。此时东胡正是鼎盛时期，为了挑战冒顿单于的耐性做出了各种试探和挑衅（包括政治、军事、领土），东胡王曾前后派使向冒顿索取名马和阏氏，为了和邻里交好，冒顿也都一一答应他们的各种索取和要求。东胡初尝用讹诈等手段得来的果实之后，进而得寸进尺，过额地要求匈奴将与东胡之间的千余里瓯脱地放弃，拱手让给东胡独占这一两族的缓冲地带。因此，彻底被惹怒的冒顿单于，继而发兵击剿东胡并掳其民和大量畜产，而此时的乌桓、鲜卑均役属于东胡系统，均成为匈奴役属的奴隶或演变成为其附属民族。最终彻底融入到新兴民族之中。东胡虽然消失在历史长河中，但东胡的后裔各族又在新的历史环境下、以新的姿态出现在其以后诸历史阶段。

强盛时期的东胡，其南界应在长城附近的今围场、赤峰和奈曼一带，其北部边界则没有明确的地理分布。

铁鸣笛：铁质，采用范模浇铸而成。鸣笛整体似锤头，中空，在其边缘上有对穿圆孔两个。在锤头似的鸣笛后侧连缀一个四棱铁铤长约 4 厘米，其柄径 0.5 厘米，鸣笛长约 2.5 厘米，宽约 4 厘米。年代为战国至汉代，为东胡人遗物。

铁鸣笛：铁质，范模浇铸而成。有一偃月形箭头，其后连缀一个中空橄榄形鸣笛，后侧连缀一个麻花状铁铤。通体观察，偃月形箭头长 1 厘米，宽 0.8 厘米。橄榄形中空鸣笛长 1.6 厘米，宽 0.8 厘米，其上有一对穿孔。麻花状铁铤长约 6 厘米，宽 0.4 厘米。年代为战国至汉代，为东胡人遗物。

铁鸣笛：铁质，采用范模浇铸而成。有一禅杖头似的尖刃（箭头），其后是一个带 4 个圆孔的橄榄形中空体（鸣笛），其后连缀一个长铤。通长 9 厘米，刃宽 2 厘米，鸣笛宽 0.8 厘米。年代为战国至汉代，为东胡人遗物。

串形铜泡：青铜质地，浇铸而成。一组三件。一件为长 2 厘米，宽 0.7 厘米，厚 0.13 厘米；二件为长 3.4 厘米，宽 0.6 厘米，厚 0.13 厘米；三件为长 2 厘米，宽 0.7 厘，厚 0.12 厘米。器身附着一层很厚的深绿色铜锈。年代为战国至汉代，为东胡人遗物。

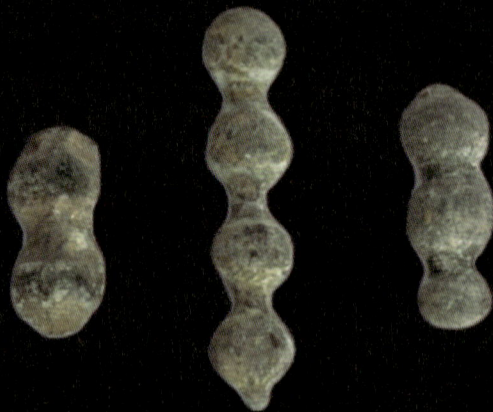

带扣：青铜质地，采用范模浇铸而成。上饰有一只镂空飞凤，由缠枝纹连缀，整体附着一层漂亮的三绿色铜锈。后有一穿缀，呈扁长方形。通长 6.5 厘米，宽 2 厘米，厚 0.8 厘米。年代为战国至汉代，为东胡人遗物。

青铜环首刀：青铜质地，采用范模浇铸而成。弯背。刀通长 9.6 厘米，宽 1 厘米，厚 0.3 厘米。刀身长 4 厘米，柄长 3.5 厘米，环横径 1.4 厘米，纵径 1 厘米。器身上附着一层深绿色铜锈。年代为战国至汉代，为东胡人遗物。

青铜环首刀：青铜质地，采用范模浇铸而成。环首弯背。标本保存完整，通长 22 厘米，宽 1 厘米，厚 0.33 厘米，刀身长 14 厘米，柄长 6 厘米，环首横径 2.4 厘米，纵径 2 厘米。器身上附着一层深绿色铜锈。年代为战国至汉代，为东胡人遗物。

青铜环首刀：青铜质地，采用范模浇铸而成。标本保存完整，环首直背。刀刃前端残断，通长 26 厘米，宽 2.5 厘米，厚 0.4 厘米。刀身长 14 厘米，柄长 10.5 厘米，环首横径 5 厘米，纵径 3.5 厘米。器身上附着一层深绿色铜锈。年代为战国至汉代，为东胡人遗物。

青铜环首刀：青铜质地，采用范模浇铸而成。环首弯背。通长 15 厘米，宽 1 厘米，厚 0.31 厘米。刀身长 7 厘米，柄长 6.8 厘米，环首横径 1.8 厘米，纵径 1.2 厘米。器身上附着一层深绿色铜锈。年代为战国至汉代，为东胡人遗物。

青铜环首刀：青铜质地，采用范模浇铸而成。略弯背。环首部分略残。通长14厘米，宽1厘米，厚0.3厘米。柄长4.5厘米，残环首直径1厘米，刀身长4.3厘米。器身上附着一层深绿色铜锈。年代为战国至汉代，为东胡人遗物。

青铜环首刀：青铜质地，采用范模浇铸而成。标本保存完整，环首、弯背。通长17.5厘米，宽1.8厘米，厚0.4厘米；刀身长8厘米，柄长5.8厘米。环首横径3.5厘米，纵径3厘米。器身附着一层很厚的深绿色铜锈。年代为战国至汉代，为东胡人遗物。

青铜刀：青铜质地，采用范模浇铸而成，直背，标本完整。通长10厘米，宽1.2厘米，厚0.3厘米，刃部锋利。根部有一个圆形凸起。年代为战国至汉代，为东胡人遗物。

青铜刀：青铜质地，采用范模浇铸而成，弯背。通长12厘米，宽1厘米，厚0.23厘米。器身附着一层很厚的深绿色铜锈。年代为战国至汉代，为东胡人遗物。

青铜环首刀：青铜质地，采用范模浇铸而成。略呈直背、环首。该标本的刃部有三处残断，黏合后形成一个完整的整体。通长28厘米，宽1.7厘米，厚0.3厘米。刀身长9厘米，柄长6.5厘米。环首横径3厘米，纵径2.5厘米。器身附着一层很厚的深绿色铜锈。年代为战国至汉代，为东胡人遗物。

青铜刀：青铜质地，采用范模浇铸而成。弯背。通长 8.9 厘米，宽 0.9 厘米，厚 0.3 厘米。器身附着一层很厚的深绿色铜锈。年代为战国至汉代，为东胡人遗物。

青铜刀：青铜质地，采用范模浇铸而成。直背。通长 7.6 厘米，宽 1 厘米，厚 0.3 厘米。器身附着一层很厚的深绿色铜锈。年代为战国至汉代，为东胡人遗物。

青铜刀：青铜质地，采用范模浇铸而成。弯背。通长 10 厘米，宽 1.5 厘米，厚 0.2 厘米。器身附着一层很厚的深绿色铜锈。年代为战国至汉代，为东胡人遗物。

青铜刀：青铜质地，采用范模浇铸而成，直背。通长 11.5 厘米，宽 1.5 厘米，厚 0.3 厘米。器身附着一层很厚的土黄和深绿色铜锈。年代为战国至汉代，为东胡人遗物。

青铜刀：青铜质地，采用范模浇铸而成，直背。通长 9.5 厘米，宽 1.4 厘米，厚 0.2 厘米。器身附着一层很厚的深绿色铜锈。年代为战国至汉代，为东胡人遗物。

青铜刀：青铜质地，采用范模浇铸而成，直背。通长 12.3 厘米，宽 1.6 厘米，厚 0.3 厘米。器身附着一层很厚的浅绿和深绿色铜锈。年代为战国至汉代，为东胡人遗物。

三足陶鬲：口沿略残，夹砂黑褐陶质，圆唇，直口，双耳。通高 10 厘米，口径 9.2 厘米，壁厚 0.5 厘米。有三个乳状足。年代为战国至汉代，为东胡人遗物。

陶钵：夹砂红陶质地，烧制时火候偏高，陶质较坚硬。手制，圆唇，敞口，小平底。口沿处有四处残破的豁口。通高 4.5 厘米，口径 9.2 厘米，底径 4 厘米，壁厚 0.3 厘米。年代为战国至汉代，为东胡人遗物。

陶钵：夹砂黄褐陶质地，烧制时火候偏高，陶质较坚硬。手制，斜平唇，敛口，小平底。口沿处有一处豁口。通高 4.5 厘米，口径 8.6 厘米，底径 3.8 厘米。年代为战国至汉代，为东胡人遗物。

双立耳陶罐：夹砂黄褐陶质地，烧制时火候偏高，陶质较坚硬，由于埋藏情况所致，该标本器身各有横竖残裂若干。尖唇，盘口，平底，在器肩腹左右两侧各塑造一个圆柱状立桥状耳。通高9.5厘米，口径10厘米，最大腹径为10.7厘米，底径5.6厘米。年代为战国至汉代，为东胡人遗物。

双竖耳陶罐：夹砂黑褐陶质地，手制，盘口，鼓腹，平底。通高13厘米，口径9.5厘米，最大腹径为15厘米，底径6.3厘米。年代为战国至汉代，为东胡人遗物。

陶钵：夹砂红陶质地，烧制时火候偏高，陶质较坚硬。平唇，敞口，圆底。通高5.5厘米，口径14厘米。器表上有少许残裂。年代为战国至汉代，为东胡人遗物。

单耳陶杯：黄褐陶质地，口沿略残，手制，圆唇，直口，单耳，平底。通高7厘米，口径6.8厘米。年代为战国至汉代，为东胡人遗物。

双立耳陶罐：夹砂黄褐陶质地，内夹匀称的砂粒，烧制时火候偏高，陶质较坚硬。圆唇，敛口，平底。通高12.3厘米，口径11.5厘米，底径8厘米。最大腹径13.5厘米。器壁外略鼓，上饰满线状刻画"之"字纹。年代为战国至汉代，为东胡人遗物。

双立耳陶罐：夹砂红陶质地，内夹不匀称的砂粒，烧制时火候偏低，陶质较疏松。器表粗糙。通高11厘米，口径8厘米，底径5.2厘米。年代为战国至汉代，为东胡人遗物。

55

球形罐：夹砂红陶质地，内夹均匀的细砂粒。手制，圆唇，直口。平底。短颈，颈部左右各有一个直径 0.5 厘米的对穿圆孔。可能是为了便于携带。通高 8 厘米，口径 6 厘米，最大腹径 12 厘米，底径 6 厘米，壁厚 0.3 厘米。标本保存完整。年代为战国至汉代，为东胡人遗物。

球形壶：夹砂红陶质地，内夹均匀的细砂粒。手制，圆唇，直口，小平底。颈部左右各有一个直径 0.3 厘米的对穿圆孔。直领，领高 1.2 厘米。在凸鼓的器腹上有三个等距堆砌的圆凸起，凸起约 0.3 厘米，长 0.6 厘米。通高 8.6 厘米，口径 4.5 厘米，最大腹径 11.6 厘米，底径 5 厘米。器型保存完整。年代为战国至汉代，为东胡人遗物。

陶碗：夹砂黄褐陶质地，烧制时火候偏高，陶质较坚硬。手制，圆唇，敞口，平底。通高 5.6 厘米，口径 7.5 厘米，底径 4.2 厘米。年代为战国至汉代，为东胡人遗物。

立领球形壶：夹砂红陶质地，烧制时火候偏高，陶质较坚硬。手制，尖唇，直口，立领。鼓腹。通高 14 厘米，口径 9 厘米，底径 6.5 厘米，最大腹径 16.5 厘米，壁厚 0.3 厘米。标本保存完整。年代为战国至汉代，为东胡人遗物。

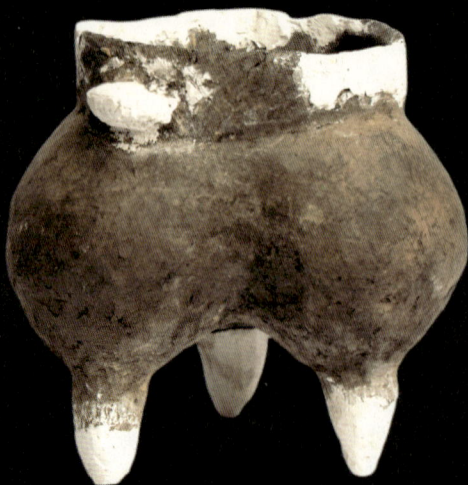

双錾耳三足陶鬲：夹砂黑陶质地，口沿略残，尖唇，侈口，三足。口沿立高 2 厘米，左右有两个对称的錾耳，其下有三个乳突状袋足。通高 16 厘米，口径 8 厘米，壁厚 0.3 厘米。年代为战国至汉代，为东胡人遗物。

小陶罐：夹砂黑陶质地，烧制时火候偏高，陶质较坚硬。手制。圆唇，侈口，平底。通高8.4厘米，口径6厘米，底径5.2厘米，壁厚0.5厘米。年代为战国至汉代，为东胡人遗物。

单耳陶罐：夹砂黑褐陶质地，手制。圆唇，侈口，平底。短颈，略鼓腹。器耳呈扁桥状。通高6.8厘米，口径5.2厘米，底径4.6厘米，壁厚0.3厘米。年代为战国至汉代，为东胡人遗物。

立领鼓腹罐：夹砂红陶质地，烧制时火候偏低，陶质较疏松，内夹均匀的砂粒，手制。直领，领上有两个对穿圆孔。圆唇，直口。腹呈圆凸扁状，最大腹径13厘米。领高1.6厘米。通高11厘米，口径7.5厘米，底径5.5厘米，壁厚0.3厘米。年代为战国至汉代，为东胡人遗物。

陶碗：夹砂褐陶质地，内夹均匀的细砂粒，手制。标本残裂为两块，经拼合后合二为一，口沿上有两个豁口。圆唇，侈口，平底（印压有席纹）。通高5.6厘米，口径10.6厘米，底径5厘米，壁厚0.4厘米。年代为战国至汉代，为东胡人遗物。

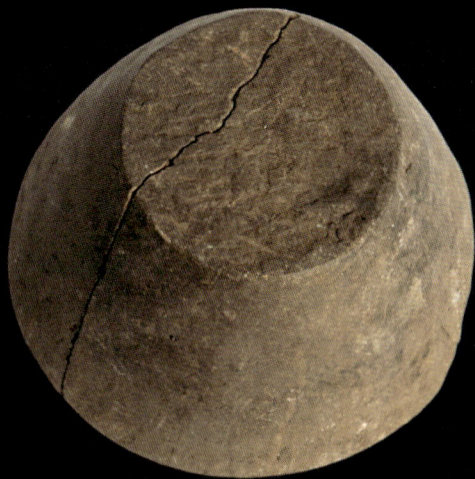

小陶碗：夹砂黄褐陶质地，内夹大小不均的砂粒，烧制时火候偏低，陶质较疏松，手制，斜平唇，侈口，平底。通高4厘米，口径9厘米，底径3.5厘米，壁厚0.4厘米。年代为战国至汉代，为东胡人遗物。

尖底形陶器：夹砂黄褐陶质地，手制，圆唇，敞口。通高6厘米，口径7厘米，壁厚0.3厘米。年代为战国至汉代，为东胡人遗物。

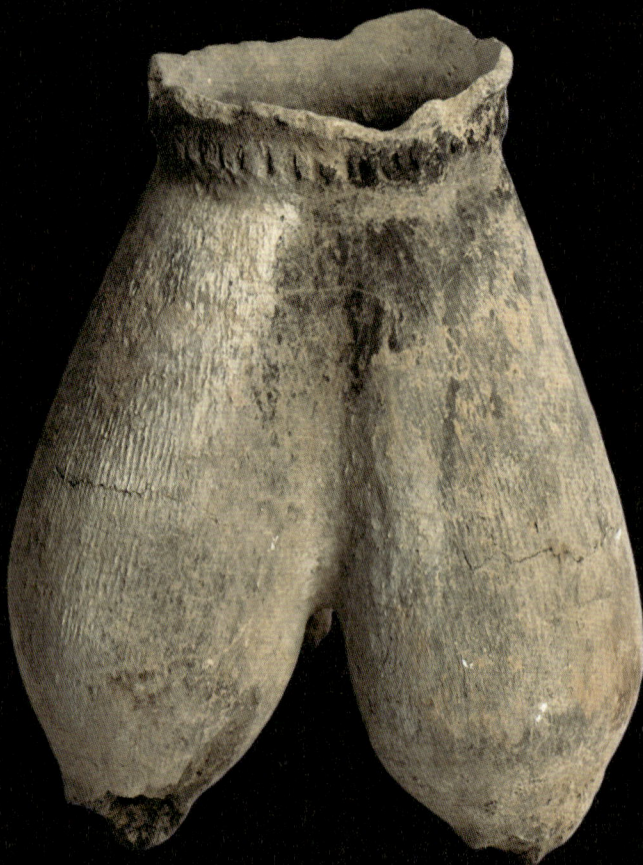

残陶鬲：夹砂黑陶质地，口沿残破，鬲身由口沿和三个垂乳状高足组成，器身上饰有竖绳纹。鬲足均残断。通高25厘米，口径8.5厘米，颈上有一圈凸起棱状，上饰有竖向指甲纹。鬲袋深18厘米。年代为战国至汉代，为东胡人遗物。

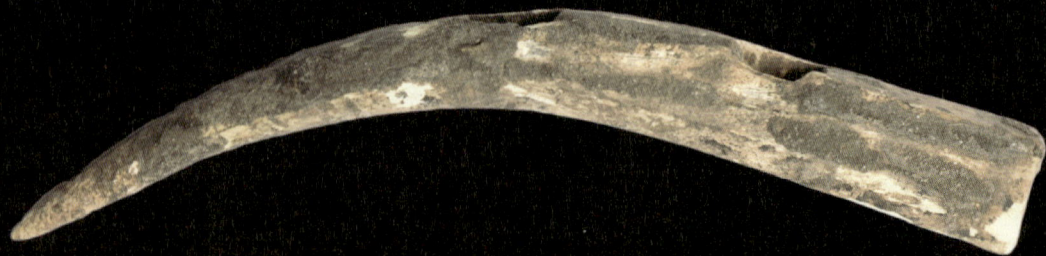

角器：骨角质，磨刻而成。长19.5厘米，根径2.3厘米，尖径0.3厘米。器中部位有两个长方形半孔。一个孔径长2厘米，宽0.8厘米；一个孔径长2厘米，宽1厘米。年代为战国汉代，东胡人遗物。

骨镞：采用马、牛、鹿等动物下肢骨经磨制而成，共五件，从左向右共分为五式。

Ⅰ式：采用马的下肢骨经磨制而成，通体呈鸡骨白色，镞尖锋利，呈三角状，镞铤呈扁簪状，长22厘米，宽0.5厘米，厚0.4厘米。年代为战国至汉代，为东胡人遗物。

Ⅱ式：采用马的下肢骨经磨制而成，通体呈鸡骨白色，镞尖锋利，呈三棱状，镞尖稍钝。镞铤呈漫圆形，铤尾呈扁簪状。镞头长5厘米，镞铤根部长5厘米，铤尾长5厘米，通长12厘米，宽1.2厘米。年代为战国至汉代，为东胡人遗物。

Ⅲ式：采用牛的下肢骨经磨制而成，通体呈鸡骨白色，镞尖扁尖状，镞身扁平。通长10.6厘米，宽0.4厘米。年代为战国至汉代，为东胡人遗物。

Ⅳ式：采用鹿的下肢骨经磨制而成。镞尖呈三棱状。通长12厘米，宽0.5厘米。年代为战国至汉代，为东胡人遗物。

Ⅴ式：采用马的下肢骨经磨制而成，通体呈鸡骨白色，镞尖锋利，通长10厘米，宽0.4厘米。年代为战国至汉代，为东胡人遗物。

骨环：采用动物肢骨经磨制而成，通体呈乳黄色。外缘直径 4 厘米，内缘直径 1 厘米，厚 0.3 厘米。磨制精细，土沁后致使外缘略有残损。年代为战国至汉代，为东胡人遗物。

骨纺轮：采用马的胫骨端头经切割后磨制而成，通体呈扁状微凸形。凸起部分，十分清晰地露出骨峰，中穿孔位置略偏。外径 6 厘米，内穿孔径 0.6 厘米，厚 0.6 厘米。年代为战国至汉代，为东胡人遗物。

铜泡：青铜质地，采用范模浇铸而成。用凹陷三角纹排列组合成一个圆环，我们认为这是太阳纹，由一圈锯齿状太阳纹圈起一个凸出的圆形太阳。造型奇巧。直径均 6.5 厘米，厚 0.14 ~ 0.2 厘米。器身附着一层很厚的浅绿和深绿色铜锈。年代为战国至汉代，为东胡人遗物。

牙锥：采用动物牙齿稍加磨制而成，用牙根一侧磨出锋利的尖刃，整体呈条状"凹"陷形，有一凹槽。从两边凸起至背部磨光。通体 6 厘米，宽 0.9 厘米，厚 0.3 厘米。年代为战国至汉代，为东胡人遗物。

贝币：海贝质地。标本保存完整，通体形似橄榄状，长 1.6 厘米，宽 1 厘米，厚 0.4 厘米。年代为商周至战国。

铜泡：青铜质地，采用范模浇铸而成。共三枚。由短线形成的旋转太阳纹，中间各带有两个小长方形穿孔，大小不一，其中一枚直径6厘米，厚0.2厘米；另一枚直径5厘米，厚0.16厘米；第三枚直径4.7厘米，厚0.12厘米。器身附着一层很厚的浅绿和深绿色铜锈。年代为战国至汉代，为东胡人遗物。

铜泡：青铜质地，采用范模浇铸而成。点状圈成的太阳纹，共两枚，一大一小。大者直径6.5厘米，厚0.13厘米；小者直径3厘米，厚0.2厘米。器身附着一层很厚的浅绿和深绿色铜锈。年代为战国至汉代，为东胡人遗物。

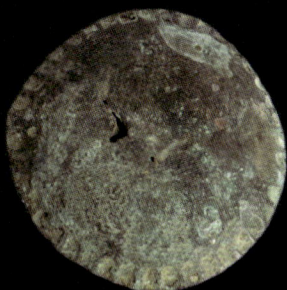

铜泡：青铜质地，采用范模浇铸而成。由竖点纹组成的太阳纹，通体略鼓，平面上有一些龟裂纹，可能是受埋藏挤压所致。直径3.5厘米，厚0.14厘米。器身附着一层很厚的浅绿和深绿色铜锈。年代为战国至汉代，为东胡人遗物。

铜泡：青铜质地，采用范模浇铸而成。整体呈略凸状，素面，无纹饰。直径3.2厘米，厚0.13厘米。器身附着一层很厚的浅绿和深绿色铜锈。年代为战国至汉代，为东胡人遗物。

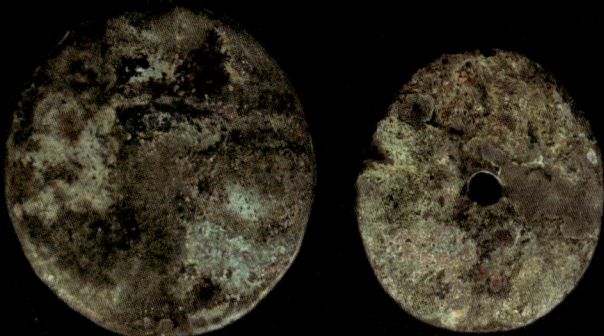

铜泡：青铜质地，采用范模浇铸而成。整体呈平板状，素面，无纹饰。共两枚，一大一小。一枚中间带有一个直径0.3厘米的圆孔。直径为3.7厘米，厚0.15厘米；另一枚素面，无纹饰，直径5厘米，厚0.16厘米。器身附着一层很厚的浅绿和深绿色铜锈。年代为战国至汉代，为东胡人遗物。

马衔：青铜质地，采用范模浇铸而成。两端由两个圆环组成，衔柄由六个刻画圆环组成，通长12.5厘米，宽2.2厘米，厚0.5厘米。器身附着一层很厚的浅绿和深绿色铜锈。年代为战国至汉代，为东胡人遗物。

矛式铜镞：青铜质地，采用范模浇铸而成。共四枚。镞呈矛状，有一凸起的棱，铤呈扁状。镞长为3厘米，铤长1.3厘米，通长4.3～4.5厘米，宽0.5厘米。器身附着一层很厚的浅绿和深绿色铜锈。年代为战国至汉代，为东胡人遗物。

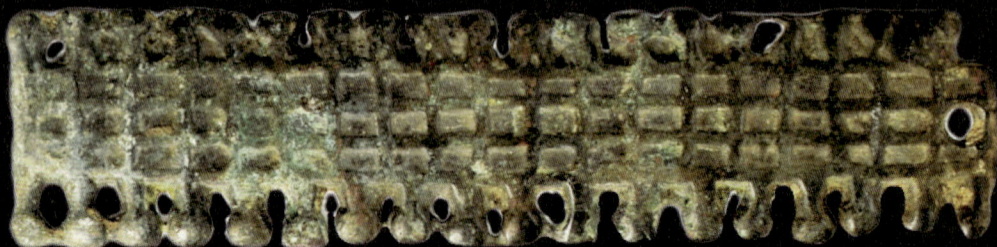

青铜牌：青铜质地，采用范模浇铸而成。整体呈长方形平板状，通体由竖列3排、横列18个长方形组成的网格，左右两侧对应伸出18个圆点形齿，排列规整，具体用途不清楚。长8厘米，宽1.5厘米，厚0.2厘米，器身附着一层很厚的浅绿和深绿色铜锈。年代为战国至汉代，为东胡人遗物。

铜镞：青铜质地，采用范模浇铸而成。共七枚。标准制式，除个别略有残断之外，尺寸大小相近。有的镞尖锋利。通长均2.8厘米，宽0.6厘米。器身附着一层很厚的浅绿和深绿色铜锈。年代为战国至汉代，为东胡人遗物。

铜镞：青铜质地，采用范模浇铸而成。带穿孔，三棱，镞翼呈燕尾状，尾端留有穿缀箭杆用的圆孔，通长2厘米，宽0.5厘米。年代为战国至汉代，为东胡人遗物。

铜铃：青铜质地，采用范模浇铸而成。器顶有个桥状穿缀，其下是铃身，下部似月形，铸痕清晰。长7厘米，宽5厘米，壁厚0.24厘米。器身附着一层很厚的浅绿和深绿色铜锈。年代为战国至汉代，为东胡人遗物。

铜铃：青铜质地，采用范模浇铸而成。通体呈"人"字形，上有一穿孔，通长2厘米，宽0.8厘米，壁厚0.13厘米。器身附着一层很厚的浅绿和深绿色铜锈。年代为战国至汉代，为东胡人遗物。

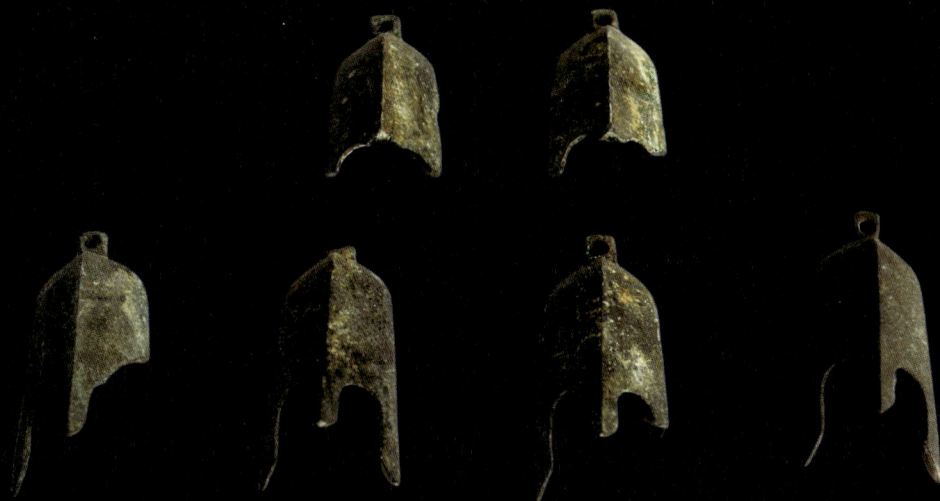

铜铃：青铜质地，采用范模浇铸而成。共六枚。上有穿孔，铃体呈三棱形，个别的有残缺。完整的通长5厘米，宽2.3厘米。年代为战国至汉代，为东胡人遗物。

十字铜件：青铜质地，采用范模翻铸而成。通体呈十字筒状，共五件，大小不一。器身附着一层很厚的蓝色、铁红色与绿色铜锈。年代为战国至汉代。

铜件：青铜质地，采用范模翻铸而成。通体呈筒状，长7厘米，宽0.7厘米。器身附着一层很厚的蓝色、铁红色与绿色铜锈。年代为战国至汉代，东胡人遗物。

铜件：青铜质地，采用范模翻铸而成。共三件，均有残。残剩三角形，每个三角形均由圆角方形镂空构成。器身附着一层很厚的浅绿、深绿色铜锈。年代为战国至汉代。

骨柄铜刀：骨柄，采用动物肢骨作质料，柄头有一条形切口，将青铜短刀安插在内即完成。残长11.3厘米，宽1.5厘米。年代为汉晋时期，为东胡鲜卑人遗物。

铜泡：青铜质地，采用范模翻铸而成。标本两件。一件长6厘米，宽1.3厘米，厚0.2厘米；另一件长4厘米，宽0.8厘米，厚0.12厘米。器身附着一层很厚的绿色铜锈。年代为战国至汉代，为东胡人遗物。

鎏金铜件：青铜质地，采用范模翻铸而成。标本两件，均呈柱状。一件直径3.5厘米，座厚2厘米，柱径1厘米；另一件长3.3厘米（残），粗径1厘米。器身附着一层很厚的绿色铜锈。年代为战国至汉代，为东胡人遗物。

管状青铜件：青铜质地，采用范模翻铸而成。螺旋形一件；柱状一件；竹节状一件。其一，通长5.3厘米，粗径1厘米；其二，长5厘米，宽1.5厘米，厚0.8厘米；其三，长4.5厘米，粗径0.8厘米（空心）。器身附着一层很厚的绿色铜锈。年代为战国至汉代，为东胡人遗物。

铜泡：青铜质地，采用范模翻铸而成。共十枚，一个制式，一个规格，全部鎏金。直径3厘米，厚0.15厘米。器身附着一层很厚的土黄、绿色铜锈。年代为战国至汉代，为东胡人遗物。

铜环：青铜质地，采用范模翻铸而成。共六件，分三式。一是扁环状刻画竖纹；二是圆环状；三是素面扁环。一是扁环，共两件，一大一小，均带纹饰。大者直径 6.6 厘米，厚 0.3 厘米。小者直径 5 厘米，厚 0.3 厘米。二是圆环，共两件。一件鎏金，直径 4.6 厘米，粗径 0.5 厘米。另一件直径 4.5 厘米，粗径 0.4 厘米。其余为普通圆环，器身附着一层很厚的土黄色、绿色铜锈。年代为战国至汉代，为东胡人遗物。

鎏金铜环：青铜质地，采用范模翻铸而成。通体鎏金。光彩亮丽，制作精巧。直径 4.7 厘米，粗径 0.5 厘米。器身附着一层很厚的粉绿色铜锈。年代为战国至汉代，为东胡人遗物。

第二节　橐离、夫余

一、橐离

橐离是东北历史上一大强族，在西周至春秋之际率先于其他族团而进入文明时代，建国称王，并拥有自己的民族政权——橐离国。

我国古代文献中对橐离多有记载。如，东汉王充著《论衡》、魏鱼豢著《魏略》、西晋陈寿著《三国志》、东晋干宝著《搜神记》、南朝宋范晔著《后汉书》，等等。按时间顺序在诸史中出现最早且最具权威的论述，当属东汉王充的《论衡·吉验篇》。据《论衡·吉验篇》（以下简称《论衡》）记载："北夷橐离国王侍婢有妊，王欲杀之。婢对曰：有气大如鸡子，从天而下，我故有妊。后产子，捐于猪溷中，猪以口气嘘之，不死；复徒置马栏中，欲使马借杀之，马复以口气嘘之，不死。王疑以为天子也，令其母收取奴畜之，名东明，令牧牛马。东明善射，王恐夺其国也，欲杀之。东明走，南至掩淲水，以弓击水，鱼鳖浮为桥。东明得渡，鱼鳖解散，追兵不得渡，因都王夫余。故北夷有夫余国焉。"[1] 我们主要以《论衡》为依据，再佐以其他不同历史时期形成的史料来进行研究。

解读《论衡》时发现，虽然王充对夫余族创始人赋予了神话色彩，但文献中至少透露出四个重要信息：一是畜牧业发达，并已进入到圈养牲畜和筑城以居的阶段。二是从其"王""恐夺其国"等迹象判断，已存在方国政权，但贵族间夺权斗争异常激烈。三是王室内部存嫡庶之分，再加上奴与婢的出现，昭示着阶级分化明显。四是从"北夷"和东明"南走"等情况判断，其分布地域方位应该在土著夫余以北。

对橐离的研究，均来自文献记载并结合考古发掘及田野调查成果而开展起来的。在吉林与黑龙江交界附近地区，向东至依兰，西北至嫩江大回转以东地区均有新的考古发现。就是在这一地区带赤铁矿粉垫身或将人骨涂成红色的墓葬，也发现很多带有椭圆形、圆形城垣的山城与堡寨。在这些墓葬、遗址、山城和堡寨址（及其附近）都发现有用红土（赤铁矿粉）掩埋并衬于身底及在二次葬中有意识地将人骨涂成红色的葬俗，均见有红彩绘陶、红衣陶、夹砂红陶、夹砂红褐陶及多种动物陶塑，从其丧葬习俗中及日用器皿上研究，"尚红"习俗构成了该文化显著特征，我们称之为"尚红"文化。考古资料还可证明，该类"尚红"文化确系土生土长、世代沿袭的古老习俗，前后延续数千年之久。考古发掘中，在"滕家岗子新石器时代中晚期墓地中就发现很多用红色填土及人骨涂红，而据中科院考古所对94ATM1号墓人体骨骼进行技术鉴定，其年代为距今4741±87年，该文化的早段在6981±69年前新石器时代早中期"[2]，可以

---

[1] ［东汉］王充著：《论衡·吉验篇》，上海人民出版社1974年版，第29～30页。

[2] 傅维光等：《黑龙江省齐齐哈尔腾家岗子三座新石器时遗址》，《北方文物》2005年第1期。

认定这是此类"尚红"文化的源头。在黑龙江省泰来县平洋墓葬[1]中所发现的人骨涂红则是滕家岗子葬俗的延续。另外,在黑龙江省肇源望海屯遗址的墓葬中也发现了"人体骨骼被染成红色"及伴生出土了"褐彩绘陶和红衣陶",年代均在春秋战国时期;大安汉书二期遗址、农安邢家店北山墓地17号墓、肇东东八里墓群[2]、哈尔滨黄山南城和北城与宾县老山头遗址[3]中也发现过类似的彩陶。在宾县老山头遗址中曾出土过一件蚌器,尤其引人注目,这件器物被有意识地涂成了红色,又是此类尚红习俗的延续,如此等等。直到西汉早中期之前,这种崇尚红色并独具地域特征的文化才从上述地区消失,其前后延续时间长达二三千年之久。这种"尚红"文化的葬俗,既不见于黑龙江流域西部的东胡各族及其先世文化遗存,又不见于东部肃慎族系及其先民的文化遗存,更与南邻吉林、长春地区同时期的西团山文化乃至其后的夫余葬俗存在明显差别。因此,我们有足够的理由推断,这是从6000年前滕家岗子开始、世代沿袭独自以"尚红"为特征的古老葬俗,既反映了古代先民及其后裔在精神生活上的特殊追求,也深刻地体现出他们的古老传统,并由此而决定此类文化与周邻文化间的明显区别。当然,也就决定了这种"尚红"文化的创造者及其后裔,既不会是南邻夫余或其先世西团山文化的居民,也不会是西邻东胡系统各族或其先世居民,更不可能是远隔近千里之外的东邻的肃慎族系各族或其先民,而只能是这三大族群以外的另一个族体。

另从"尚红"文化分布地域来分析,无论是今嫩江流域的滕家岗子遗址与泰来县平洋墓葬,直到嫩江下游大回转地带(松花江中上游地区)的吉林省大安汉书二期墓葬、肇东东八里墓群、扶余县大五家子古城[4]、榆树老河身下层墓葬、农安县邢家店北山17号墓,还是从宾县老山头、宾县庆华遗址到哈尔滨沿松花江丘岗台地和阿什河流域的数十处遗址、古城和堡寨,吉林省北部地区拉林河与第二松花江以及卡岔河流域丘陵台地上的山城、堡寨、遗址[5],等等,毫无疑问,都分布在今松嫩平原的腹心地带并大体上在前述的三大族群的分布地域的包围之中。据笔者多年来的实地考察和调研,其具体地域大致是今嫩江流域中下游两岸地区,再到东流松花江中上游地区,但南不过拉林河一线,西不逾大兴安岭,东面邻近张广才岭以西和小兴安岭南端。因此,也就不难判断,这一地带无疑是在夫余及其先世传统分布地域之北、东胡及其先世传统分布地域之东和肃慎及其先世传统分布地域之西。这样一来,在与周邻的接触碰撞和相互来往中,处于被包围状态下的这一独特文化也就不可能不受到周邻文化中某些因素的影响,但又毕竟始终如一地保持了"尚红"习俗的特征而区别于周邻的其他文化。这一切无疑意味着,今松嫩平原腹地"尚红"文化的创造者们,绝不会是如上所述三支"邻人"中的任何一个,而只能是在这三支"邻人"包围中的另一个古代民族及其先世的文化遗存。

那么,这种"尚红"文化的创造者们究竟是什么人?其族属是哪一个古代民族呢?尽管相

[1] 黑龙江省考古研究所:《平洋墓葬》,文物出版社1990年版,第59页。
[2] 黑龙江省考古研究所:《肇东县青铜时代墓葬》,《中国考古学年鉴》,1984年。
[3] 赵善桐:《黑龙江宾县老山头遗址探掘简报》,《考古》1962年第3期。
[4] 陈相伟、李殿福著:《扶余县文物志》,1982年内部出版。
[5] 邓树平著:《橐离历史与文化研究》,黑龙江人民出版社2012年版。

关文献和考古资料并没有在这方面作出直接或间接的交代，但也并不是完全没有任何的蛛丝马迹可寻。

依据古籍文献的记载判断，"橐离"人及其先世的实际分布地域，确有可能就是今松嫩平原的腹心地带。即如前文所述，《论衡》有载："北夷橐离国王侍婢有妊……。后产子……，名东明……。东明走，南至掩淲水……，因都王夫余"，事实上已经揭示出在同样是"夷人"中一支的夫余地域之北，恰恰就存在着一个被称作"北夷橐离"的古代民族。而按照学术界的通说，夫余前期或其强盛时期的中心区域在今吉林省的吉林、长春及周围地区；至于其北界尽管学界至今意见未必一致，但大体上在第二松江下游一带且不过拉林河一线当无疑义。而这又恰恰与前文所述的不过拉林河一线的"尚红"文化分布地域的南界相重叠，当然也就意味着分布在今拉林河一线以北"尚红"文化的创造者们应该就是"北夷""橐离"人。如果这一判断能够成立的话，则东明南渡的那条大河——"掩淲水"，极有可能就是东西走向的今拉林河。[1]

不止于此，另据《山海经·海内西经》的记载："东胡在大泽东，夷人在东胡东"，意指"夷人"的分布地域在"东胡"的东方。按照学术界的通说，东胡之地大体上在匈奴人地域的东方，即"大泽"（今达赉湖）以东的呼伦贝尔草原及其东南的内蒙古自治区的兴安盟、哲里木盟、昭乌达盟之地；而其地的东境北段则在今大兴安岭的东麓一带。这当然也就意味着所谓"夷人"的分布地域只能在今大兴安岭东麓一带的以东之地求之。按今大兴安岭东麓一带以东的今嫩江流域中下游地区，恰恰在"尚红"文化的分布范围之内，即松嫩平原腹地的西部地区；况且，如前文所述，"尚红"文化的创造者绝非东胡系各族或其先世居民所创造，也不可能是南邻的夫余或其先世，更不可能是东邻肃慎族系各族或其先民，只能是另有其人。而如果再将《山海经·海内西经》的记载和前文《论衡》中记载一并考虑，则可以断言，地处今松嫩平原腹地的"尚红"文化的主人，也就只能是《山海经·海内西经》记载中的"夷人"了。又鉴于"尚红"文化分布区域所在的今松嫩平原的腹部地带确实既在夫余地域之北，又在东胡人分布地域以东，其东界则接近张广才岭和小兴安岭，而与肃慎（及其以后的挹娄）的分布地域为邻，则完全可以进一步推定，这个"尚红"文化的真正主人必定是作为夷人中一支的"北夷橐离"人。

上面通过考古资料与文献记载的相互印证，人们则完全有理由认定，地处今松嫩平原腹地的这些文化遗存，即在当时夫余及其先民分布地域、东胡系各族或其先世分布地域以及肃慎及其先世分布地域三面包围中的"尚红"文化，必为"北夷橐离"人及其先世所创造无疑。也就是说，"尚红"文化就是橐离文化，其族属只能是"北夷橐离"人（含其先世）。

据《论衡》如上记载，其首领已明确被称为"王"，王的存在，表明当时的橐离有可能建立了黑龙江流域第一个"方国"，并组建了以"王"为核心的政权组织；而从"王"对东明"恐夺其国"的担心及以东明为首的势力被迫出逃的各种现象判断，其社会内部显已存在着异常激烈的权力争夺。同时，从"令其母收取奴畜之"的记载，同样表明橐离社会早已迈入了奴

[1] 邓树平著：《橐离历史与文化研究》，黑龙江人民出版社2012年版。

隶制时代的门槛。事实上早在6000年前的滕家岗子遗址中所出现的形态各异、造型奇特的石骨朵（较为特殊的环状石器），就已不像是原始先民们单纯用于砍砸的实用工具而逐渐演化为一种权力的象征物——权杖；既然如此，到了一二千年之后的庆华古城和遗址附近所发现的玉斧和没有经过钻孔的椭圆形玉饼，就更不可能是实用的物件，而完全成为标明王族贵胄身份地位的权力象征。因之，《论衡》记载中的"王"，就不再是持有石骨朵之类权杖的大首领，而早已成为名副其实的统治者，其起居行止的各个方面都显示出高踞广大臣民之上的王者气派，如庆华古城内偏南距南城垣60米处的一直径约30米呈圆形的高大土台，无疑是当日城内最重要建筑物的基础，至今站在上面举目四望，古城内外各处还能够尽收眼底，可以想象当日这一建筑的高大和宏伟，极有可能就是橐离国"王"的宫廷所在。

等级森严、尊卑贵贱既然如上所述，有了王、侍婢和庶子（东明就是侍婢所生的庶子），就该有世子和其他王子及王室、王族成员的存在。当然，也就有包括外戚在内的贵族（又有高等级贵族和一般贵族的区别）及其他官员和相关人员的存在。既然在王室人员内部有了嫡庶的差别，即大宗、小宗的区分，则王族成员、贵族成员、大小官员以及其他人员家族的内部也有这方面的差别，表明当时的橐离社会中无疑存在着以区别嫡庶和大宗、小宗为代表的宗法关系和宗法制度。另从侍婢的存在及"奴畜之"的记载可知，显然出现了奴隶这一阶层并处于社会中的最底层；而等级森严、尊卑贵贱的制度不仅是体现在人与人的社会关系之间，就连城池和聚落的大小也至少可以分成为若干个等级（详见下文），分别象征着其地位的高低。王族和大小不等的贵族们生前如此，死后也是这样，如早在橐离先世滕家岗子遗址中的墓葬之中就已出现了等级上的差别，极少的几座墓中出土了圆形玉璧、畸形玉璧、磨制玉斧及其他多件精巧的随葬品，但大多数墓葬中的陪葬品既少得可怜又过于粗糙，分别代表着墓主人生前身份等级的高低和地位尊卑。到了春秋战国时代，此种状况更是有加无已，表明在这个金字塔式的社会里，等级制度确已成为标明尊卑、区别贵贱和维系社会与统治秩序的核心制度。

兵卒、军队、城池的出现。从《论衡》中"东明善射，王恐夺其国也，欲杀之。东明南走，至掩淲水，以弓击水，鱼鳖浮为桥。东明得渡，鱼鳖解散，追兵不得渡"的记载获知，当时不但有了士兵和军队的存在，并显然在承担着维护王权、防止夺取统治权力和保卫国土的职能，且极有可能拥有着一支直接掌控在国王手中的常备军队。而宾县庆华古城内出土的青铜镞、石镞、骨镞、骨甲片及铁刀和铁镞，以及其他遗址和墓葬中类似武器的发现，更为当时士兵和军队所拥有的武器装备提供了确凿物证。不止于此，当时还修建了数以百计的城池和堡寨，它们之间明显存在着地位等级上的差别。如其中最大、等级最高的城池即宾县庆华古城，系黑龙江中南部地区唯一一处早期带护城壕和高大椭圆形城垣的古城，整体呈椭圆形，城垣系人工堆土砌筑，仅其内城内垣的周长就达650米，南、西南、正西、正北处城垣外侧至今仍见有护城壕痕迹，按照该古城西南一段呈南北走向的突起与地表高约40厘米的残迹判断，庆华古城极可能存在着外城，而城内偏东南侧那处直径约30米的圆形大土台则是当时城内最重要建筑的基址，其所处的位置十分突出，可能就是橐离国王的宫廷所在。故该城址被学者们定位为橐离国的王城。规模略小于庆华古城的哈尔滨东郊黄山南城和北城址、宾县黄大城子山山城址、老山头古山城址等等，在它们的周围又都有几个或若干个略小的小城或堡寨拱卫，有可能是某一贵族或重要地方官长的驻地，即某一地区的军政中心所在；至于小城或堡寨的地位则依次降低，其中的小城分别是小贵族们的驻地或更小些的地面中心所在，堡寨则是普通平民们的聚落即相当于后代的村落。与之相关联的是，当时在这些山城和堡寨周围发现的墓葬中也同样体现了等级上的差别，即依据墓主人生前地位的高低和身份贵贱而决定其形制的大小和随葬品的多寡。

橐离的经济形态，农业无疑是橐离社会经济的基础，尽管相关的文献没有提供这方面的任何记载，但考古资料却给出了具有说服力的重要线索：一是各地的遗址中所出土的骨镰、石镰、石斧、石刀等农业生产工具，就是当时橐离国已经出现农业的物证；二是城池的修建、聚落的存在和大量陶器的出土（肇东东八里墓群中就出土了数以百计相当完整的陶器）表明，最晚到了春秋战国时代，橐离人的社会生活显已进入了筑城定居的历史阶段，这无疑与其居民大多以农业为生计相关联，而广阔的黑土地又能为当地农业的开发和利用提供极其有利的条件。

畜牧养殖在其社会经济中占有着重要的地位。黄山南城和北城及其附近遗址、庆华古城及周边遗址中，都曾发现和出土过陶塑的猪、马、狗等文物标本，在有些遗址中还曾发现过鸡骨、狗骨和羊骨及鸡和狗、猪、马的陶塑，平洋墓葬中更出土了100多具狗、马、牛、猪、羊骨，由此可见殉牲的习俗相当普遍，反映了当时家畜数量已经相当可观，而且是六畜皆备。尤其重要的是，"猪溷"和"马栏"不但见于《论衡》中的记载，而且早于望海屯遗址的另一地点肇源白金宝文化的陶片纹饰中，也发现过有仿羊纹饰及草地、圈栏之类图案，确凿证实橐离地区的畜牧养殖业已有相当发展并进入了定居圈养和定点放牧的阶段，即从另一侧面为文献所载古橐离人的"猪溷"和"马栏"提供了重要的形象参考。

从各遗址中出土大量纹饰精美的彩绘红陶、褐彩绘陶、红衣陶、夹砂红陶、动物陶塑和制作精巧雕刻华丽纹饰的骨梳和其他骨制品，以及各式各样的生产工具（包括铁锸、小铁刀等）、武器（包括由皮骨铜铁混合制成的铠甲、骨矛、骨镞、骨匕、骨投枪头、小铁刀、铁镞、铜镞）等判断，当时的手工业生产已经出现了多种行业的内部分工，如陶器制作坊，至少可细分为彩陶加工生产和一般陶器生产；骨器制作坊可分为日常用品（包括骨纺轮、骨笄、骨簪、骨梳、骨管、骨针等）和工具（骨凿、骨斧、骨镰）的不同加工生产；兵器作坊内部则有铠甲、弓、矢、镞、箭杆等不同武器的加工制作，同时，已经使用了铁器和铜器（仅发现1件）。当然，这些作坊，均有专职人员负责产品的生产和质量监管，并由技艺超群的工匠带领进行生产作业。十分令人吃惊的是，当时居然出现了"黏合剂"的使用，即在庆华古城遗址的考古发掘过程中曾出土过一件经"黏合"的陶器残片，这说明庆华古城遗址内的居民已经不再局限于原来"钻孔锔合法"的应用，而出现了极其简便易用的"粘接法"，即在陶器破损处用一种黑色液体进行对缝粘接，效果结实牢固远远强过"钻孔锔合法"。据此判断，当时橐离国匠人们的生产技艺和聪明智慧可见一斑。顺便指出，最引人注目的是，滕家岗子及电机厂青年点新石器时代晚期遗址，还是陶豆（柄部短小呈亚腰形，上下有两个喇叭口状的豆形盘）、双耳陶杯（桥状耳）类器皿的发源地，这就颠覆了陶豆一向被学界认为是由南而北即由夫余地区传入松嫩平原一带的、年代大都在两汉至魏晋期间的观点。

此外，狩猎、鱼捞和采集业也在前人的基础上有所发展，靠山吃山、靠水吃水，因地制宜、因时制宜地开展着各个方面的作业和活动，使橐离人的生产生活方式更加绚丽多彩，适时烧陶制器、引火待烹、捕鱼狩猎、耒耜农耕。故从另一层面来讲，在这样的基础之上，已经不能完全排除产品间进行交换的可能性。

对橐离的文化艺术与风俗习尚的研究。在各地橐离及其先世的遗存中，往往发现有许多精美的动物陶塑，反映出这一民族的审美观念和精神方面的追求。"昂昂溪滕家岗子新石器时代晚期遗址中发现的1件'陶塑鱼鹰'，笔者经过仔细研究后认为，它更像是一个双眼圆睁人的头像，中间一个高挑的鼻梁，左右对称分布有略带弯曲的两道眉毛，眉弓两侧的下方又各有一凸起似人双眼的圆点，形象逼真，栩栩如生，是橐离先世早期陶塑中的典型代表。"[1]

哈尔滨黄山南城和北城及其附近遗址[2]、宾县庆华古城和遗址[3]及周边堡寨和遗址以及宾县索离沟遗址中，都曾出土和采集到一批制作精美的猪、马、狗等家畜及其他种属的动物陶塑，这些令人赏心悦目的艺术品，也不能排除曾被用于宗教祭祀活动。

乐器上的纹饰，这方面最早的典型代表，应属于在滕家岗子新石器晚期遗址中采集的带精美纹饰的骨管，可能是用于吹奏的乐器。有学者经过研究后认为，该骨管的质料采用大型鸟类疑即鹤类的腿骨磨制而成。该器物周身饰有十分精美的由阴刻和阳刻两种技法组成的三角纹、斜向平行四边形纹饰。笔者经过比较后认为，这和后来战国至西汉早中期橐离人在彩陶上出现的类同几何纹饰如出一辙。由此可见，在松嫩平原腹地诸多遗址中所发现的陶器表面上施用的波浪纹、几何纹、三角纹、宽带纹可能均来源于此。

崇尚红色。橐离人是个崇尚红色的民族，无论从该民族早期丧葬习俗还是使用的日用器皿中，均能让人感觉到红色是该民族所喜爱的主色调。滕家岗子新石器时代中晚期墓群中大量使用红色填土及人骨涂红，显然是此类习俗的源头；春秋战国时期泰来平洋墓葬以及略晚些时候肇源县望海屯遗址中的人骨涂红葬俗，无疑都是滕家岗子葬俗的延续。望海屯墓葬[4]中出土了以红色为基调的彩陶，还有肇东东八里墓群、大安汉书二期遗址、农安邢家店北山17号墓地。另外，哈尔滨黄山南城和北城及其附近遗址都发现过类似的彩陶，除早期昂昂溪新石器文化遗址之外，从年代上明显还略早于上述墓葬和遗址；而宾县老山头遗址不但出土了同类的彩陶，还发现了在蚌器上被人为地涂成红色，如此等等。该类尚红文化前后沿袭了数千年之久，从新石器中晚期开始直至西汉早中期如一地保持着尚红特征并与橐离民族相始终。

占卜和祭祀。各地发现的橐离或其先世遗址中，往往发现带有钻孔的猪和牛的肩胛骨，同时还夹杂着其他部位的肢骨，等等，其中带孔的骨片（含钻透和没钻透两种）显然就是占卜时所用的"卜骨"，证明橐离人早就出现了占卜的习俗。史载夫余人"有军事亦祭天，杀牛观蹄

[1] 邓树平：《橐离文化考略》，《东北史地》2015年第5期，第41页。
[2] ［俄］B.B.包诺索夫：《哈尔滨市郊出土的史前雕像》，《黑龙江考古民族资料译文集》第1辑，第59页。
[3] 黑龙江省文物考古研究所：《黑龙江宾县庆华古遗址发掘简报》，《考古》1988年第7期。
[4] 丹化沙、谭英杰：《松花江下游和嫩江下游的原始文化遗存》，《东北考古与历史》1982年第1辑。

以占凶吉，蹄解者为凶，合者为吉"[1]。这虽然未必完全来自橐离人的影响，但"都王夫余"的东明等人把古橐离人的占卜习俗带入其地当在情理之中。因之，也就反衬出橐离人在遇有重大军政活动或发生其他重大事件之际，同样也要进行占卜以预判其凶吉。

滕家岗子遗址中发现的"陶塑鱼鹰"，无论是鱼鹰也好还是人的头像也好，都以其形象逼真、栩栩如生而充满了神秘色彩，故完全有可能是祭祀活动中的神器或某种自然崇拜的象征。同样，各地遗址中出土的陶塑动物也不能排除与祭祀或崇拜活动相关。

崇尚礼玉和讲究礼节。滕家岗子遗址中曾采集过磨制玉斧。在略晚的橐离文化遗址中也有类似的考古发现，如在庆华古城的周边也曾发现过玉斧和没有经过钻孔的椭圆形玉饼。此外，一些遗址中还发现过玉质的镞和其他实用器具，都体现出除崇尚红色之外，橐离人还是一个尚玉的民族。

另外，距今近6000年的滕家岗子一带的人们，在饮食中已经使用了陶豆、双耳陶杯等器皿，说明橐离的先世人们对饮食器皿已经相当讲究。及至后来到今松花江上游一带称王建国后，橐离上层社会的人们就更加讲究生活和享受了，其起居行止肯定都有了一定的规矩，并逐渐形成了一套尊贵卑贱的特殊礼节。又鉴于东明等人后来的南渡和"都王夫余"，故可以推断他们完全可能把这一切带入了夫余境内。因之，《三国志·乌丸鲜卑东夷传·夫余条》中所谓的夫余人"食饮皆用俎豆，会同、拜爵、洗爵，揖让升降"之载，恰恰是当初橐离上层社会施行此类礼仪的反证。

殉葬。橐离的一些墓葬比较讲究，并有厚葬习俗。如肇东东八里墓葬中的M32即为大型土坑墓，长2.90米，宽1.45米，深1.98米，有木棺以及分层埋葬仰身直肢27人，随葬品中包括青铜、陶器、骨器在内各式文物多达110件。发掘者认为该墓地为战国时代氏族墓地，但很可能是误断，因为依情理言之，这么多人不可能同时分层埋葬于一室，故不能排除是殉葬的可能。如果这一推断无误的话，则《三国志·乌丸鲜卑东夷传·夫余条》中所载的夫余人（当然是上层贵族）"其死，杀人殉葬，多者百数，厚葬，有椁无棺"的习俗，倒极可能来自古橐离人的影响。

橐离的历史文化研究颠覆和改写了中国东北地区古史的诸多结论。以往，学术界普遍认为夫余是中国东北地区除汉族以外第一个进入文明时代和建立政权的民族。现在可以修改为橐离是迄今为止东北地区第一个进入文明时代和称王建国的民族。过去，中外学者们大都认定东北地区文明的进步和发展大体上都经历了由南向北及由西向东的演进过程。现在来看，这个结论肯定存在着问题，如直到春秋战国之前为止，当时的今松嫩平原一带的文明发展程度远远地超出了在它以南的今吉林、长春及其附近地带和在它以西的今大兴安岭内外和呼伦贝尔草原等地区，即比当时的夫余先世和东胡及其先世的文明程度要高。又如，据我国文献古籍的记载，从夫余时代开始"作城栅皆圆"即修建椭圆形的城池；现在看来，最晚到春秋战国之际，即2800年以前，橐离人已经在今松花江上游一带修建了椭圆形的城池，完全可以说橐离人才是此类城池建置的发明者，而后来的夫余人"作城栅皆圆"，则是东明等人南渡时传过去的。不止于此，

---

[1] ［西晋］陈寿著：《三国志·乌丸鲜卑东夷传·夫余条》，中华书局1985年版，第841页。

至少是在黑龙江流域广大地区，橐离人显然是陶豆、双耳陶杯（桥状耳器）等器皿的发明者和"食饮皆用俎豆"习俗的首创者，后来又把这些器物和一些礼仪南传，从而对后来夫余人以及高句丽人的社会生活产生了重要影响。当然，夫余人"以六畜名官，有马加、牛加、猪加、狗加、大使、大使者、使者"[1]的官爵称谓，有可能也来自东明等人南渡到"都王夫余"时，才着手复制了橐离国久已定型的官爵体系。这无疑表明橐离人在上层建筑方面的一些经验和传统对夫余政权产生了根深蒂固的影响。

综上所述，古橐离人在我国东北地区和东北亚区域历史上的地位和影响是极其重要的，不但可以说是举足轻重，甚至称得上是首屈一指。唯其如此，过去学术界一直惯用的所谓东北地区土著民族"三大族系"即肃慎族系、东胡族系、濊貊族系的说法恐不准确。因为，姑且不论除汉族之外古代的东北地区是否真的局限于"三大族系"，但至少是"濊貊族系"的称呼有必要用"橐离—夫余族系"所代替。道理很简单，一是橐离的出现及其建国的时间远远早于所谓的"濊人或貊人"；二是橐离对后来夫余的直接影响，乃至对高句丽产生的间接影响显然已超出了"濊和貊"对其的影响；最后，所谓的"濊貊"族系之称已有争议，其中的"濊人"是否真的存在于中国东北境内还有待证实。

---

[1] ［西晋］陈寿著：《三国志·乌丸鲜卑东夷传·夫余条》，中华书局 1985 年版，第 841 页。

陶罐：夹砂红陶质，器表带纹饰，并施红衣，圆唇，直口，小立领，高约1.3厘米。立领上宽1厘米处，饰有一圆刻制凹残纹，不精巧。器底加厚。口径5.5厘米，底径6厘米，最大腹径16.6厘米，通高8.9厘米。在该器物的扁部两面对穿各有一个在使用后钻的圆孔。在扁部一周留有刻画凹线纹两道，排列不规则。在扁下第二道凹线纹又等距排列四处类同的刻画纹饰（不精巧）。而后在腹下部位施有三道排列不规则的刻画凹线弦纹。年代为春秋至西汉中期，为橐离人遗物。

多耳罐：夹砂红陶质，手制，器表施深红色红衣，口沿残失，扁圆腹，小平底，素面。口残径5.6厘米，底径5厘米，壁厚0.52厘米，最大腹径20.6厘米，通高9厘米。在器腹下方等距帖塑九个小横桥状耳，长约2厘米，宽0.7厘米。年代为战国至汉代，为橐离人遗物。

陶罐：夹砂褐陶质，手制，火候偏低，陶质较疏松，器腹有剥皮脱落现象。从口沿上观察，手塑痕迹清晰。圆唇，侈口，小平底，口沿外翻形成一个矮领。口径11.6厘米，底径5.9厘米，最大腹径22.3厘米，通高25厘米。年代为战国至西汉早中期，为橐离人遗物。

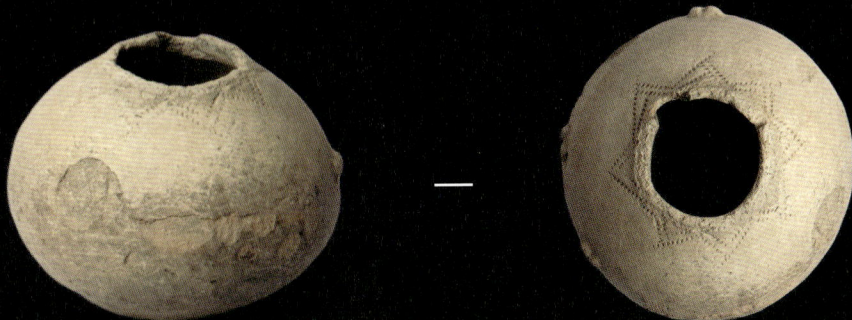

球形罐：夹砂灰陶质，烧制时火候偏高，陶质较坚硬，手制，器型规整，带纹饰，圆唇敛口，扁圆腹，小平底。在最大腹径处帖塑九个呈凹形的盲耳，现仅残剩三个，等距排列。口径5.6厘米，底径6.6厘米，最大腹径18厘米，通高12厘米。在口沿四周，饰有用篦纹组成的双八角形，纹饰精美。年代为战国至西汉中晚期，为橐离人遗物。

陶豆：夹砂黄褐陶质，烧制时火候偏高，陶质较坚硬，手制。豆盘与豆柄间有明显的亚腰。圆唇，侈口。口径17厘米，豆柄底径7.9厘米，空心，呈喇叭口状。通高10厘米。年代为战国至西汉中晚期，为橐离人遗物。

陶罐：夹砂红陶质，内夹均匀的细砂粒，器表带纹饰，整体施红衣。口沿残破，圆唇，敛口，扁圆腹，平底。口径8.2厘米，底径7.6厘米，通高8.2厘米，壁厚0.5厘米。自口沿下至器底，均由七组双排竖式挑刺形成的凹陷三角组成纹饰，而后，又在每组竖式排列的凹陷纹中间，又挑刺形成类"△"形纹饰。年代为商周至西汉中期，为橐离人遗物。

双耳陶罐：夹砂里陶质，手制，斜平唇，侈口，小立领，平底。口径9.6厘米，底径5.8厘米，最大腹径14厘米，通高14.6厘米，小立领高1.4厘米，壁厚0.6厘米。肩部帖塑对称柱状竖桥状耳，器耳手塑痕迹清晰。年代为战国至汉代，为橐离人遗物。

陶杯：共三件。

第一件，夹砂灰陶质，手制，手制痕迹清晰，圆唇，侈口，平底。口径2.5厘米，底径2.8厘米，壁厚0.5厘米，通高1.5厘米。年代为战国至汉代，为橐离人遗物。

第二件，夹砂褐陶质，手制，手制痕迹清晰，圆唇，略侈口。口径4厘米，底径2.5厘米，壁厚0.4厘米，通高2.8厘米。年代为战国至西汉早期，为橐离人遗物。

第三件，夹砂红陶质，内夹均匀的细砂粒，手制，平底，圆唇，略侈口。口径2.4厘米，底径2.7厘米，壁厚0.5厘米，通高2厘米。年代为战国至西汉早期，为橐离人遗物。

陶碗：夹砂褐陶质，手制，斜平唇，侈口，直壁，平底。口径16厘米，底径9.2厘米，壁厚0.5厘米，通高7厘米。口沿略残。年代为战国至汉代，为橐离人遗物。

陶纺轮：夹砂灰陶质，饼状，通体呈不规则圆形，对穿圆孔。直径5.5厘米，厚0.8厘米，孔径0.7厘米。年代为战国至汉代，为橐离人遗物。

陶壶：夹砂红陶质，内夹蛤粉及细小砂粒，器表经过磨光处理，并施有品红色陶衣。烧制时火候偏高，陶质较坚硬，手制，素面无纹饰。尖唇，侈口，腹下垂，平底。口径6.5厘米，底径5.2厘米，最大腹径14.5厘米，壁厚0.4厘米，通高8.9厘米。年代为战国至西汉时期，为橐离人遗物。

红衣陶罐：夹砂红陶质，器表经过磨光，并施深红色陶衣。烧制时火候偏低，陶质较疏松，手制，圆唇，侈口，扁圆腹，弧形壁，平底。口沿残破，但尚能辨出口沿形状，口沿7.5厘米，底径8.2厘米，最大腹径21厘米，壁厚0.5厘米，通高8.9厘米。年代为战国至汉代，为橐离人遗物。

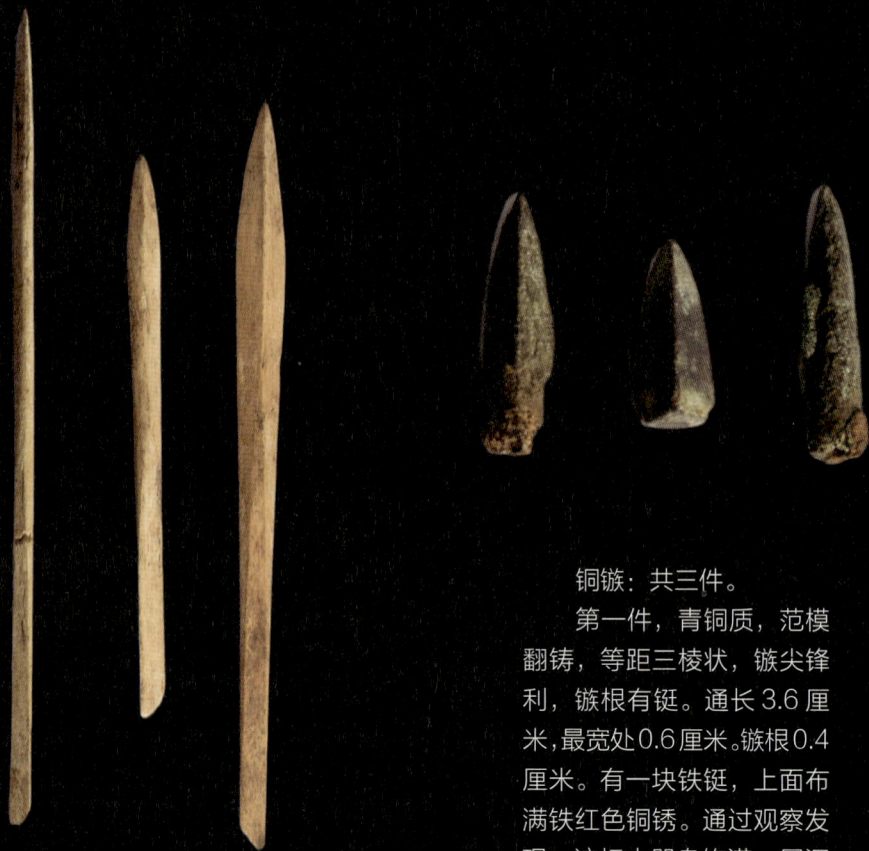

骨镞：共三件。

第一件，骨质，采用马的胫骨磨制而成，镞尖呈矛状，平剖面呈"◇"形。镞铤呈扁状，略残断。通长6厘米，宽0.8厘米。年代为战国至西汉时期，为橐离人遗物。

第二件，骨质，采用马的胫骨经磨制而成。镞尖呈矛状，平剖面呈"◇"形。铤呈扁状，通长8厘米，镞头宽1.2厘米，铤宽0.5厘米。年代为战国至西汉早中期，为橐离人遗物。

第三件，骨质，采用马的胫骨经磨制而成，通体呈圆锥状，尖刀锋利。通长10厘米，宽0.5厘米，锥根呈扁状。年代为战国至西汉早中期，为橐离人遗物。

铜镞：共三件。

第一件，青铜质，范模翻铸，等距三棱状，镞尖锋利，镞根有铤。通长3.6厘米，最宽处0.6厘米。镞根0.4厘米。有一块铁铤，上面布满铁红色铜锈。通过观察发现，该标本器身饰满一层深绿铜锈。年代为战国至汉代，为橐离人遗物。

第二件，青铜质，范模翻铸，通体呈圆锥状，头尖锐，镞身与镞根呈圆柱状，通长4厘米，宽径0.5厘米。器身附着一层很厚的深绿色铜锈，镞根部有一块呈铁红色斑块。年代为战国至西汉早中期，为橐离人遗物。

第三件，青铜质，范模翻铸而成，通体呈等距三棱状，刻面呈"△"形。镞根有一三角形铤，通长3厘米，宽0.9厘米，铤长0.2厘米。该标本器身附着一层深绿色铜锈。年代为战国至汉代，为橐离人遗物。

红陶罐：夹砂红陶质，内夹均匀砂粒，烧制时火候偏低，陶质较疏松，烧制时窑温不均造成器表红黑色相间的斑块，手制，尖唇，侈口，圆腹，平底，素面，无纹饰。口径 8 厘米，底径 6 厘米，壁厚 0.6 厘米，通高 16.6 厘米。年代为战国至汉代，为橐离人遗物。

二、夫余

夫余，本商周时期九夷之一凫臾之后，又作浮渝。

对于夫余的名称，三国何晏注、宋朝邢昺疏《论语注疏》中引《东夷传》曾有如下记载："畎夷、于夷、方夷、黄夷、白夷、赤夷、玄夷、风夷、阳夷"等九夷。又："一曰玄菟、二曰乐浪、三曰高骊、四曰满饰、五曰凫臾、六曰索家、七曰东屠、八曰倭人、九曰天鄙。"[1] 这当中的第五夷"凫臾"即夫余。

夫余一词，最早出现在成书于战国时期的《山海经》中。

《山海经·海内东经》中记有："……汉水出'鲋鱼'之山，帝颛顼葬于阳，九嫔葬于阴，四蛇卫之"[2]；《山海经·海外北经》中记有："'务隅'之山，帝颛顼葬于阳，九嫔葬于阴"[3]；《山海经·大荒北经》中记有："东北海之外，大荒之中，河水之间，'附禺'之山，帝颛顼与九嫔葬焉。"[4] 在如上三条史料中，连续出现的"鲋鱼"到"务隅"再到"附禺"名词，我们认为，这就是早期土著夫余的称谓。

到秦汉时期，则改称为夫余（夫馀或扶馀）。

关于夫余的族属，我们可以从三个方面辨析：一是正史中的记载；二是夫余的地域范围（包括对秽与貊地域范围分析）；三是对考古材料辨析。

从正史记载来看，最早记载夫余的是西汉时期司马迁所著《史记》："夫燕亦勃、碣之间一都会也。南通齐、赵，东北边胡。上谷至辽东，地踔远，人民希，数被寇，大兴赵、代俗相类，而民雕悍少虑，有鱼盐枣栗之饶。北邻乌桓、夫余，东绾秽貊、朝鲜、真番之利。"[5]

东汉班固著《汉书·地理志》载："燕地……北隙乌丸、夫余，东贾真番之利。"[6] 同书又记："武威将乘乾文车，驾坤六马，背负鹫鸟之毛，服饰甚伟。每一将各置前后左右中帅，凡五帅。衣冠车服驾马，各如其方面色数。将持节，称太一之使。帅持幢，称五帝之使。莽策命曰：普天之下，讫于四表，靡所不至。其东出者，至玄菟、乐浪、高句丽、夫余。"[7] 另记："初，武威将帅出，改勾町王以为侯，王邯怨怒不附。莽讽牂柯大尹周歆诈杀邯。……先是，莽发高句丽兵，当伐胡，不欲行，郡强迫之，皆亡出塞，因犯法为寇。辽西大尹田谭追击之，为所杀。州郡归咎于高句丽侯驺。严尤奏言：貊人犯法，不从驺起，正有它心，宜令州郡且慰安之。今猥被以大罪，恐其遂畔。夫余之属必有和者。匈奴未克，夫余、秽貊复起，此大忧也。

---

[1] ［三国］何晏注、［宋］邢昺疏：《论语注疏·子罕》，中国致公出版社 2016 年版，第 136～137 页。

[2] 袁珂著：《山海经新释·海内东经》，北京联合出版公司 2014 年版，第 286 页。

[3] 袁珂著：《山海经新释·海内北经》，北京联合出版公司 2014 年版，第 220 页。

[4] 袁珂著：《山海经新释·大荒北经》，北京联合出版公司 2014 年版，第 353 页。

[5] ［西汉］司马迁著：《史记·货殖列传下》，中华书局 1962 年版，第 3265 页。

[6] ［东汉］班固著：《汉书·地理志下》，中华书局 1962 年版，第 1657 页。

[7] ［东汉］班固著：《汉书·王莽传》，中华书局 1962 年版，第 4115 页。

莽不尉安，秽貉遂反。"[1]同书又记："诛貉（貊）将军阳俊、讨秽将军严尤。"[2]《后汉书·刘虞传》记："……自鲜卑、乌桓、夫余、秽貉之辈，皆随时朝贡。"[3]

东汉学者王充在其著名的《论衡·吉验篇》中，曾有如下描述："北夷橐离国王侍婢有妊，王欲杀之。婢对曰：有气大如鸡子，从天而下，我故有妊。后产子，捐于猪溷中，猪以口气嘘之，不死；复徙至马栏中，欲使马借杀之，马复以口气嘘之，不死。王疑以为天子，令其母收取奴畜之，名东明，令牧牛马。东明善射，王恐夺其国也，欲杀之。东明走，南至掩㴲水，以弓击水，鱼鳖浮为桥，东明得渡，追兵不得渡，因都王夫余。故北夷有夫余国焉。东明之母初妊时，见气从天下，及生，弃之，猪马以气嘘之而生之。长大，王欲杀之，以弓击水，鱼鳖为桥。天命不当死，故有猪马之救；命当都王夫余，故有鱼鳖为桥之助也。"[4]

西晋陈寿著《三国志》经南朝刘宋裴松之批注中，亦有与王充《论衡》相同的引证。仅作少许文字变动。

综上所知，现所能见到的正史所载，均将夫余与秽貊分开，说明两个民族同时存在。

从夫余的地域范围来看，依司马迁《史记·货殖列传》中的"夫燕……北邻乌桓、夫余，东绾秽貉、朝鲜、真番之利"来衡量，其所透露出的夫余与上述诸族的里道大致在汉初燕地之北，东邻古朝鲜和秽貊，西邻乌桓。夫余具体范围，其南在今辽宁中北部，东南抵辽东及今吉林省东南部地区，西部大致分布在今吉林与内蒙古接壤之地，北至东流松花江。在上述区域以内。通过检索第一、二、三次全国文物普查得到的遗址和古城数据显示，正是夫余鼎盛时期的邑落遗址古城分布区域。又见西晋陈寿著《三国志·夫余条》中所描述的夫余地域范围，是西汉中晚期至东汉时期的疆域四至。如"夫余在长城之北，去玄菟千里，南与高句丽，东与挹娄，西与鲜卑接，北有弱水"。其中的去玄菟郡千里，汉时千里约合现今700里。以夫余王城吉林市东团山南城子为起点，向东南700里接近西汉武帝时期在朝鲜咸镜南道境内设置的玄菟郡；向南700余里接近辽宁沈阳上伯官古城址附近，东汉时期玄菟郡设于此。此时已经明显地看出，高句丽的崛起，夫余早期南与燕接壤之地，已被高句丽军事扩张挤压向北回缩。向东则与挹娄接壤，史书记载，夫余自汉兴以来一直奴役挹娄，北有弱水（松花江合嫩江后汉时称为弱水），西与鲜卑接。考古发现支持了文献记载，在吉林省东部、西部、南部、北部地区，历年来的考古发现均证实，自西汉中晚期至魏晋夫余文化大致辐射范围在上述地区均有发现。

《后汉书·夫余条》所记夫余地域四邻大体挪移陈寿原文，只是略有文字变动。

秽族、貊族及所谓秽貊与夫余，实际上其地域范围、民族源流、生产生活、礼仪习俗等方面各有不同。

首先考察秽。《逸周书·王会》中对秽曾有如下记载："成王之会，……正北方，稷慎大尘，秽人前儿，良夷在子。"晋代史家孔晁对"秽人前儿"作注云："秽、韩秽，东夷别种。"如上

---

[1] ［东汉］班固著：《汉书·王莽传》，中华书局1962年版，第4130页。
[2] ［东汉］班固著：《汉书·王莽传》，中华书局1962年版，第4121页。
[3] ［南朝宋］范晔著：《后汉书·刘虞传》，中华书局1965年版，第2353页。
[4] ［东汉］王充著：《论衡·吉验篇》，上海人民出版社1974年版，第29～30页。

81

显见，晋人孔晁分明也认定其中的"秽人"，是朝鲜半岛上中南部地区的"秽人"。

《吕氏春秋·恃君》记："非（北）滨之东，夷秽之乡。"汉代史家高诱为其注云："朝鲜乐浪之县，箕子所封，滨于东海也。"高诱分明也是"将箕子所封之地"，认作是朝鲜半岛上秽人的故乡。西汉武帝纳降了秽君南闾之后，曾派遣彭吴于其地置苍海郡，专门统治和管理秽系诸部。彭吴设置苍海郡之时，曾于该郡地立一石碑，此碑于李氏朝鲜时在江原道春川府被发现。李韶九《朝鲜小记》云："汉武帝使彭吴通苍海，今彭吴碑，尚在春川府南十里。"春川府发现的彭吴石碑可证，"濊君南闾，是西汉时期朝鲜半岛上的江原道、朔州（今韩国春川地区）地区的秽人首领。也是秽系诸部的最高统治者"。

秽，主要分布在江原道，中心地区在朔州（韩国春川）、溟州（江陵）两地；不耐秽，主要分布在咸镜南道的南鄙，中心地区在不而（安边）、华丽（高原）等县；夷秽，主要分布在平壤地区及黄海南道、黄海北道，中心地区在西汉乐浪郡，即今朝鲜平壤市大同江两岸地区；韩秽，主要分布在今京畿道，地处汉江流域。

上述种种迹象表明，秽系诸部的主要分布范围均在今朝鲜半岛。我们认为，今朝鲜平壤市郊汉时的乐浪郡址，就是史书中记载的"古秽城"，该地区周边之地即史书中描述的"古秽地"。

貊，始见于《诗经·大雅·韩奕》："溥彼韩城，燕师所完，以先祖受命，因时百蛮。王锡韩侯，其追其貊，奄受北国，因以其伯。"这是周时对北夷"貊"的描述。

《山海经·海内西经》有如下记载："貊国在汉水东北，地近于燕，灭之。"有人认为"汉水是东辽河或辉发河"。另有人认为"汉水即今浑河"[1]。"还有人认为滦河的一个支流，而貊国位于现仅大凌河中游朝阳地区的东部，在古朝鲜的西北部与古朝鲜南北相接。"[2]

《汉书·文帝纪》载："北貊燕人，未致凫骑。"这个记述，实际上是"貊"的地域在此时是"燕"的管辖和控制区域内。"北貊燕人"，实际上是指"燕"的北部区域"貊族"。

《三国志·乌桓鲜卑东夷传·高句丽条》记："句丽作国，依大水而居，西安平县北有小水，南流入海，句丽别种依小水作国，因名之为小水貊，出好弓，所谓貊弓是也。"

根据史书记载，我们分析，"貊系诸部"主要分布在辽宁东部偏东和东北部边缘，大致在今鸭绿江—浑江流域以及苏子河—太子河中下游地区。

《三国史记》载："琉璃明王三十三年（王莽新凤元年）西伐梁貊，灭其国。进步袭取汉高句丽县。"这当中描述的"梁貊"，即是梁水之貊人。有人考证，"梁水即今太子河，这部分貊人居住在太子河上游"。[3]

我们认为，史籍中出现的"貊系诸部"，主要分布在今辽宁东部、东北部边缘及朝鲜之北迤西之地。而活跃在鸭绿江流域两岸的民族正是"貊系诸族"，主要由"梁貊、大水貊、小水貊"等组成。

高句丽领土扩张时，逐渐将位于辽宁东北部、东部偏东地区及朝鲜半岛中东部地区的"濊

---

[1] 吴承志著：《山海经地理今释》，《中国历史地图集》第1册。

[2] 李云铎译：《高句丽的起源》，《东北亚历史与考古信息》1984年。

[3] 顾铭学、南昌龙：《战国时期燕朝关系研究》，《社会科学战线》1990年第2期。

和貊"两族团纳入自己的统治辖管范围，后又逐渐演变成其从属民族。

可见，貊系诸族主要分布在今辽宁省的宽甸、桓仁、新宾，以及吉林省东南部地区的集安、通化等地和朝鲜西北部鸭绿江沿岸地区。

秽貊，中国古代典籍经常把秽貊连在一起，如前文所述，西汉司马迁著《史记·货殖列传》、东汉班固著《汉书·地理志》、南朝刘宋范晔著《后汉书·刘虞传》等对秽貊均有记述。如，司马迁在《史记·匈奴列传》中记载："诸左方王将居东方，直上谷以往者，东接秽貊、朝鲜，……汉使杨信于匈奴。是时汉东拔秽貉、朝鲜以为郡。"[1] 班固《汉书·食货志》载："彭吴穿秽貊、朝鲜，置沧海郡。"[2] 两则史料均出现将秽貊连在一起的现象。

至于秽的地域范围，《汉书·武帝纪》记载："元朔元年（前128年）……东夷薉君南闾等口二十八万人降，为苍海郡。……三年春，罢苍海郡。"[3]

另据《后汉书·东夷列传·濊条》记载："濊北与高句丽、沃沮，南与辰韩接，东穷大海，西至乐浪。濊及沃沮、勾丽，本皆朝鲜之地也。……元朔元年，濊君南闾等畔右渠，率二十八万口诣辽东内属，武帝以其地为苍海郡，数年乃罢。……至元封三年，灭朝鲜，分置乐浪、临屯、玄菟、真番四郡。"[4]

这两则史料明确指出了秽人的分布区域，显然又单一以"秽人"入史。

东汉史家服虔在为《汉书·武帝纪》秽君南闾作注时，较详细地记录了秽貊的界邻关系和地域分布。即"秽貊在辰韩之北，高句丽、沃沮之南，东穷于大海"[5]。此时出现的秽与貊粘连一起形成"秽貊"，我们认为就是指代"秽人"和"貊人"。由此可见，早在西汉武帝时期，秽貊分布在辰韩之北、高句丽和沃沮以南这一南北略窄，东西狭长地区。

关于秽城、秽王之印，陈寿《三国志·乌丸鲜卑东夷传·夫余》曾有如下记载："……其印文言秽王之印，国有故城名秽城，盖本秽貊之地，而夫余王其中，自谓亡人，拟有以也。"[6] 我们认为，陈寿此番记述不是指《夫余条》中的夫余。从《史记·货殖列传》中出现的燕、夫余、朝鲜、秽貊、乌桓、真番的民族描述与《史记·匈奴列传》透露出的西汉武帝元封三年（前108年），曾派兵攻打的不仅仅是卫氏朝鲜，一同还攻下了"秽貊"，并在秽地"……略濊州、建城邑"[7]。

我们认为，陈寿的相关记载，是追记"秽王"和夫余的关系。也就是说，东明在夫余之地创建夫余国时，排挤了部分夫余上层贵族南下进入秽地（朝鲜半岛大同江和汉江流域两岸地区）而王，就是濊君南闾所居之地。侧面证实，濊君南闾其本身也是从夫余南下逃难的"亡人"。试想，无论陈寿在《三国志》中的《夫余条》《高句丽条》以及同书的《秽条》，均有各

---

[1] 〔西汉〕司马迁著：《史记·匈奴列传》，中华书局1959年版，第2913页。
[2] 〔东汉〕班固著：《汉书·食货志下》，中华书局1962年版，第1157页。
[3] 〔东汉〕班固著：《汉书·武帝纪》，中华书局1962年版，第169～171页。
[4] 〔东汉〕班固著：《汉书·武帝纪》，中华书局1962年版，第169页。
[5] 〔东汉〕班固著：《汉书·武帝纪》，中华书局1962年版，第169～171页。
[6] 〔西晋〕陈寿著：《三国志·乌丸鲜卑东夷传·夫余条》，中华书局1959年版，第841页。
[7] 〔西汉〕司马迁著：《史记·平津侯主父列传》，中华书局1959年版，第1959页。

自清晰的地域范围和民族起源。夫余此时南邻是强族高句丽（夷貊、梁貊、大水貊、小水貊组成），高句丽的东南才是秽系诸部，既是西汉武帝元封三年"略濊州，建城邑"也是元朔元年"东夷濊君南闾等口二十八万人降，为苍海郡"的秽系主体。后被汉武帝灭朝鲜时一同纳降。其居住中心就是濊州、秽城及其附近地区。再结合司马迁《史记·货殖列传》所描述的"夫燕……北邻乌桓、夫余，东绾秽貊、朝鲜、真番之利"的实际地域范围来综合考察，秽系诸部的主体根本没有越过朝鲜清川江和中朝界江鸭绿江流域以西的貊系诸部分布区域。因之，陈寿所描述的"其印文言秽王之印，国有故城名秽城，盖本秽貊之地，而夫余王其中，自谓亡人"，是流亡到夫余的秽人讲述自己祖上的事。这也就从侧面证实，秽人、百济、高句丽王族和上层贵族中存在夫余血统。

我们认为，濊君南闾，才是史书记载的"秽王"，其所居之地是"秽地"，其所居之城才是真正的"秽城"。

北齐魏收著《魏书·百济》有如下记载："百济国，其先出自夫余。……延兴二年（472年），其王余庆上表曰：臣与高句丽源出夫余，先世之时，笃崇旧款。"[1]

此条史料向我们透露出，百济和高句丽的王族，其族源均来自夫余。陈寿文中的"其印文言秽王之印，国有故城名秽城，盖本秽貊之地，而夫余王其中"的描述，也只能在百济、新罗二国及其湮灭在北冥地区的苍海郡，或在秽君南闾治下的"古秽国"寻之。

从考古发掘和田野调查发现的资料来看，也能从侧面予以证实，秽的主体和中心区域不在境内。如"1958年曾在朝鲜平壤贞柏洞土圹墓出土过'夫租秽君'印"[2]，"夫租秽君"印，银质。该印自发现以来，学术界一直对其第一个字在读法上存有争议。原先一直被读作"夫"字。后来，林沄先生通过科学考证，将原来该印的第一个字（曾被读作"夫"字），改读为"天"字[3]，通读为"天租秽君"印。无论怎样，这些关乎秽人的印信集中在朝鲜平壤地区出土，再加上大批量的属于秽人的文化物质相继在该地区被发现，足以证明，该地区在历史上是"秽"的实际统治区域。

另一个佐证是，朝鲜金富轼著《三国史记·新罗本纪》中还记有"南解次次雄十六年（19年）春二月，北溟人耕田得秽王印，献之"[4]。

这条史料向我们透露出，在新莽天凤六年（19年），在北溟（历史上的溟州，今韩国的江陵市及其部分辖区）地区，曾发现过"秽王印"。溟州，历史上濊君南闾降汉后所建的苍海郡所在地，地理位置位处于朝鲜半岛中东部偏南临海处。由此可见，陈寿所描述的"其印文言秽王之印"，是汉武帝剿秽貊和灭卫氏朝鲜时，流落到夫余的秽人讲述自己祖先的故事；还是讲述部分夫余王人南进"秽地"而王？"秽王印"与"天租秽君"银印，曾先后于不同历史时期被发现于韩国和朝鲜。此等重大史料和考古发现，与《三国志·乌桓鲜卑东夷传·夫余条》中

[1]　［北齐］魏收著：《魏书·百济传》，中华书局1974年版，第2217页。
[2]　佟柱臣："夫租濊君"银印考，《中国考古学会第六次年会论文集》，文物出版社1990年版。
[3]　林沄：《夫余史地再探讨》，《北方文物》1999年第4期。
[4]　［朝鲜］金富轼著：《三国史记·新罗本纪》，吉林文史出版社2003年版，第5页。

所描述的"秽城""秽地"和"秽王之印"，应该是"一事一地一物"。

我们认为，秽王印与夭租濊君银印所发现的地域，就是中国史书记载中所指"濊系诸部"的主要活动和分布区域。吉林西团山文化和东团山汉文化，被中外考古学界、历史学界公认存在文化承传衍化关系。这两种考古学文化与朝鲜大同江流域的"秽人"文化，明显存在着本质上的区别。

夫余（东团山文化）及其先世文化（西团山文化）主要以原始粗褐陶、红衣陶、夹砂红褐陶、挂黑铅色陶、红陶、黄褐陶为主。器型主要有高领陶壶、敞口鼓腹罐、陶豆、陶鬲、陶鼎。生产生活用具有农具、工具、兵器、马具和青铜镜及大量的战国秦汉时期的货币。葬俗存有土坑竖穴墓、木椁墓和规范的石棺墓，盛行厚葬。

而秽人文化，陶器主要以陀螺形纹陶罐和变形陀螺型陶罐为主，夹砂粗陶为辅。随葬有生产生活器具、兵器、马具等。葬俗主要以积石墓、大型支石墓和一般支石墓为主。

从中看出这是两种截然不同的考古学文化。

综上所知，两汉以后，夫余强盛时期，其南邻高句丽正逢领土扩张（统一秽系及貊系诸部）时期。而此时的"夫余南隔强族高句丽、高句丽之南以东即是秽地"。别说夫余不属于秽貊，此时的夫余是更难苟同后世的研究者想方设法地将秽貊之名强冠于自己强大的民族之上。我们认为，"濊系诸部"，实际上主要分布在今朝鲜半岛中东部，其中心区域位于今朝鲜平壤市大同江流域两岸，及与之毗邻的左近地区。濊和貊两族团的势力范围，根本就没有达到松花江流域。即便是《三国志》同书中，对濊和貊两个族团的记载，根本也没有逾越过松辽分水岭，达到松嫩平原的腹地。

史料证明，夫余非但不与秽、貊同种，还经常出兵协助汉廷边郡剿杀南邻高句丽及秽、貊、马韩等族。结合各种史料后我们得出的结论是：夫余不属于秽、貊或秽貊族系。

由此看来，夫余追忆族源史时将其"始祖"指向北夷橐离国，自东汉时起，很多著名学者、史家撰史时均认为夫余祖源就是北夷橐离人。这是橐离—夫余系统与秽族、貊（貉）族及秽貊明显的区分界线。

铁铲：铁质，锻造而成。插口有一豁口，铲刃钝挫，不锐利。通长12厘米，顶宽4.9厘米，刃宽6厘米。该标本锈蚀严重，器身附着一层很厚的铁红色斑锈。年代为战国至汉代，为夫余人遗物。

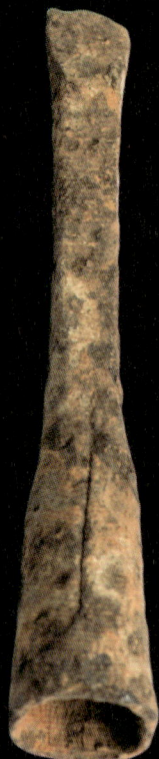

铁凿：铁质，锻造而成。后有一安装木柄的管状裤，前端逐渐扁平，刃部经锈蚀严重而损坏。通长30厘米，管状裤口径2.7厘米。立剖面呈侧锋。该标本锈蚀严重，器身附着一层很厚的铁红色斑锈。年代为战国至汉代，为夫余人遗物。

铁铲：铁质，锻造而成。该标本呈双肩亚腰形。顶部有一偃月形銎口，正好与铲身形成一个天然的"亚腰"，铲身呈薄板状，銎口正好煅接在片状的铲身之上，该标本精到，工艺繁褥，通长11厘米，宽8.5厘米。该标本锈蚀严重，器身附着一层很厚的铁红色斑锈。年代为战国至汉代，为夫余人遗物。

铁插：铁质，锻造而成。有一"∪"形裤口，铲形刃，立剖面呈中锋。通长18厘米，宽5.5厘米。器身附着一层很厚的铁红色斑锈。年代为战国至汉代，为夫余人遗物。

弯背青铜刀：青铜质地，采用范模浇铸而成。弯背，刀随背部弯曲，该器既有尖刃，又有刀柄。尖刃部长 14.3 厘米，柄长 9.5 厘米，宽 1 厘米，厚 0.23 厘米。器身附着一层很厚的浅绿和深绿色铜锈。年代为战国至汉代，为夫余人遗物。

弯背青铜刀：青铜质地，采用范模浇铸而成。弯背，刀随背部弯曲，通长 15 厘米，宽 2 厘米，厚 0.3 厘米。该器根部（尾部）刃面上有三个垂乳状凸起。器身附着一层很厚的浅绿和深绿色铜锈。年代为战国至汉代，为夫余人遗物。

弯背青铜刀：青铜质地，采用范模浇铸而成。弯背，刀随背部弯曲，通长 12.5 厘米，宽 1.5 厘米，厚 0.26 厘米。器身附着一层很厚的浅绿和深绿色铜锈。年代为战国至汉代，为夫余人遗物。

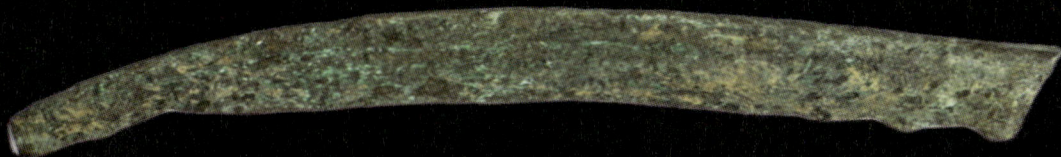

弯背青铜刀：青铜质地，采用范模浇铸而成。弯背，刀随背部弯曲，通长 10 厘米，宽 1.7 厘米，厚 0.32 厘米。该器根部（尾部）刃面上有一个垂乳状凸起，整体形似一条小鱼。器身附着一层很厚的浅绿和深绿色铜锈。年代为战国至汉代，为夫余人遗物。

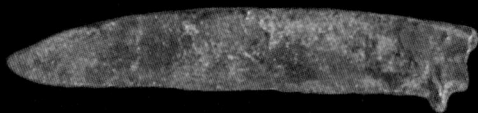

　　弯背青铜刀：青铜质地，采用范模浇铸而成。弯背，刀随背部弯曲，通长 12.5 厘米，宽 1.5 厘米，厚 0.3 厘米。刃部留有使用崩痕。器身附着一层很厚的浅绿和深绿色铜锈。年代为战国至汉代，为夫余人遗物。

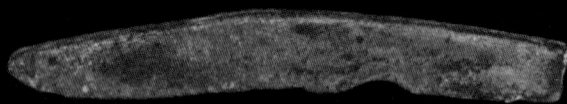

　　弯背青铜刀：青铜质地，采用范模浇铸而成。弯背，刀随背部弯曲，通长 12.5 厘米，宽 1.5 厘米，厚 0.3 厘米。刃部留有使用崩痕。器身附着一层很厚的浅绿和深绿色铜锈。年代为战国至汉代，为夫余人遗物。

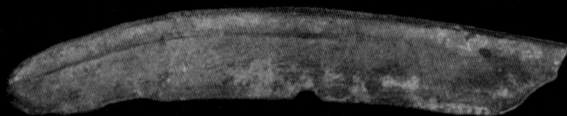

　　弯背青铜刀：青铜质地，采用范模浇铸而成。弯背，刀随背部弯曲，通长 9.3 厘米，宽 1.3 厘米，厚 0.25 厘米。刃部留有使用崩痕，器身附着一层很厚的浅绿和深绿色铜锈。年代为战国至汉代，为夫余人遗物。

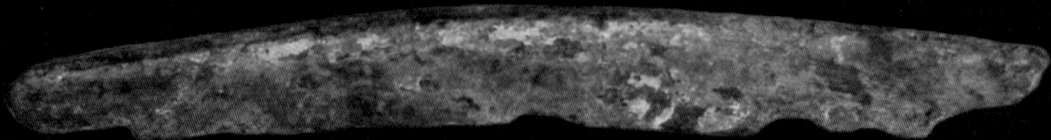

　　弯背青铜刀：青铜质地，采用范模浇铸而成。弯背，通长 10 厘米，宽 1.2 厘米，厚 0.3 厘米。刃部留有五处使用崩痕，器身附着一层很厚的浅绿和深绿色铜锈。年代为战国至汉代，为夫余人遗物。

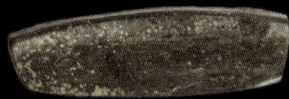

弯背青铜刀：青铜质地，采用范模浇铸而成。弯背，整体形似不规则长方形，通长 7 厘米，宽 2 厘米，厚 0.36 厘米。器身附着一层很厚的浅绿和深绿色铜锈。年代为战国至汉代，为夫余人遗物。

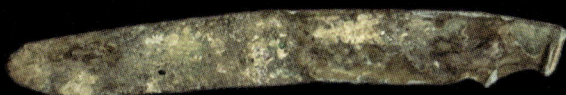

弯背青铜刀：青铜质地，采用范模浇铸而成。弯背，通长 12.6 厘米，宽 1.5 厘米，厚 0.26 厘米。刃部留有三处使用崩痕。器身附着一层很厚的浅绿和深绿色铜锈。年代为战国至汉代，为夫余人遗物。

直背青铜刀：青铜质地，采用范模浇铸而成。直背，通长 11 厘米，宽 1.5 厘米，厚 0.4 厘米。该器根部（尾部）刃面上有三个齿状凸起，器身附着一层很厚的浅绿和深绿色铜锈。年代为战国至汉代，为夫余人遗物。

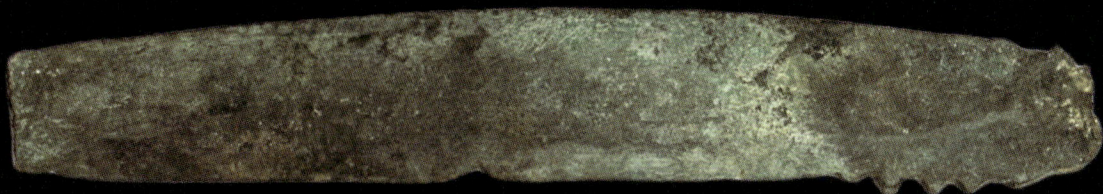

弯背青铜刀：青铜质地，采用范模浇铸而成。弯背，刀随背部弯曲，通长 19 厘米，宽 3 厘米，厚 0.4 厘米。该器根部（尾部）刃面上有五个下垂齿状凸起，刃部有两个使用崩痕，器身附着一层很厚的浅绿和深绿色铜锈。年代为战国至汉代，为夫余人遗物。

　　直背青铜刀：青铜质地，采用范模浇铸而成。直背，翘尖。通长 9.5 厘米，宽 1.3 厘米，厚 0.3 厘米。该器根部（尾部）刃面上有四个齿状凸起，器身附着一层很厚的浅绿和深绿色铜锈。年代为战国至汉代，为夫余人遗物。

　　直背青铜刀：青铜质地，采用范模浇铸而成。直背。通长 9.5 厘米，宽 1.2 厘米，厚 0.26 厘米。该器根部（尾部）刃面上有三个齿状凸起，器身附着一层很厚的浅绿和深绿色铜锈。年代为战国至汉代，为夫余人遗物。

　　弯背青铜刀：青铜质地，采用范模浇铸而成。弯背，通长 12 厘米，宽 2 厘米，厚 0.35 厘米。该器根部（尾部）刃面上有两个齿状凸起，器身附着一层很厚的浅绿和深绿色铜锈。年代为战国至汉代，为夫余人遗物。

　　直背青铜刀：青铜质地，采用范模浇铸而成。直背，通长 7.7 厘米，宽 1.3 厘米，厚 0.3 厘米。该器根部（尾部）刃面上有两个齿状凸起，器身附着一层很厚的浅绿和深绿色铜锈。年代为战国至汉代，为夫余人遗物。

　　直背青铜刀：青铜质地，采用范模浇铸而成。直背，通长 14.7 厘米，宽 1.5 厘米，厚 0.4 厘米。该器根部（尾部）刃面上有两个齿状凸起，刃部留有使用崩痕两处，器身附着一层很厚的浅绿和深绿色与铁红色铜锈。年代为战国至汉代，为夫余人遗物。

直背青铜刀：青铜质地，采用范模浇铸而成。直背，翘尖。通 11.5 厘米，宽 1.4 厘米，厚 0.35 厘米。该器根部（尾部）刃面上有两个齿状凸起，器身附着一层很厚的浅绿和深绿色铜锈。年代为战国至汉代，为夫余人遗物。

弯背青铜刀：青铜质地，采用范模浇铸而成。弯背，通长 8.3 厘米，宽 1.3 厘米，厚 0.3 厘米。该器根部（尾部）刃面上有两个齿状凸起，刃部留有使用崩痕一处，器身附着一层很厚的浅绿和深绿色铜锈。年代为战国至汉代，为夫余人遗物。

直背青铜刀：青铜质地，采用范模浇铸而成。直背，翘尖。通 8.3 厘米，宽 1.3 厘米，厚 0.3 厘米。该器根部（尾部）刃面上有两个齿状凸起，刃部留有使用崩痕一处，器身附着一层很厚的浅绿和深绿色铜锈。年代为战国至汉代，为夫余人遗物。

直背青铜刀：青铜质地，采用范模浇铸而成。直背，翘尖。经过观察发现，该器即有尖刃，又有刀柄。尖刃部长 8.3 厘米，柄长 4.1 厘米，宽 1.7 厘米，厚 0.3 厘米。通长 12.5 厘米。刃部留有使用崩痕。器身附着一层很厚的浅绿和深绿色铜锈。年代为战国至汉代，为夫余人遗物。

　　弯背青铜刀：青铜质地，采用范模浇铸而成。弯背，通长 8 厘米，宽 2 厘米，厚 0.35 厘米。该器根部（尾部）刃面上有一个垂乳状凸起，器身附着一层很厚的深绿色铜锈。年代为战国至汉代，为夫余人遗物。

　　直背青铜刀：青铜质地，采用范模浇铸而成。直背，翘尖。通长 9.5 厘米，宽 1.7 厘米，厚 0.3 厘米。该器根部（尾部）刃面上有一个垂乳状凸起，器身附着一层很厚的浅绿色铜锈。年代为战国至汉代，为夫余人遗物。

　　直背青铜刀：青铜质地，采用范模浇铸而成。直背。通长 7 厘米，宽 1.3 厘米，厚 0.32 厘米。刃部留有使用崩痕三处，器身附着一层很厚的绿色铜锈。年代为战国至汉代，为夫余人遗物。

　　直背青铜刀：青铜质地，采用范模浇铸而成。直背，略翘尖。通长 10.5 厘米，宽 1.2 厘米，厚 0.26 厘米。刃部留有使用崩痕一处，器身附着一层很厚的浅绿和土黄色铜锈。年代为战国至汉代，为夫余人遗物。

直背青铜刀：青铜质地，采用范模浇铸而成。直背。通长23厘米，宽2.8厘米，厚0.4厘米。刃部留有使用崩痕三处，尖部残损，根部齐平。器身附着一层很厚的绿色铜锈。年代为战国至汉代，为夫余人遗物。

弯背青铜刀：青铜质地，采用范模浇铸而成。弯背。通长14厘米，宽1.5厘米，厚0.35厘米。刃部留有使用崩痕若干。器身附着一层很厚的浅绿色铜锈。年代为战国至汉代，为夫余人遗物。

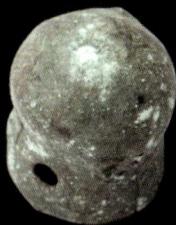

铜帽箍：青铜质地，采用范模翻铸而成。该器件有一粗颈，圆帽（头），中空状。颈部有一对称圆形穿孔，孔径0.4厘米。通长4.5厘米，宽3.6厘米，壁厚0.14厘米。器身附着一层很厚的浅绿和深绿色铜锈。年代为战国至汉代，为夫余人遗物。

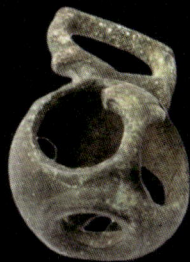

铜件：青铜质地，采用范模翻铸而成。整体呈一个球形体，顶着一个呈长方形穿缀。球形体呈多空状，共有五个孔。应该是一个器物的配件。长3厘米，宽3.5厘米，壁厚0.2厘米。器身附着一层很厚的赭色、浅绿和深绿色铜锈。年代为战国至汉代，为夫余人遗物。

青铜剑：青铜质地，采用范模浇铸而成。素面、直刃，根部残断。从柄根部起有一圆棱凸起贯穿到剑尖。刃部双面锋利。残长24厘米，宽4.2厘米，起棱处厚0.36厘米。铤长1厘米。该标本保存完整，器身附着一层很厚的绿色铜锈。年代为战国至汉代，为夫余人遗物。

青铜剑：青铜质地，采用范模浇铸而成。曲刃。有一短铤从柄根部起贯穿到剑尖。通长 36.6 厘米，宽 3 厘米，厚 0.4 厘米。铤长 1 厘米。该标本保存完整，器身附着一层很厚的浅绿色铜锈。年代为战国至汉代，为夫余人遗物。

青铜剑：青铜质地，采用范模浇铸而成。直刃，柄根部残断。从根部起直至剑尖有一微微隆起，立剖面呈中锋直注。刃部双面锋利。残长 22.4 厘米，宽 4 厘米，厚 0.36 厘米。铤长 1 厘米。该标本保存完整，器身附着一层很厚的浅绿色铜锈。年代为战国至汉代，为夫余人遗物。

多角形铜饰件：青铜质地，采用范模翻铸而成。通体呈不规则多角形。最上顶角偏大，有一圆形穿孔。其余，在该器身饰有7个圆孔，上述圆孔的孔径均为0.5厘米。长7厘米，宽6厘米，厚0.4厘米。器身附着一层很厚的深绿色铜锈。年代为战国至汉代，为夫余人遗物。

铜件：青铜质地，采用范模翻铸而成。整体成品字形。该器件中间有个圆凸，上左右三个方向分别有三个等距长方形（空心）分列。长5.5厘米，宽5厘米。圆凸直径3厘米。器身附着一层很厚的赭色、浅绿和深绿色铜锈。年代为战国至汉代，为夫余人遗物。

铁锛：铁质，有长方形銎口，平顶，残刃。銎口长6.5厘米，宽1.5厘米，厚2厘米，锛刃厚0.2厘米。年代为汉代，为夫余人遗物。

第三节　肃慎、貊族、秽族

一、肃慎

史学大家金毓黻先生在《东北通史》上编中曾提出东北民族四系说，即"一曰汉族，居于南部，自中国内地移植者也。二曰肃慎族，居于北部之东。三曰夫余族，居于北部之中。四曰东胡族，居于北部之西"。之后，国内学术界经过多年研究，逐渐又衍生出东北三大族系说，即东部为肃慎族系，中部为秽貊族系，西部为东胡族系。继金毓黻之后的研究，除南部汉族被淡化以外，肃慎、夫余、东胡诸族的里道距离和族团分布范围基本没有改变。

据《竹书纪年·五帝纪》："［帝舜有虞氏］二十五年，肃慎氏朝，贡弓矢。"文献中所记载的肃慎和中原的交往至少在传说中的舜虞时代就已开始。

据《大戴礼记·少闲篇》记载："海之外，肃慎、北发……来服。"如上说明在商汤王时，就有肃慎来服。这是史书中再次出现"肃慎"。

《国语·鲁语》记载："昔武王克商，通道于九夷百蛮，……于是肃慎氏共楛矢石砮。"这是记载在西周武王时期，肃慎来朝贺。

《尚书·序》记载："成王既伐东夷，肃慎来贺。"说明在周成王时期，征伐东夷取得胜利，肃慎来朝贺。

《左传》鲁昭公九年记："［周成王说］及武王克商，……肃慎、燕、亳、吾北土也。"

战国时期成书的《山海经·大荒北经》中记载："东北海之外，……大荒之中，有山名曰不咸，有肃慎氏之国。"

又见《山海经·大荒西经》中记载："肃慎之国，在白民北。"

《史记正义》引《括地志》记有："靺鞨，古肃慎也，……其国南有白山。"

西汉以后，历朝史料中均有所提及。

魏晋时期，诸家为前世的经书史籍文献作注时，均把肃慎及其后世与东北地区关联研究。这正是定位古肃慎于东北的主要证据。三国吴韦昭注《国语》时言："肃慎，东北夷之国，去扶夷千里。"[1] 西晋杜预注《左传·昭公九年》时则认为："肃慎，北夷，在玄菟北三千里。"[2] 西晋晋灼在"海外肃慎"注解说，"今挹娄地是也，在夫余之东北千余里，大海之滨。"[3] 西晋臣瓒对《汉书》"楛矢石砮"注解称：为"肃慎，东北夷"[4]。东晋郭璞对《山海经·大荒北经》注解

---

[1] 《论语·鲁语下》，论语杂志出版社 1948 年版，第 215 页。

[2] ［清］洪亮吉撰，李解民点校：《春秋左传》，中华书局 1987 年版，第 688 页。

[3] ［东汉］班固著：《汉书·武帝纪》，中华书局 2009 年版，第 161 页。

[4] ［东汉］班固著：《汉书·五行志》，中华书局 2009 年版，第 1464 页。

称："今肃慎国去辽东三千余里。"[1]

以上魏晋时期这五位史家，除晋灼沿用郑玄古注外，其余均指出肃慎的地理方位是在东北的北部。魏晋时期由于对肃慎及其后人较前代有所熟悉，对肃慎里道距离的认识远超过战国至秦汉时期文献所记内容。

汉晋时期，史籍中还出现了肃慎向中原王朝朝贡的记录。魏明帝青龙四年（236年）五月，"丁巳，肃慎氏献楛矢"[2]。魏景元三年（262年）四月，"肃慎来献楛矢、石砮、弓甲、貂皮等，天子命归于大将军府"[3]。

据《三国志》记载："辽东郡言肃慎国遣使重泽入贡，献其国弓三十张，长三尺五寸，楛矢长一尺八寸，石砮三百枚，皮骨铁杂铠二十领，貂皮四百枚。"[4]

西晋咸宁五年（279年）十二月，"肃慎来献楛矢、石砮"[5]。

曹魏时期，魏国统治阶层逐渐认识到东北地区特殊的战略价值，加强了同东北地区诸族的联系。基于这种认知，才出现魏击讨高句丽时，派军队首次抵近肃慎南界。如《三国志》载：毌丘俭于"正始六年（245年）复征之（高句丽），遂奔买沟。俭遣玄菟太守王颀追之，过沃沮千有余里，至肃慎氏南界"[6]。

另据《三国志·东夷传序》记载："过沃沮，践肃慎之庭，东临大海。"[7]曹魏政权此次派兵因追击高句丽而进入肃慎（挹娄）南界。此后，由于中原王朝主动接触肃慎（挹娄）将彻底改写了传统认知。

同一历史时期的史书已经对挹娄有过详细记载，我们认为，从其民族族源考察，这时在史籍中出现了肃慎属于记载混乱所致。

西晋元帝太兴二年（319年）"八月，肃慎献楛矢、石砮"[8]。"成帝时，肃慎国遣使来献。"[9]

南朝宋孝武帝大明三年（459年）"十一月己巳，高丽国遣使献方物。肃慎国重译献楛矢、石砮"[10]。同书《符瑞志下》："孝武帝大明三年十一月己巳，肃慎氏献楛矢石砮，高丽国译而至。"[11]同书《高句骊传》："大明三年，又献肃慎氏楛矢石砮。"[12]

据史料记载："时，高句丽、肃慎致其楛矢。"[13]

---

[1] 袁珂校注：《山海经校注》，北京联合出版公司2014年版，第421页。
[2] ［西晋］陈寿著：《三国志·明帝纪》，中华书局1982年版，第107页。
[3] ［唐］房玄龄等著：《晋书·文帝纪》，中华书局1974年版，第37页。
[4] ［西晋］陈寿著：《三国志·陈留王本纪》，中华书局1982年版，第149页。
[5] ［唐］房玄龄等著：《晋书·武帝纪》，中华书局1974年版，第70页。
[6] ［西晋］陈寿著：《三国志·毌丘俭传》，中华书局1982年版，第762页。
[7] ［西晋］陈寿著：《三国志·东夷传》，中华书局1982年版，第840页。
[8] ［唐］房玄龄等著：《晋书·元帝纪》，中华书局1974年版，第152页。
[9] ［北宋］王钦若等著：《册府元龟·外臣部·朝贡一》，中华书局1960年版，第11380页。
[10] ［梁］沈约著：《宋书·孝武帝纪》，中华书局1974年版，第125页。
[11] ［梁］沈约著：《宋书·符瑞志下》，中华书局1974年版，第873页。
[12] ［梁］沈约著：《宋书·高句丽传》，中华书局1974年版，第2393页。
[13] ［唐］房玄龄等著：《晋书·石勒载记下》，中华书局1974年版，第2747页。

前秦时期，肃慎也曾入贡。当苻坚鼎盛之时，"肃慎贡楛矢"[1]。

北齐天保五年（554年）"秋七月戊子，肃慎遣使朝贡"[2]。

此后，肃慎这个民族称谓在史籍中消失。

学术界对肃慎的研究，最早可以追溯到民国时期著名学者傅斯年先生。据其所著《东北史纲》记载："又《满洲源流考》言'挹娄疆域与肃慎正同'，其说不误。又谓肃慎、挹娄、珠申、女真为一音之转，亦确。"

其后，著名东北史学者金毓黻先生在撰《肃慎、挹娄、勿吉三系语义考》一文时，借用白鸟库吉的民族历史分类，以通古斯一词来概括肃慎、挹娄、女真等民族名称，观点的核心是传统的中国肃慎族系观，并认为："肃慎一词，或作息慎、稷慎，其译义为金，满语有"坚硬"之意。[3] 20世纪80年代以后，对该问题学术界逐渐热议起来。傅朗云与杨旸主张："肃慎"一词是鸟名，"汉语鹄鸼——鹰；满语译作宋昆，再汉译为海东青"[4]；何光岳则释义肃慎为鸟名，属鸟夷的一支，但不是鹰，而是鹈鹕鸟[5]。干志耿、孙秀仁及薛虹则认为"肃慎"是通古斯语"人"的意思，属于该族的自称[6]。张博泉先生对肃慎含义进行剖析后认为，肃慎本名朱理真，出自"东夷"一语，亦即由"东夷"（朱勒失）转音为民族的称谓，其义为"东"或"东人"[7]。

国外也有学者加入了讨论，日本学者池内宏和吉本道雅曾著文对此进行研究，前者强调必须用"近代科学"的方法来研究肃慎史[8]；后者重新梳理传统史料，旁涉考古资料，认定关于"肃慎"的研究仍不失为系统论述历史发展脉络的一份史料。[9]

李朝学者丁谦对肃慎、挹娄二者之间的关系进行研究："（挹娄）不过肃慎境中一部族，并不足以名国。第因生齿繁衍，分布各方，而肃慎族群日渐衰替，不足以制驭之，其人遂据地自擅，互相雄长，于是肃慎一国，竟在若存若无之间。以余考之，其国至晋实未尝亡也。"[10] 他这种观点在我国史学界产生很大影响，吴士鉴、刘承干、翦伯赞和冯家升等都表示支持和赞同。

除上述文献记载以外，我们再来探讨一下挹娄的来源，据史料记载，"挹娄一名肃慎氏"或"古之肃慎氏之国也"。失传的三国谢承撰《后汉书》中记有："挹娄，即古肃慎氏之国也。"[11] 肃慎经常被视为挹娄、勿吉的直系先祖。历朝史家对勿吉、靺鞨等族记录时均将他们祖

[1] ［唐］房玄龄等著：《晋书·苻坚载记上》，中华书局1974年版，第2904页。

[2] ［唐］李百药著：《北齐书·文宣帝纪》，中华书局1972年版，第58页。

[3] 金毓黻：《肃慎、挹娄、勿吉三系语义考》，《东北集刊》，1941年版，第1～3页。

[4] 傅朗云、杨旸著：《东北民族史略》，吉林人民出版社1988年版。

[5] 何光岳：《肃慎的起源与北迁》，《黑河学刊》1991年第2期。

[6] 干志耿、孙秀仁著：《黑龙江古代民族史纲》，黑龙江人民出版社1987年版；薛虹：《肃慎的地理位置及其同挹娄的关系》，《东北师范大学学报（哲学社会科学版）》1980年第2期。

[7] 张博泉：《肃慎·挹娄·女真考辨》，《史学集刊》1992年第1期。

[8] ［日］池内宏：《肃慎考》，杨保隆、古清尧译：《中国社会科学院民族研究所译·民族史译文集》，第12辑1984年版，第39～59页。

[9] ［日］吉本道雅：《肃慎考》，《满语研究》2006年第2期。

[10] 丁谦著：《晋书四夷传地理考证》，浙江图书馆丛书1915年版，第1集。

[11] 袁珂校注：《山海经校注》，上海古籍出版社1980年版，第422页。

源追溯到挹娄和肃慎，经传延流行于后世，著名东北史学者金毓黻先生在《东北通史》中将肃慎、挹娄、勿吉、靺鞨、女真等划为统一族源。

孙星衍注《尚书·序》时，引马融的说法，"息慎，北夷也"。《史记集解》注解"息慎"时，引郑玄的说法，"息慎，或谓之肃慎，东北夷"[1]。高诱也只是说："肃慎在北方，远也。"以上记述，是东汉三位史家对肃慎的认识，仅限于对古籍的一般解释，并没有给出肃慎民族具体源流。三国曹魏以后，中原诸王朝对肃慎族源及其传承的认识开始出现质的飞跃，文献记载中开始出现肃慎源流内容。可以确信，至魏晋时期，东北地区肃慎及其后世与中原诸朝的联系已明确。除上述历代文献记载和学术界以此为视角切入研究之外，我们再佐以考古学材料揭示这个神秘的古族——肃慎。

首先，黑龙江考古工作者科学揭示黑龙江省密山新开流遗址，该遗址处于黑龙江省密山市兴凯湖北部的一条湖岗之上。兴凯湖以北有小兴凯湖，两湖之间被长达 40 余公里的沙岗隔开，俗称"湖岗"。小兴凯湖水位较高，湖水通过湖岗上的缺口流入兴凯湖，靠湖岗西端的缺口叫新开流。

1972 年 7 月，黑龙江省博物馆考古部在新开流东 1.5 公里的湖岗上发现一处新石器时代遗址。湖岗高起的南北缘成为遗址的天然屏障，遗址西南 300 余米处有一隆起的高阜，公路穿过湖岗，将遗址分为南北两部分。遗址东西长 300 米、南北宽 80 米，面积约 24000 平方米。

后经考古发掘，共发现新石器时代墓葬 32 座，渔窖 10 座，出土大量以鱼鳞纹、网纹、波纹的陶器，以及以渔猎工具为主的石器、骨器、牙器、角器等。说明当时人们主要以渔猎为生。经碳 14 测定和树轮校正，距今年代为 6080±300 年，属于新石器时代早期遗址，以该遗址为代表的这种类型遗存，被命名为新开流文化。新开流遗址中典型文物有骨雕鱼鹰、带水波纹的各种陶器组合、骨鱼钩、骨投枪头、各式压制石镞，等等。

经诸多数学者研究后认为，遗址中出土的各式制作精美的压制石镞，就是史书记载的被大名鼎鼎的孔老夫子称道的"楛矢石砮"。

1981 年，新开流遗址被公布为黑龙江省重点文物保护单位。

学术界经过多年研究确认，新开流遗址是我国历史上的肃慎族先世文化遗留。

其次是饶河小南山遗址，位于黑龙江省饶河县饶河镇的乌苏里江岸边，该遗址既含有旧石器时代晚期遗物又含有新石器时代早中期遗物。其文化，有其自身的有序传承过程。从 20 世纪 50 年代开始，考古工作者在小南山遗址陆续发现诸多遗存。由此也逐渐引起了省内外考古学界、历史学界、民族学界的广泛关注。经过 1971 年和 1992 年两次发掘，共出土打制和磨削石器、夹砂粗口陶器、玉璧、玉珠等文物标本 220 多件，经过黑龙省文化厅文博专家组鉴定，其中国家一级文物 8 件，二级文物 12 件，三级文物 33 件。在小南山遗址中采集的"桂叶形石器"和乌苏里旋纹陶罐在全国属于首次发现。专家们根据出土文物分析，小南山遗址中出土的玉璧、玉珏、玉环、玉珠属于成组的礼器。小南山遗址早期，处于旧石器时代晚期，具有重要的

[1] ［西汉］司马迁著：《史记·五帝本纪》，中华书局 1982 年版，第 43 页。

历史研究价值。小南山旧石器遗址，是目前我国发现的最东部的旧石器时代古人类活动遗址。小南山遗址，1999 年被黑龙江省政府批准为省级重点文物保护单位。

2015 年，为彻底弄清小南山遗址地层堆积和文化内涵，经国家文物局批准，由黑龙江省文物考古研究所牵头，饶河县文物管理所配合，于当年 7 月至 11 月对该遗址进行正式的科学考古发掘。据了解，此次发掘选在小南山东坡的中部，发掘面积 300 平方米。挖掘和清理中进行了科学分期，共分为早晚两期。"早期遗存出土了大量的玉器、石器和陶器。玉器有匕形玉佩、觿形玉佩（弯条形器）、玉管、玉珠、玉璧、玉环、玉锛和玉斧等。石器有筒形器、双面尖状器（矛）、端刮器、石叶及其制成的长镞、磨制的镞等。陶器主要为罐和小杯类，夹砂黄褐色，内芯多为黑色，质地非常疏松。墓葬为竖穴墓，在山体基岩上开凿墓坑，有燎尸习俗。晚期遗存出自第 2 层，包括陶器和石器。陶器仅见罐类，纹饰以篦点之字纹为基底，再饰曲线、圆圈等划纹和压纹，部分表面涂有红彩。石器主要为压制的短的三角形石镞。"[1] 此外，小南山遗址早期文化遗存的发现，"还为我们提供了黑龙江流域新石器时代早期人类活动历史的重要线索，揭示出距今 9000 年前后黑龙江流域史前社会复杂的程度超出了我们以往的认识。说明在 8200 年前降温事件之前，黑龙江流域尤其是乌苏里江与黑龙江下游地区在气候适宜期以渔猎经济为基础，曾经孕育了比较发达的文化和社会组织，并且最终成为中华文化和文明构成的重要组成部分。"[2]

二、貊族

对于貊族的记载，始见于《诗经·大雅·韩奕》的记载："缚彼韩城，燕师所完，以先祖受命，因时百蛮。王锡韩侯，其追其貊，奄受北国，因以其伯。"这是周时对"貊"族的描述。

《山海经·海内西经》中有如下记载："貊国在汉水东北，地近于燕，燕灭之。"有人认为"汉水是东辽河或辉发河"[3]。另有人认为"汉水即今浑河"[4]。"还有人认为滦河的一个支流，而貊国位于现今大凌河中游朝阳地区的东部，在古朝鲜的西北部与古朝鲜南北相接。"[5] 这个研究成果，对"貊"的地域描述是比较客观的，基本上符合"貊系"的实际分布范围。

《汉书·文帝纪》载："北貊燕人，未致觳骑。"此记述，实际上也是指"貊"的分布地域，此时属于"燕"的管辖和控制区域内。"北貊燕人"，是指"燕北"的"貊族"而言。

《三国志·乌桓鲜卑东夷传·高句丽条》记："句丽作国，依大水而居，西安平县北有小水，南流入海，句丽别种依小水作国，因名之为小水貊，出好弓，所谓貊弓是也。"据史书记载，我们分析，貊系诸部主要分布在辽宁东部偏东和东北部边缘，大致在今鸭绿江—浑江流域

[1] 《中国文物报》，2016 年 4 月 16 日。
[2] 《中国文物报》，2016 年 4 月 16 日。
[3] 吴承志著：《山海经地理今释》，《中国历史地图集》第 1 册。
[4] 孙进己、张立志：《秽貊文化的探索》，《辽海文物学刊》创刊号。
[5] 李云铎译：《高句丽的起源》，《东北亚历史与考古信息》1984 年。

以及苏子河—太子河中下游地区。

《三国史记》载："琉璃明王三十三年（王莽新凤元年）西伐梁貊，灭其国。进步袭取汉高句丽县。"这当中描述的"梁貊"，即是梁水之貊人。有人考证，"梁水即今太子河，这部分貊人居住在太子河上游。"[1] 我们认为，史籍中出现的"貊系诸部"，主要分布在今辽宁东部、东北部边缘及朝鲜之北迤西之地。

而"濊系诸部"，主要分布在今朝鲜半岛中东部，其中心区域位于今朝鲜平壤市大同江流域两岸及与之毗邻的左近地区。

以上才是真正意义上的"濊—貊"两个族团及其文化圈的主要分布和活动范围。

如上列举了关于"濊—貊"两族团，分别在中外史籍中出现。文献中均清楚地交代出，这濊貊两族团的势力范围，根本就没有达到松花江流域。

即便是《三国志》同书中，对濊和貊两个族团的地域记载，根本也没有逾越过松辽分水岭，达到松嫩平原的腹地。

高句丽领土扩张时，逐渐将位于辽宁东北部、东部偏东地区及朝鲜半岛中东部地区的"濊和貊"两族团纳入到自己的统治辖管范围。高句丽崛起后，"貊系—濊系"诸部逐渐演变成其从属民族。

如上，仅就"濊—貊"各自族团和族源演化过程作一扼要概述。自汉以降，各历史阶段诸民族之间的融合、迁徙、吞并之后，又出现了比较复杂的民族特征，但也为更好地划清秽族、貊族与橐离和夫余是否存有必然关系提供了明晰答案。

关于秽貊，先秦以前的文献记载，对东北亚地区各民族的记载含糊其词、晦暗不明。汉代以后对于秽（濊）、貊（貉）、橐离国、夫余、肃慎、挹娄、沃沮及其他民族的记载已非泛指，均有了相对固定的民族称谓。西汉初期已出现非常明确的民族和地域概念。显见这时期汉朝由于刻意经略东北地区，而促使史家在整理这一时期资料时，对于东北地区各民族名称有了专指、专称。各民族间已经有了相对稳定的地域及领地。在其后略晚一段时间内，东北地区强族崛起，弱小的民族被其同化，各民族间相互渗透、融合，产生出当时能左右东北历史走向的几大民族，从而导致司马迁笔下著录出非常清楚而明确的民族族别及其所辖的地域。

下面出示几则史料，看看诸史对于东北地区的民族是如何记录的。

汉以前的史料，如《诗经·大雅·韩奕》记有："缚彼韩城，燕师所完，以先祖受命，因时百蛮，王锡韩侯，其追其貊，奄受北国。"《周礼·秋官·司寇》："夷隶[2]，百有二十人；貉隶，百有二十人。"东汉郑玄注："（貉）征东北夷所获。"《大戴礼记·礼察篇》："汤王置天下于仁义礼乐……广育被蛮貊四夷。"《管子·小匡篇》："（桓公）九合诸侯，一匡天下，北至于孤竹、山戎、秽、貊。"《孟子·告子篇》："夫貉（貊）[3] 在北方，五谷不生，唯黍生之，无城郭宫室宗庙祭祀之礼。"《战国策·秦策》："西有巴、蜀、汉中之利；北有胡貉，代马之用。"

---

[1]　顾铭学、南昌龙：《战国时期燕朝关系研究》，《社会科学战线》1990 年第 2 期。

[2]　夷隶：笔者认为即北夷橐离人，此处的"夷隶"不是指秽、貊而言。

[3]　夫貊：笔者认为是指夫余和貊族。

《山海经·海内西经》言：夷人在东胡东[1]。"貊国，在汉水东北，地近于（燕），燕灭之。"《荀子·强国篇》："（秦）北与胡貊[2]为邻。"

三、秽族[3]

对于秽，《逸周书》曾有如下记载："秽人前儿，前儿若猕猴，立行，声似小儿。"晋代史家孔晁对"秽人前儿"作注云："秽、韩秽，东夷别种。"如上释文显见，晋代孔晁分明也认定文中所提到的"秽人"，就是朝鲜半岛上的"秽人"。

《吕氏春秋·恃君》记："非（北）滨之东，夷秽之乡。"汉代史家高诱为其作注云："朝鲜乐浪之县，箕子所封，滨于东海也。"高诱分明也是"将箕子所封之地"认作是朝鲜半岛上秽人的故乡。

史料对两汉时期的东北诸族均有记载。首先对西汉武帝时期汉廷及东北地区诸族当时的背景分析。汉初，由于西汉朝庭注重经略东北及朝鲜半岛，至武帝时期几乎上自帝王、下至小吏对东北诸族的了解逐渐加深，对东北各民族当时的界邻关系已非常清楚。武帝元封四年，出兵攻拔卫氏朝鲜后，于其地设立了汉四郡，即玄菟、监屯、真番、乐浪。其中的玄菟郡当时即负责经略、弹压夫余。而真番郡即设在秽地负责经略弹压秽人。可见武帝攻拔卫氏朝鲜时的兵锋已抵夫余之南界。司马迁所处时代也正逢汉武帝刻意经略辽东、朝鲜之时。而此时朝廷上下，几乎人人了解当时东北诸族。司马迁在《史记·货殖列传》中，对东北诸侯的界邻有相当清晰简练的描述，如"夫燕、北邻乌桓、夫余，东馆秽貊、朝鲜、真番之利"。另见《史记·匈奴列传》中记有："诸左方王将居东方，直上谷以往者，东接秽貊、朝鲜。"

据《汉书·武帝纪》记载："元朔元年秋，……东夷秽君南间等口二十八万人降，为苍海郡。"[4] 东汉史家服虔为《汉书·武帝纪》中秽君南间作注时，较详细记录出秽的界邻关系和地域分布，即"秽、貊在辰韩之北，高句丽、沃沮之南，东穷于大海"。由此可见，早在西汉武帝时期，秽分布在辰韩之北，高句丽、沃沮之南，这一南北略窄、东西狭长地区。这是史书记载秽人首领第一次携庞大族群降汉的记录。可以看出，这28万降汉的秽人民口，几乎囊括了秽系诸部的全部。由此可见，濊君南间，才是真正意义上的秽系诸部的最高统治者。东汉服虔在释文中所提到的沃沮，实际分布范围的南部边缘在今朝鲜的清津地区，而此时高句丽和貊系诸部恰好分布在鸭绿江沿岸。同时也反映出，西汉武帝时期至东汉，秽族、貊族、辰韩、高句丽、沃沮等部族，均属于独立的不相统属的民族。

上述种种迹象表明，秽系诸部的主要分布范围均在今朝鲜半岛。笔者认为，今朝鲜平壤市郊汉代乐浪郡旧址，极有可能就是史书中记载的"古秽城"，该地区周边之地应该属于史书中

---

[1] 夷人：笔者认为是指北夷橐离、夫余。

[2] 胡貊：笔者认为是专指东胡、貊人。

[3] 刘信君、邓树平著：《夫余史》，中国社会科学出版社 2019 年版。

[4] ［东汉］班固著：《汉书·武帝纪》，中华书局 1962 年版，第 169 页。

描述的"古秽地"。

同时，不能排除在汉武帝派兵攻拔卫氏朝鲜的同时，迫于大势所趋，才导致秽君南闾率28万民众降汉。同时，极有可能一部分"秽人"北上为逃避战乱而迁到夫余故地，这当中即包含"秽人"贵族或部族酋长，后被夫余同化。

汉武帝纳降了秽君南闾之后，派遣彭吴于秽地置苍海郡，专门统治和管理秽系诸部。彭吴设置苍海郡之时，曾于该郡地立一石碑，此碑于李氏朝鲜时在江原道春川府被发现。李韶九《朝鲜小记》云："汉武帝使彭吴通苍海，今彭吴碑，尚在春川府南十里"，春川府发现的彭吴石碑可证，"濊君南闾，是西汉时期朝鲜半岛上的江原道、朔州（今韩国春川地区）地区的秽人首领"。

《史记·朝鲜列传》中记："朝鲜王满者，故燕人也，自始全燕时，尝略属真番，朝鲜为置吏，筑障塞。"

《汉书·地理志》载："玄菟郡，武帝元封四年开。高句丽，莽曰下勾丽，属幽州。"应勋曰："故真番，朝鲜胡国。"由此可见，"真番"地区也存有秽人。

关于秽，西晋陈寿在《三国志·乌桓鲜卑东夷传·秽条》中，曾有明晰的记载："秽南与辰韩，北与高句丽、沃沮接，东穷大海，今朝鲜之东皆其地也。……汉武帝伐灭朝鲜，分其地为四郡。自是之后，胡、汉稍别。无大君长，自汉以来，其官有候邑君、三老，同主下户。"同书又记："自单单大岭以西属乐浪，自岭以东七县，都尉主之，皆以秽为民，后省都尉，封其渠帅为侯，今不耐秽皆其种也。"[1] 如上记载中说明，自汉武帝攻灭卫氏朝鲜之后，在岭东分设七县，并派驻都尉借以管理岭东七县属民。后逐封当地秽人土著（渠帅）酋长为侯，自治其民。就是选用当地的土著酋长自行管理岭东七县的秽人。同书又记："汉末更属高句丽。"[2] 汉朝末年，高句丽领土扩张，将秽系部分纳入自己的统治范围。

《三国志·乌桓鲜卑东夷传·秽条》又载："正始八年，乐浪太守刘茂、带方太守弓遵以岭东秽属句丽，兴师伐之，不耐秽等举邑降。正始八年，诣阙朝贡，诏更'不耐秽王'。"上述史料说明，正始八年，刘茂、弓遵以岭东部分合并到高句丽的秽人，兴师讨伐邻族"不耐秽部"，迫使"秽系不耐秽部"投降曹魏。这表明，历史发展到了三国时期，岭东的"秽系诸部"本身还未发展成为庞大的统一一系。据上述史料分析，这个由曹魏政权下诏更拜的"不耐秽王"，不可能就是陈寿在《三国志·乌桓鲜卑东夷传·夫余条》中所误指的"秽王"。但这个由曹魏所封的"不耐秽王"的地域，实质上还是在今朝鲜半岛地区。从这则史料中还可以清晰地看出，正始八年，不耐侯因诣阙朝贡，乃至曹魏政权为怀柔秽人首领下诏给（秽）不耐侯，改"侯"为"王"，更拜为"不耐秽王"的史实。

另据《三国志·乌桓鲜卑东夷传·秽条》记载：东汉"桓、灵之末，韩秽强盛，郡县不能治，民多流入韩国。建安中，公孙康分屯有县以南荒地为带方郡，遣公孙模、张敞等收集遗民，兴兵伐韩秽。"同书又载："汉（光武帝）建武六年，省边郡，都尉由此罢。其后皆以其县

[1]［西晋］陈寿著：《三国志·乌丸鲜卑东夷传·秽条》，中华书局1982年版，第841页。
[2]［西晋］陈寿著：《三国志·乌丸鲜卑东夷传·秽条》，中华书局1982年版，第841页。

中渠帅为县侯，不耐、华丽、沃沮诸县皆为侯国。夷狄更相攻伐，为不耐濊侯至今尤置功曹、主簿诸曹，皆濊民作之。"这则史料记载，如上这些濊系诸部还是相互独立的。东汉时期，实际上濊系内部已混乱不堪，但也没有与貊系合并的迹象。如上在史书记载的不耐濊，此时虽已臣服于高句丽，但并没有真正融入高句丽主体民族之中，还是以独立姿态屡在史料中出现。

《三国志·乌桓鲜卑东夷传·高句丽条》记载："高句丽在辽东之东千里，南与朝鲜、濊、貊、东与沃沮，北与夫余接。"可见此时的高句丽与上述诸族之间的界邻关系还是相当清楚的。

下面，我们出示两则史料：一是《三国史记·新罗本纪》中记有："南解次次雄十六年（19年）春二月，北溟人耕田得'濊王印'，献之。"在解读此段文献时，笔者发现，历史上的新罗，曾在今韩国江原道的江陵地区设置"溟州"。这颗古印的发现，也能确定该地区就是历史上"濊人"的统治地区。二是"1958年曾在朝鲜平壤贞柏洞土圹墓出土过'夫租濊君'印"[1]。"夫租濊君"印，银质。该印自发现以来，学术界一直对其第一个字在读法上存有争议。原先一直被读作"夫"字。后来通过林沄先生科学考证，认为原来该印的第一个字应改读为"天"字。[2] 通读为"天租濊君"印。

无论怎样，这些关乎濊人的印信集中在朝鲜平壤地区出土，和大批量的属于濊人文化物质相继在该地区被发现，足以证明，该地区左近之地历史上是"濊"的实际统治区域。

"濊王印"与"天租濊君"银印，曾先后于不同历史时期被发现于韩国和朝鲜。此等重大的历史史料和考古发现与《三国志·乌桓鲜卑东夷传·夫余条》中所描述的"濊城""濊地"和"濊王之印"，应该属于是"一事一地一物"。[3]

事实上，濊人文化物质的实际分布区域，根本没有到达松花江源头附近地区，更没有到达远隔千里之外的嫩江和松花江汇流左近之地。

沃沮和北沃沮的地域主要包括朝鲜东北部地区的清津，越过今中朝界江图们江，到达今吉林省和龙、龙井、图们、珲春等地，也就是"团结文化"的实际分布范围。考古学界和历史学界一致认同，上述地域历史上属于沃沮和北沃沮的势力范围。此时还谈不上是"濊人"的地域和管控范围。沃沮与北沃沮民族直到三国时期还是独立的。

"濊"的东北部辖境，在两汉期间特别是在西汉时期，仅到达今朝鲜清津以南和西南的边缘，这一地域才是濊系诸部的实际控制区域。由大同江流域（今朝鲜平壤市附近地区）向西北分布，濊的西部和西北部地区，实际上还没有到达今中朝界江鸭绿江流域。而此时活跃在鸭绿江两岸的地方民族，正是"貊系诸族"，主要由梁貊、大水貊、小水貊等组成。貊系诸族，主要分布在今辽宁省的宽甸、桓仁、新宾，以及吉林省东南部地区的吉安、通化等地和朝鲜西北部鸭绿江沿岸地区。所以说，"濊系诸部"是无论如何也越不过上述貊系诸族和东沃沮、北沃沮民族的辖控区域，而来到松嫩平原腹地的，更不可能到达黑龙江地区。学术界有人将黑龙江省中部地区的古代民族划归为濊貊族系说，显然是有悖真实历史。

[1]　佟柱臣：《"夫租濊君"银印考》，《中国考古学会第六次年会论文集》，文物出版社1990年版。

[2]　林沄：《夫余史地再探讨》，《北方文物》1999年第4期。

[3]　刘信君、邓树平：《夫余与濊貊考辨》，《社会科学战线》2018年第9期，第114页。

解读文献时，我们发现一个客观因素存在，就是"秽人"非但没有统一"貊系诸部"，就是自己也还在"汉政权"的实际控制范围之内，更没有凝结成庞大的所谓"秽貊"和"秽貊族系"。西汉武帝时期，秽、貊、辰韩、高句丽、沃沮等族团，均属于各自独立又不相统属的民族。

另一客观因素我们不容忽视，西晋陈寿与高句丽政权生活在同一时代，他十分了解高句丽及其附近民族，他独具权威性且清楚地将"秽"的地域描述得十分精准，应引起学界注意。

通过多年来的考古发掘和深入研究，基本确定了"沃沮文化"和秽系诸部有着明晰的邻里隔界。这两个民族的分布范围是，以黑龙江省东南部地区所发现的"团结文化"[1]为代表，越过吉林东北部六七县市转而向南一直到朝鲜的北部地区，加上俄罗斯远东滨海地区均有该文化的分布。学术界认为，这一考古文化即代表着史书记载的"沃沮"诸部文化。上述考古发现，从侧面印证了文献对"沃沮"地理方位和地域分布的记载。依"团结文化"（沃沮）的南部边缘为地理坐标向南推之，从而引导我们精准地将"秽"系诸部的地域分布求证出来。凡在"团结文化"区域的南部边缘，即是土著的"秽人文化"。这在客观条件上，是比较符合历史文献对"秽"地域记载的。经研究确认，秽，主要分布在江原道，中心地区在朔州（韩国春川）、溟州（江陵）两地；不耐秽，主要分布在咸镜南道的南鄙，中心地区在西汉不而（安边）、华丽（高原）等县；夷秽，主要分布在平壤地区及黄海南道、黄海北道，中心地区在西汉乐浪郡。今朝鲜平壤市大同江两岸地区；韩秽，主要分布在今京畿道，地处汉江流域。

吉林东团山南城子及其附近地区，曾发现过大量汉代夫余文物和典型的"汉文化"中的各式遗物。南城子古城，还被有关学者考证为是汉代"夫余前期王城"。这是一项值得称贺的夫余文化突破性的研究成果。可是在做族属论断时，也出现依据《三国志·乌桓鲜卑东夷传·夫余条》中相关记载，错把夫余与"秽人"粘连到一起。

在吉林东团山一带，曾发现和科学发掘过数百处夫余文化遗址、墓葬、古城。至今也见不到一件与"秽"有关的文物出土，同时，也不见有哪个研究夫余文化的学者，在东团山这一特定地域内拿出一件能证明是"秽人"的文物标本来。

东团山南城子，是汉代"夫余王城"，学术界已无争议。若称其为"秽城、秽地"恐有些牵强。

新中国成立以来的大量考古发掘和农田水利设施的扩建过程中，也没有发现过什么"秽王之印"和带"秽"字的相关文物标本。

而朝鲜和韩国，既有文献史料的记载，又在现代的考古发掘中，屡有发现与上述相关的文物。关于秽的地域分布与相关文物和史料的记载，本书前节均对其有过详细论述，个中诸般关系早已一目了然。

如前所述，夫余是经历了从青铜时代的"鲋鱼—务隅—附禺"再到战国末期语音承传衍变进化过程，最后才形成"夫余"的。

笔者认为，吉林东团山附近地区就是土著的"鲋鱼、务隅、附禺之地"，也就是东明南渡后

[1] 林沄：《论团结文化》，《北方文物》1999年第4期。

进入的"夫余之地"。

其中的帽儿山、龙潭山、东团山、西团山，也就裹含了"鲋鱼之山—务隅之山—附禺之山"，其实也就是"夫余之山"的实际范围。南城子古城，就是汉代"夫余前期王城"。

左右时下考古学界和历史学术界的"秽城""秽地"和"秽王之印"，及或"秽族"的地域分布究竟在何处？秽系诸族究竟在国内还是在境外？判别这些问题和解析这些谜团，不能固守国内的有限资料。对境外的一些考古资料加以利用，再结合国内的相关资料以及国外的相关史料，还是会找出解析方法的。依据朝鲜和韩国的重大考古发现和历史文献记载，将出土的文物和文献相互比较后，笔者发现，文物、文献和地点三位一体，清晰地摆在世人面前，据此笔者认为，"秽"的分布地域、"秽城"和"秽王印"，本身就集中在朝鲜和韩国境内。对此，我国著名考古学家宿白先生曾指出："秽貊的重点地区，不在境内。"[1] 笔者认为，"秽王印与天租秽君银印"所发现的地域，就是中国史书记载中所指"秽系诸部"的主要活动和分布区域。

吉林史学界和考古学界一般都认为，吉林东团山地区的南城子，是"夫余王城"。继而又有学者充分肯定地认为，东团山南城子古城即是"夫余前期王城"；对其族属论断时，又提出该古城是"古秽城"，凡该地区所附近发现的、同一时期的古代文化遗存，皆归属于"秽人文化"。[2] 这个定义显然有悖于事实。学术界认定吉林东团山南城子古城为"夫余前期王城"。[3] 截至目前，无论是史学界、民族学界还是考古学界对此论断，基本已无争议。

东汉中晚期以后，史书所记载的秽系诸部，此历史阶段虽部分臣服于高句丽，但从文献记载上分析，他们并没融入到高句丽主体民族之中。

据《三国志·乌桓鲜卑东夷传·高句丽条》记载："高句丽在辽东之东千里，南与朝鲜、秽、貊，东与沃沮，北与夫余接。"可见曹魏时期的高句丽，与上述诸族团之间的界邻关系，还是相当清楚的，秽和貊的地理位置明显在高句丽之南。

如前文所述，实际上"鲋鱼、务隅、附禺"才是东明南渡前的原生土著居民。吉林西团山文化应该是"鲋鱼、务隅、附禺"文化。也就是夫余先世文化。其族属应是鲋鱼、务隅、附禺族，也就是后来的夫余族群直系祖先（不包括外来户"东明"和随行的橐离部众）。

吉林西团山文化和东团山汉文化，被中外考古学界、历史学界所公认存在文化承传衍化关系。我们首先考察二者生产生活器具和葬俗，也就是吉林西团山文化和东团山文化，它们主要以原始粗褐陶、红衣陶、夹砂红褐陶、挂黑铅色陶、红陶、黄褐陶为主。器型主要由高领陶壶、敞口鼓腹罐、陶豆、陶鬲、陶鼎组成。生产生活用具有农具、工具、兵器、马具和青铜镜及大量的战国秦汉时期的货币。葬俗存有土坑竖穴墓、木椁墓和规范的石棺墓。盛行厚葬。

如上这些葬俗，就属于典型的鲋鱼、务隅、附禺和土著的夫余先世文化。

而秽人文化，陶器主要以陀螺形纹陶罐和变形陀螺型陶罐为主，夹砂粗陶为辅。随葬有生

[1] 宿白：《在渤海文化研讨会上的发言》，《北方文物》1997年第1期，第4页。
[2] 董学增：《再论吉林市"南城子"是古秽城、夫余王国前期王城》，《夫余王国论集续编》，吉林文史出版社2007年版。
[3] 武国勋：《夫余王城新考——前期夫余王城的发现》，《黑龙江文物丛刊》1983年第4期。

产生活器具、兵器、马具等。

葬俗，主要以积石墓、大型支石墓和一般支石墓为主。

这本是很清楚的两种截然不同的考古学文化，没有必要非得牵强地黏合在一起。也就是说，我们没有必要硬将几个不相统属的民族（像濊和貊、橐离与夫余）黏合在一起，弄出一个所谓的"秽貊族系"或橐离与夫余"属于秽貊"，或"夫余就属于秽貊"。

研究中不能掺杂似是而非、模棱两可与揣测，这样无助于问题的解决。

由此看来，若想使上述诸多问题得到解决，确实需要我们拿出令人信服而可靠的证据。

第三章　汉魏时期东北亚民族与文物

第一节　夫　余

一、夫余

对于夫余，早在西汉时期，司马迁在《史记·货殖列传》中记有："夫燕……北邻乌桓、夫余，东绾秽、貊、朝鲜、真番之利。"这是对战国后期东北地区诸民族的追记，文献中已交代得非常清楚，也是非常成熟的地理和族团专用名词"夫余"，以及并列的其他民族，如"夫燕、乌桓、夫余、秽、貊、朝鲜、真番"等。这已非常清楚地将这些单一的民族客观地排列出来。解读文献获知，司马迁在文中所列举的"夫余"，已十分清楚明了地与上述诸族团并列。事实上，此时的夫余，已经隶属于汉朝节制下的地方民族政权"夫余奴隶制王国"的建国阶段，已进入到以强大的"夫余"为"民族"和"国家"的代名词时代了。从《史记·货殖列传》记载中推测，夫余作为国称和族称在西汉初期就已经存在了。此时的夫余国民，早已经定居，从事农耕，兼养畜牧，同时还建造了城池。诚如西晋陈寿在《三国志·乌桓鲜卑东夷传·夫余条》中所描述的，夫余人"筑城栅皆圆"的历史阶段。现代考古学研究结果表明，陈寿所描述夫余"筑城栅皆圆"是客观存在的。考古学者沿第二松花江、拉林河和东流松花江流域考古调查时发现诸多山城、堡塞，均属于符合史书记载的"筑城栅皆圆、依山而居"的传统。解读司马迁所著《史记·货殖列传》还发现，战国末期至西汉初期的地方割据政权"燕"，北方毗邻乌桓和夫余。说明夫余族团此时的地域已接近"燕"的附近地区，夫余此时已经进入鼎盛阶段，其疆域可能已囊括了"貊系诸族"（高句丽前的主体民族）部分与夫余接壤的边缘地区。另如《后汉书·鲜卑传》中记："从右北平东至辽东、接夫余、秽、貊二十余邑为东部。"此时夫余的南界，显然已接近辽宁中北部地区。

据史料记载，西汉末年，"先是，莽发高句丽兵，当伐胡，不欲行，郡强迫之，皆亡出塞。……严尤奏言：……今猥被以大罪，恐其遂畔，夫余之属必有和者"。同书又记："匈奴未克，夫余，濊、貊復起。"[1]此番描述表明，夫余与上述族团是相对独立的。王莽代汉时期，高句丽崛起和扩境，逐渐蚕食吞掠周边一些弱小部族，但并未过多影响到夫余势力，东北地区各部族之间大体上还是相互独立的。遍查这一时期的史料（西汉末），夫余与濊和貊之间，至今也未发现他们形成一系的直接史料依据。

---

[1]　［东汉］班固著：《汉书·王莽传》，中华书局 1962 年版，第 4115 页。

南朝宋范晔著《后汉书·东夷列传》中有如下记载："夫余国，在玄菟北千里。南与高句丽，东与挹娄，西与鲜卑接，北有弱水，地方两千里……"细推之，夫余南部边缘以抵今吉林省中南部与辽宁省北部接壤地区。东界挹娄，即张广才岭以东今黑龙江省三江平原西部边缘地区，可能已到达依兰县愚公和土城子附近。西接鲜卑，基本是沿着今东北三省与内蒙古接壤地段，从松嫩平原西部沿着与内蒙古交界线斜向西南分布。北有弱水，目前学术界认为，在《后汉书·东夷列传》中所提到的"弱水"，即嫩江汇流后的今流松花江中游地区。夫余在此历史阶段，逢高句丽崛起，并占据了夫余在西汉初期所拥有的南部疆域，包括"貊"的西部、北部地区，即"燕"的北部和东北部边缘地区。

东汉时期，高句丽的扩张迫使夫余由原来与"燕"接壤的疆域向北收缩。原来归属于夫余的"貊系诸部"相继沦为高句丽的属民。

夫余原与"燕、乌桓、朝鲜、秽、貊、真番"为邻，迫于高句丽拓境的挤压，变成了南与高句丽为邻。即《后汉书·东夷列传》中出现的："夫余国，在玄菟北千里。南与高句丽，东与挹娄，西与鲜卑接。北有弱水，方两千里"的描述。很显然，《后汉书·东夷列传》中，在地域方位上并未谈及夫余与秽和貊有何关联。因此时貊与秽均早已演变成"高句丽"或其从属民族了。

另据《三国志·乌桓鲜卑东夷传·夫余条》中记载："汉末，公孙度雄张海东，威服外夷，夫余王尉仇台更属辽东。时句丽、鲜卑强，度以夫余在二虏之间，妻以宗女。"此历史阶段，高句丽和鲜卑东西辖控夫余，使得夫余由盛转衰，国势日下，只好喘息俯仰于高句丽和鲜卑二强之间。此时辽东公孙度也感到了高句丽和东胡扩境的军事压力，主动与夫余结盟以求相互庇佑，相互间达成默契，以求共同牵制高句丽和鲜卑。对夫余"妻以宗女"，就是和夫余结成儿女亲家，由此可见，公孙度耍了个极为聪明的政治手腕，将各方面还拥有一定实力的夫余拉拢到自己的麾下。

据三国鱼豢撰《魏略》记载："南抄汉边，北拒丁零，东却夫余，西击乌孙，尽据匈奴故地。"檀石槐的开疆扩境，与汉廷接壤之处"以寇抄为主"。北部进驻强兵以"拒"丁零。向西袭击乌孙国。但向东部发展时遇夫余东却而止步。此时的夫余，与其他族团相比，无论"政治、经济还是军事"等方面还是具有一定实力的。

下面这几则史料，反映出夫余协助汉朝边郡州县"击杀秽、貊、高句丽、马韩"等族，从中我们还能清楚地看出，夫余国与秽、貊、高句丽、马韩等族团的政治立场。夫余国对汉朝地方州郡还存在协助"剿寇灭盗"之责。

《后汉书·安帝本纪》中记："建光元年（121年）冬十二月，高句丽、马韩、秽、貊围玄菟城，夫余王遣子与州郡并力讨破之。"同书又记："延光元年（122年），夫余王遣子将兵救玄菟，击高句丽、马韩、秽、貊破之。"

同样证例，在《后汉书·高句丽传》的同年纪事中还记有："秋，宫（高句丽王）遂率马韩、秽、貊数千骑围玄菟。夫余王遣子尉仇台将二万余人，与州郡并力讨破之，斩首五百余级。"

从如上这些史料记载中分析，更加明确了"夫余与汉廷"的关系。夫余隶属于汉玄菟郡管辖。从其出兵击讨"高句丽、马韩、秽、貊"的举动上研究，他们非但不同系且政治倾向迥异。

《后汉书·安帝本纪》中记："延光元年春三月，夫余王遣子将兵救玄菟、击高句丽、马韩、濊、貊破之，遂（指高句丽王遂成）遣使贡献。"

以上这则史料，更加明确了夫余与"高句丽—马韩—濊—貊"之间的关系。

从公元122年春三月，夫余王协助玄菟郡击破由"高句丽组织的联军后"，迫使高句丽王"遂成"向汉廷遣使奉贡，以谢"袭边"（指寇抄玄菟郡）之罪。从另一个侧面表明，此时的夫余国拥有强大的"军事、经济、政治"实力。也间接地说明，夫余国两汉时期在东北诸族中各个方面是比较先进的。从夫余国经常出兵协助汉廷边郡诛杀"秽、貊、马韩、高句丽"等族团，从其毫不手软的态度上分析，夫余与上述几个民族的族际关系和政治倾向是有明显区分的。即夫余是汉廷在东北牵制扼控东北形势的依助力量，也是协助汉廷边郡遏制其南邻高句丽人扩张拓地的主要力量。

夫余从立国到亡国，对上国（汉魏晋南北朝诸国）始终是恭顺的，但也发生过短暂的军事冲突。

汉时，夫余臣服于汉朝，归玄菟郡节制。王莽篡权代汉，他的倒行逆施首先引起高句丽人的叛乱，不久，夫余也卷入反莽行列。

据《汉书·王莽传》记载："武威将奉符命、赍印绶，……其东出者，至玄菟、乐浪、高句丽、夫余。"这是首次在史料中出现的由中原政权（莽汉）对包括夫余等边疆地区的民族政权颁赐印绶的记载。也正是此时，王莽带有蔑视性地将"高句丽改为下句丽"。由此引发了高句丽人的叛乱。不久，夫余也卷入其中。但到东汉王朝建立后，于建武二十五年"夫余遣使奉贡，光武厚报答之，于是使命岁通"。

《后汉书·东夷列传·夫余》中记："永宁元年（120年），其王遣嗣子尉仇台诣阙朝贡，天子赐尉仇台印绶金彩。"

到了汉朝末年，夫余迫于公孙度的势力，而更属于辽东。三国时，改隶曹魏。

《三国志·乌桓鲜卑东夷传·夫余条》记："正始中，幽州刺史毌丘俭讨高句丽，遣玄菟太守王颀诣夫余。""位居（夫余王）遣大（犬）加郊迎，供军粮。"

从夫余王简位居资助魏军军粮攻打高句丽的态度上分析，此时（曹魏时期）夫余人与南邻高句丽、秽、貊等族团，都是处于敌对状态下各不相属的独立民族。

西晋时期，夫余仍频频向晋纳贡，并受东夷校尉的保护和节制。而此时的夫余国开始逐渐走向衰落。

两晋王朝灭亡后，夫余屈于西部鲜卑和南邻高句丽及东部勿吉人南下的压力，加之统治集团发生内讧，以致形成了"数部夫余"，如"北夫余、南夫余、东夫余"的称谓，统治集团的内部土崩瓦解，更加剧了夫余王国的衰亡步伐。

东晋义熙元年（410 年），夫余在其南邻高句丽的进攻下"举国骇服"[1]。但此时夫余并未形成真正意义上的灭亡。事实上，高句丽的大举侵吞诛伐夫余，加上勿吉人不断蚕食其边地南（西南）侵，以及西部鲜卑人以三股强大势力的轮番屠戮下，直至南北朝时期，才最终导致夫余国彻底地"改旗易帜"了。

夫余部分民众有的被同化到汉族、鲜卑族团之中，大部分被勿吉与高句丽两大族团所吸纳和融合。从此，夫余彻底退出了历史舞台。

---

[1]　王建群：《好太王碑研究》，吉林人民出版社 1984 年版。

二、夫余文物

青铜斧：青铜质地，采用范模浇铸而成，范痕清晰。有两道弦纹。銎口呈圆角长方形。立剖面呈中锋直注，直刃。通长5.4厘米，宽5.4厘米，厚1厘米。銎口长4厘米，宽0.8厘米，銎口壁厚0.2厘米。该标本保存完整，器身附着一层草绿色铜锈。年代为战国至汉代，为夫余人遗物。

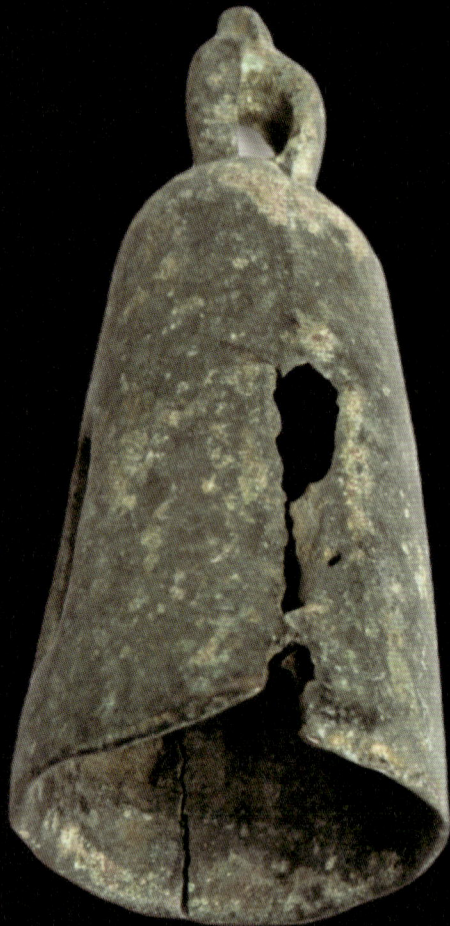

青铜漏勺：青铜质地，采用范模浇铸而成，并在浇铸的基础上又捶打成蜂窝状浅窝状凹陷，而后用尖状器在凹陷处錾刻成细小的圆孔，孔径0.13厘米。该器直径8厘米，经过研究发现，该器应该有一个柄，现已残失。直径11厘米，立高1厘米，器壁厚0.12厘米，该标本有一处残裂，器身附着一层绿色铜锈。年代为战国至汉代，为夫余人遗物。

铜铃：青铜质地，采用范模浇铸而成，范痕清晰，铃上有一长1厘米的穿缀，穿孔呈椭圆形。下联一个略呈喇叭口状管，管身留有几处条状镂空。通长4.2厘米，管口直径1.3厘米，壁厚0.2厘米。器身附着一层绿色铜锈。年代为战国至汉代，为夫余人遗物。

青铜钩：青铜质地，采用范模浇铸而成，范痕清晰。整体呈"？"形，钩柄略扁，留有穿孔，至钩头弯曲处渐变成圆形，至钩尖处形成一个梨状疙瘩。通长22厘米，柄宽1厘米，厚0.5厘米。该标本保存完整，器身附着一层草绿色铜锈。年代为战国至汉代，为夫余人遗物。

青铜钩：青铜质地，采用范模浇铸而成，范痕清晰。通体呈扁状"？"。柄部留有一个三角形穿孔。钩的弯曲处至钩尖留有等距圆凸状齿。齿宽约0.3厘米，每个齿的距离约为0.8厘米，共10个圆凸齿。通长16厘米，柄宽1厘米，厚0.3厘米。该标本保存完整，器身附着一层草绿色铜锈。年代为战国至汉代，为夫余人遗物。

青铜管：青铜质地，采用范模浇铸而成，共两件。

其一，范痕清晰。该件器物两端见有深浅不一的阴刻弦纹，通长8.6厘米，直径0.5厘米，厚0.12厘米。该标本保存完整，器身附着一层红斑和绿色铜锈。年代为战国至汉代，为夫余人遗物。

其二，青铜质地，采用范模浇铸而成，范痕清晰。该件器物由五个凸弦纹组成的环箍，这五个环箍有三道凸弦纹和两个四道凸弦纹组成。通长16厘米，直径1厘米，厚0.12厘米。该标本保存完整，器身附着一层浅绿色铜锈。年代为战国至汉代，为夫余人遗物。

青铜管：青铜质地，采用范模浇铸而成，范痕清晰。该件器通体呈管状，通长16厘米，直径1厘米，厚0.12厘米。该标本保存完整，器身附着一层绿色铜锈。年代为战国至汉代，为夫余人遗物。

青铜管：青铜质地，采用范模浇铸而成，范痕清晰。该件器通体呈管状，通长18厘米，直径1.4厘米，厚0.16厘米。该标本保存完整，器身附着一层绿色铜锈。年代为战国至汉代，为夫余人遗物。

铜扣：青铜质地，采用范模浇铸而成，一个款式共两件，形制相同，该器件整体似手把镜，圆形带柄，通长均12厘米，柄宽3.6厘米，厚0.16厘米。沿器型上由两道凹线挤出中间凸棱，而后采用圆点和方点在凸棱上进行錾刻，这种图案围绕器型内缘一周。器身附着一层红色和绿色铜锈。年代为战国至汉代，为夫余人遗物。

铜杆头：青铜质地，采用范模浇铸而成，范痕清晰。杆头由一长约 3 厘米的不规则管连缀一横向不规则"管"向后渐收呈不规则圆柱状，尖头，附着一个上翘的尖尾，通长 10 厘米，壁厚 0.3 厘米。连缀管直径 1.5 厘米，横向管直径 1.2 厘米，壁厚 0.3 厘米，器身附着一层深绿色铜锈。年代为战国至汉代，为夫余人遗物。

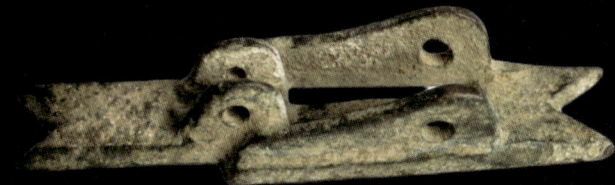

弩扳机：青铜质地，采用范模浇铸而成，该器件的前后各有一个"∨"形和"∧"形口，有两组高约 1 厘米的立墙、前缀联两个立式双穿。器件平板上留有两个长条形镂空。通长 6 厘米，宽 1.8 厘米，高 1 厘米，厚 0.2 厘米。器身附着一层土黄色铜锈。年代为战国至汉代，为夫余人遗物。

车辖：青铜质地，采用范模浇铸而成，一个款式共两件。整体呈圆柱状，中空。管的前部有一个外闪的边沿，管身由外侧 15 个条状面组成不规则圆形，而管内壁呈规圆状。在外闪的边缘上有一对穿圆孔，孔内有一柱状铜栓，栓的两头均有穿孔。通长均 10 厘米，底径 8 厘米，底内径 6.6 厘米；管柱顶部外径 6 厘米，内径 5.5 厘米。器身附着一层红色和草绿色铜锈。年代为战国至汉代，为夫余人遗物。

铜环：青铜质地，采用范模浇铸而成，总体呈圆柱形。粗细若 8 号线，外直径 6.8 厘米，内径 6.6 厘米。粗径 0.3 厘米，器身附着一层绿色铜锈。年代为战国至汉代，为夫余人遗物。

铜环：青铜质地，采用范模浇铸而成，总体呈片状，外直径 3.8 厘米，内径 3 厘米。粗径 0.12 厘米，器身附着一层绿色铜锈。年代为战国至汉代，为夫余人遗物。

铜环：青铜质地，采用范模浇铸而成，总体呈圆柱形。粗细若细号铁线，共四枚。外直径 5.3 厘米，内径 4.7 厘米。粗径 0.3 厘米，器身附着一层绿色铜锈。年代为战国至汉代，为夫余人遗物。

矛式铜镞：青铜质地，采用范模浇铸而成。共两枚。镞呈矛状，有一凸起的棱，铤呈扁状。通长 5.5～6 厘米，宽 1.2～1.23 厘米。凸起厚 0.6 厘米。器身附着一层很厚的深绿色铜锈。年代为战国至汉代，为夫余人遗物。

铜镞：青铜质地，采用范模浇铸而成。规制三棱形，共三枚。

其一通长 2.8 厘米，宽 0.6 厘米，厚 0.6 厘米。镞跟留有一小段铁铤，立剖面呈三棱状。器身附着一层很厚的深绿色铜锈。

其二青铜质地，采用范模浇铸而成。呈规制三棱形，通长 3.3 厘米，宽 0.6 厘米，厚 0.6 厘米。立剖面呈三棱状。器身附着一层很厚的绿色铜锈。

其三青铜质地，采用范模浇铸而成。呈三棱形，通长 3.3 厘米，宽 0.7 厘米，厚 0.7 厘米。标本略有残，立剖面呈三棱状。器身附着一层很厚的绿色铜锈。以上三枚青铜镞，年代为战国至汉代，为夫余人遗物。

铜镞：青铜质地，采用范模浇铸而成。共两枚。均呈三棱形。

其一带铁铤，镞尖锐利，镞长约 1.6 厘米，在镞锋末端内收呈"凹陷"状，尾端有一长约 4.5 厘米的柱状铁铤。通长 6.1 厘米，宽 0.6 厘米，厚 0.6 厘米。标本保存完整，立剖面呈三棱状。器身附着一层很厚的绿色铜锈。

其二青铜质地，采用范模浇铸而成。带铁铤，镞尖锐利，呈规则三棱形。长 3.3 厘米，宽 0.6 厘米，厚 0.6 厘米，标本保存完整，立剖面呈三棱状。器身附着一层很厚的绿色铜锈。以上两枚青铜镞，年代为战国至汉代，为夫余人遗物。

三角形带翼铜镞：青铜质地，采用范模浇铸而成，镞呈扁平状，中间略鼓，两侧边锋锋利，左右各有一个对称的双翼。有一尖细铁质长铤。镞长 3 厘米，翼宽 1.8 厘米，挺长 4 厘米。该标本器身附着一层铁红色和绿色铜锈。年代为战国至汉代，为夫余人遗物。

铜镞：青铜质地，采用范模浇铸而成。共两枚。均呈三棱形。

其一，通长3.3厘米，宽0.6厘米，厚0.6厘米。标本保存完整，立剖面呈三棱状。尖端锋利。器身附着一层很厚的绿色铜锈。年代为战国至汉代，为夫余人遗物。

其二青铜质地，采用范模浇铸而成。带铁铤，镞尖锐利，镞跟平底。呈规则三棱形。长2.6厘米，宽0.7厘米，厚0.7厘米，标本保存完整，立剖面呈三棱状。器身附着一层很厚的绿色铜锈。

以上两枚青铜镞，年代为战国至汉代，为夫余人遗物。

轮式青铜件：青铜质地，采用范模浇铸而成。轮状。中间有一凸起，凸起上有一直径0.5厘米的穿孔。在凸起的四周有六条辐条状支撑外圈的轮，辐条状的中间均有云卷形镂空穿缀，直径8厘米，厚1厘米。该标本器身附着一层铁红色和绿色铜锈。年代为战国至汉代，为夫余人遗物。

铜鱼：青铜质地，采用范模浇铸而成。鱼鳍上有一个圆环形穿缀，鱼鳞寥寥数刀，即惟妙惟肖，鱼的吻部张开，圆目。通长7.8厘米，宽2厘米。厚0.5厘米。该标本器身附着一层铁红色和绿色铜锈。年代为战国至汉代，为夫余人遗物。

轮式青铜件：青铜质地，采用范模浇铸而成。轮状，共两件。

其一中间有一凸起，凸起上有一直径0.6厘米的穿孔。在凸起的四周有五条辐条状支撑外圈的轮，辐条状的中间均有三角形镂空穿缀，直径7厘米，厚1厘米。该标本器身附着一层铁红色和绿色铜锈。年代为战国至汉代，为夫余人遗物。

其二中间有一凸起，凸起上有一直径0.5厘米的穿孔。在凸起的四周有六条辐条状支撑外圈的轮，辐条状的中间均有三角形镂空穿缀，直径10厘米，厚1厘米。该标本器身附着一层铁红色和绿色铜锈。年代为战国至汉代，为夫余人遗物。

铜贝：青铜质地，采用范模浇铸而成。通体似梨形，仿贝币而制。上有一圆形穿孔，凹面中间部位有一条凹陷，上刻宽约 0.4 厘米的横纹若干。通长 1.96 厘米，宽 1.35 厘米，厚 0.15 厘米。器身附着一层铁红色和绿色铜锈。年代为战国至汉代，为夫余人遗物。

铜牌：青铜质地，采用范模浇铸而成。铸造时含铅量过高，通体呈灰黑色。整体观察，该标本为一面平底，右面呈圆凸形。器身布满精美的缠枝花纹，通长 3.8 厘米，宽 1.3 厘米，厚 0.23 厘米。器身附着一层灰黑、铁红和点状黄色铜锈。年代为战国至汉代，为夫余人遗物。

铜牌：青铜质地，采用范模浇铸而成。上有凸起缠枝纹饰，并留有部分镂空，整体呈长方形，上下各有两个人为的小穿孔，像是便于连缀之用。通长 2.6 厘米，宽 1.8 厘米，厚 0.4 厘米。器身附着一层铁红色和绿色铜锈。年代为战国至汉代，为夫余人遗物。

轮状法器：青铜质地，采用范模浇铸而成。该标本由外呈秃齿纹组成的轮状外缘，后在外缘的边缘上压印出规整的一周坑点纹，内由四个勾状喙旋转缠绕组成纹饰。直径 5 厘米，厚 0.26 厘米，略有残。器身附着一层铁红色和绿色铜锈。年代为战国至汉代，为夫余人遗物。

铜牌：青铜质地，采用范模浇铸而成。该标本中间由一直径 1 厘米的雪花状图案组成，通长 4.5 厘米，宽 1 厘米，厚 0.5 厘米。器身附着一层灰绿和绿色铜锈。年代为战国至汉代，为夫余人遗物。

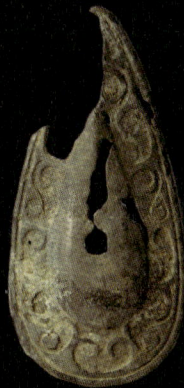

铜牌：青铜质地，采用范模浇铸而成。整体由内外呈橄榄形构成。内橄榄素面无纹饰，圆润凸鼓。依内橄榄的外缘四周有一个平面，上面沿外边缘有一道凹陷弦纹，在其上施按压印纹，纹饰精美，右下略残。整体长 7.6 厘米，最宽处 3.39 厘米，厚 0.13 厘米。器身附着一层灰绿和绿色铜锈。年代为战国至汉代，为夫余人遗物。

陶罐：泥质黄褐陶质地，烧制时火候偏高，陶质较坚硬。手制。圆唇，侈口，小平底。鼓腹，器腹下带六排竖式篦点纹。标本完整。通高35厘米，口径6.8厘米，最大腹径30厘米，底径6.2厘米。年代为战国至汉代，为夫余人遗物。

陶壶：夹砂黄褐陶质地，烧制时火候偏高，陶质较坚硬，素面无纹饰，手制。直领，圆唇，敛口。小平底。通高34.5厘米，口径8厘米，底径4.6厘米．最大腹径28.6厘米，标本保存完整。年代为战国至汉代，为夫余人遗物。

陶壶：夹砂黑陶质地，烧制时火候偏高，陶质较坚硬，素面无纹饰，轮制。小盘口。圆唇，鼓腹，平底。通高26.8厘米，口径7.5厘米，底径6.2厘米，最大腹径19.6厘米。年代为战国至汉代，为夫余人遗物。

杯口罐：夹砂黄褐陶质地，烧制时火候偏高，陶质较坚硬，素面无纹饰，手制。口沿略残。平唇，侈口，小平底。通高9.8厘米，口径4.6厘米，底径4厘米，最大腹径8.2厘米。年代为战国至汉代，为夫余人遗物。

陶碗：夹砂黑陶质地，烧制时火候偏高，陶质较坚硬，素面无纹饰，标本保存完整。手制，平唇，侈口，小平底。通高8厘米，口径20厘米，底径6.7厘米。年代为战国至汉代，为夫余人遗物。

陶豆：夹砂红陶质地，内夹均匀的细砂粒，烧制时火候偏高，陶质较坚硬，烧制时窑温不均产生严重色彩偏差，部分区域呈或红或黑褐色。圆唇，侈口。有一喇叭口状豆座。豆盘内呈红褐相间色。豆盘残破，经拼合后复原，略缺失一块若食指大小的陶片。通高22厘米，豆盘口径32厘米，底径5.9厘米，柄径3.9厘米。年代为战国至汉代，为夫余人遗物。

小陶罐：夹砂黄褐陶质地，烧制时火候偏高，陶质较坚硬，素面无纹饰，手制。器型整体向右偏斜。平唇，直口，小平底。通高8.5厘米，口径4厘米，底径5.2厘米。年代为战国至汉代，为夫余人遗物。

单耳陶罐：夹砂黄褐陶质地，烧制时火候偏高，陶质较坚硬，工艺较原始，带纹饰，手制。器型整体向右偏斜。圆唇，侈口，小平底。通高15厘米，口径7.8厘米，底径6.3厘米。在左侧口沿向下帖塑扁桥状耳。器型略粗糙，器表饰有竖向绳纹，在器腹下部用规则绳纹组成的网格纹围绕腹部一周。年代为战国至汉代，为夫余人遗物。

陶豆：夹砂黑陶质地，烧制时火候偏高，陶质较坚硬，烧制时窑温不均致使器面部分区域呈黑或黄褐色。圆唇，侈口。有一喇叭口状豆座，圈足。豆柄下部饰有镂空纹，每组由两个梨形孔。豆盘略残破，经拼合后复原。通高 10 厘米，豆盘口径 17 厘米，底径 5.8 厘米，柄径 3.9 厘米。年代为战国至汉代，为夫余人遗物。

三足陶鬲：夹砂褐陶质地，烧制时火候偏高，陶质较坚硬，素面无纹饰，小圆唇，略侈口。口沿下左右各有一个帖塑短柱状耳。耳长 1 厘米，宽 0.8 厘米。通高 7.8 厘米，口径 6.5 厘米，足高 2.5 厘米。年代为战国至汉代，为夫余人遗物。

三足陶鬲：夹砂褐陶质地，烧制时火候偏高，陶质较坚硬，素面无纹饰，平唇，直口。口沿下左右各有一个帖塑扁状鋬耳，耳长 1 厘米，宽 1 厘米。尖状足，外撇。通高 8.4 厘米，口径 7.6 厘米。口沿处有一残豁，豁口长 1 厘米，宽 0.4 厘米。年代为战国至汉代，为夫余人遗物。

陶碟：泥质黄褐陶质地，烧制时火候偏高，陶质较坚硬。手制。斜平唇，侈口，小平底。口沿直径 10 厘米，高 4.6 厘米，底径 5.8 厘米。年代为战国至汉代，为夫余人遗物。

陶鬲：夹砂黑陶质地，烧制时火候偏高，陶质较坚硬，素面无纹饰，手制，圆唇，侈口，低裆、三足。标本保存完整。通高 25 厘米，口径 8.6 厘米，裆高 3 厘米。年代为战国至汉代，为夫余人遗物。

陶纺轮：夹砂褐陶质地，烧制时火候偏低，陶质较疏松，手制。共三件。大者二件，直径 5 厘米，高 3 厘米，孔径 0.34 ~ 0.6 厘米；小者一件，直径 3.6 厘米，高 2.4 厘米，孔径 0.4 厘米，均呈馒头形，平底。年代为战国至汉代，为夫余人遗物。

陶纺轮：夹砂褐陶质地，烧制时火候偏高，陶质较坚硬，大小共五件。均呈馒头形。平底，底上饰十字纹、五星纹、六角纹。其中，大者直径 5.5 厘米，高 3 厘米，孔径 0.6 厘米；小者直径 4.5 厘米，高 2.3 厘米，孔径 0.5 厘米。年代为战国至汉代，为夫余人遗物。

双耳陶罐：夹砂黄褐陶质地，烧制时火候偏高，陶质较坚硬，手制，圆唇，敛口，小平底。唇外2厘米处帖塑一圈凸起，在上面用指甲捏塑成扁豆围绕陶器一周，自这圈纹饰的下方，也就是腹身部位饰有竖式条状篦纹。其下，帖塑有对称的立柱形桥状耳。通高13厘米，口径10厘米，底径6.8厘米。年代为战国至汉代，为夫余人遗物。

立领陶壶：夹砂褐陶质地，烧制时火候不均，造成器表黑褐相间的色斑，手制，圆唇，略侈口，弧壁，下腹微鼓，小平底。通高20厘米，领高3厘米。口径7.6厘米，底径6厘米，最大腹径13.8厘米。年代为战国至汉代，为夫余人遗物。

陶壶：夹砂红陶质地，烧制时火候偏高，陶质较坚硬，手制。圆唇，略侈口，腹部凸出下垂，小平底。通高22厘米，领高3.1厘米，口径6厘米，底径5.2厘米，最大腹径24厘米。该标本自上而下有个开裂。年代为战国至汉代，为夫余人遗物。

泥质灰陶罐：泥质灰陶质地，轮制，烧制时火候偏高，陶质较坚硬，小圆唇，略侈口，鼓腹，弧壁，小平底。从器身至器下部饰挑刺点状纹，纹饰不规则，大小、长短不一。通高25厘米，口径9厘米，底径7.8厘米，最大腹径20厘米。年代为汉晋时期，为夫余人遗物。

陶壶：泥质灰陶质地，轮制，烧制时火候偏高，陶质较坚硬，手制，小圆唇，侈口，鼓腹，弧壁，台底。素面无纹饰。通高24.6厘米，领高2.8厘米。口径6.2厘米，底径5.3厘米，最大腹径26厘米。年代为汉晋时期，为夫余人遗物。

长颈陶壶：夹砂红陶质地，器表上施有红色陶衣，素面，斜平唇，敞口，长颈，束腰，圆肩，鼓腹，小平底。器底厚于器身。通高26厘米，领高5.8厘米，口径7.6厘米，底径5.5厘米，最大腹径16.5厘米。年代为战国至汉代，为夫余人遗物。

东北亚古丝路民族与文物研究

大口罐：夹砂褐陶质地，素面，无纹饰，圆唇，敞口。鼓腹，小平底，通高23.6厘米，领高4.8厘米口径24厘米，底径6.6厘米，最大腹径24.8厘米。年代为战国至汉代，为夫余人遗物。

长颈壶：夹砂红陶质地，烧制时火候偏高，陶质较坚硬，素面无纹饰，平唇，直口，长颈，鼓腹，弧壁，平底。通高21厘米，口径5.3厘米，底径7.6厘米，最大腹径19.6厘米，壁厚0.5厘米。年代为战国至汉代，为夫余人遗物。

双耳陶杯：夹砂褐陶质地，素面无纹饰，手制。平唇，敞口，直壁，台底。在杯沿上左右各帖塑一个竖式扁桥状耳，口沿残破一"V"形豁口，豁口长5厘米，宽1.8厘米。通高7.6厘米，口径7.5厘米，底径8.4厘米。年代为战国至汉代，为夫余人遗物。

陶鬲：夹砂黑陶陶质，素面无纹饰，手制，圆唇，侈口，口沿略残。带乳突状三足，低裆。通高15厘米，裆高2.5厘米，口径7.8厘米，腹径8.1厘米。年代为战国至汉代，为夫余人遗物。

陶豆（残剩豆盘）：挂黑铅色陶，通体呈亮黑漆色，手制，圆唇，侈口。该标本为残剩豆盘和豆柄的根部，据此判断，原豆柄应该是空心。豆盘上饰满用无名指甲挑出的旋转纹，豆盘残高为9.6厘米，口径28厘米，壁厚0.4厘米。柄径（空心）5厘米。年代为战国至汉代，为夫余人遗物。

第二节 挹 娄

一、挹娄

肃慎到汉代则改称挹娄。史书记载，挹娄，自汉兴以来臣属夫余。

学界普遍认为，挹娄所居中心之地，位于今黑龙江省双鸭山市及其所属市县的辖区之内。广义上讲，其范围，东至海，西接今张广才岭，北至今俄罗斯远东地区。史载，挹娄有很多分散各处的邑落，无大君长，说明他们还没有形成统一的联盟。

汉晋时期，挹娄诸部地域范围较西汉时期的肃慎旧地范围略大，其主要生活在我国东北之偏东北地区。

挹娄，始见于魏鱼豢著《魏略》的记载："挹娄一名肃慎氏。"

另见西晋陈寿著《三国志·乌丸鲜卑东夷传·挹娄条》对其记载如下："挹娄，在夫余东北千余里，滨大海，南与北沃沮接，未知其北所极。其土地多山险。其人形似夫余，言语不与夫余、句丽同。有五谷、牛、马、麻布。人多勇力，无大君长，邑落各有大人。处山林之间，常穴居，大家深九梯，以多为好。土气寒，剧于夫余。其俗好养猪，食其肉，衣其皮。冬以猪膏涂身，厚数分，以御风寒。夏则裸袒，以尺布隐其前后，以蔽形体。其人不洁，作溷在中央，人围其表居。其弓长四尺，力如弩，矢用楛，长尺八寸，青石为镞，古之肃慎氏之国也。善射，射人皆入因。矢施毒，人中皆死。出赤玉好貂，今所谓挹娄貂是也。自汉已来，臣属夫余，夫余责其租赋重，以黄初中叛之。夫余数伐之，其人众虽少，所在山险，邻国人畏其弓矢，卒不能服也。其国便乘船寇盗，邻国患之。东夷饮食类皆用俎豆，唯挹娄不，法俗最无纲纪也。"这是史料中对挹娄人最详细的记录。

有史料记载："夫余在长城之北，去玄菟千里，南与高句丽，东与挹娄，西与鲜卑接。"[1]

南朝范晔著《后汉书·东夷传·挹娄条》，大都转抄陈寿的《三国志》全文，仅个别句子的顺序略有改动。

另有史料记载："……夫余国，在玄菟北千里。南与高句丽，东与挹娄，西与鲜卑接。"[2]

据史料记载："挹娄，……自汉兴以后，臣属夫余。"[3] 后因不堪忍受夫余的沉重税负，多次反抗夫余。并因此招致夫余数度讨伐，最终因"夫余数伐之……卒不能服"[4]。

从此后的史料记载中获知，挹娄于曹魏文帝黄初中（220—226年），终于摆脱了夫余的奴役和压迫，于魏明帝时开始与曹魏政权建立了朝贡关系。

魏青龙四年（236年），五月，献楛矢。

东晋时期，挹娄由平洲节制。

[1] ［西晋］陈寿著：《三国志·乌丸鲜卑东夷传·夫余条》，中华书局1982年版，第841页。

[2] ［南朝宋］范晔著：《后汉书·东夷列传·夫余条》，中华书局1965年版，第2810页。

[3] ［南朝宋］范晔著：《后汉书·东夷列传·挹娄传》，中华书局1965年版，第2812页。

[4] ［西晋］陈寿著：《三国志·乌丸鲜卑东夷传·挹娄条》，中华书局1982年版，第848页。

二、挹娄文物

陶罐：夹砂红陶质地，素面无纹饰，手制，圆唇，侈口，鼓腹，弧壁，小平底。颈部留有一对对穿圆孔，孔径各 0.3 厘米。通高 8.2 厘米，口径 6 厘米，底径 4.8 厘米，最大腹径 9.6 厘米，壁厚 0.5 厘米。年代为汉晋时期，为挹娄人遗物。

陶瓢：夹砂红陶质，手制，圆唇，敛口。口径 5.5 厘米，通高 6 厘米，腹部最大径 8.6 厘米。顺着器腹捏塑出一个柱状柄（现已残断），柄残长 4.2 厘米，径 1.5 厘米，圆底。年代为汉晋时期，为挹娄人遗物。

双横耳陶杯：夹砂红褐陶，烧制火候偏高，陶质较坚硬。手制，平唇，直口，平底。口径 6 厘米，底径 6 厘米，通高 4 厘米，壁厚 0.5 厘米。对称帖塑扁横耳，长 1 厘米，宽 1.3 厘米，厚 0.72 厘米。年代为汉晋时期，为挹娄人遗物。

盘口器：夹砂褐陶质，烧制时火候偏高，轮制，平唇，侈口，台底，略亚腰。口径 20 厘米，底径 7.6 厘米，最大腹径 9.6 厘米，壁厚 0.5 厘米，通高 9.6 厘米。年代为汉晋时期，为挹娄人遗物。

陶碗：夹砂褐陶质，手制，平唇，敞口。器身上端帖塑一个伸向下方的长 1 厘米、宽 1.3 厘米扁状把。口径 2.5 厘米，底径 6.6 厘米，壁厚 0.6 厘米，通高 6.7 厘米。该标本附着一层很厚的乳白色包浆。年代为汉晋时期，为挹娄人遗物。

柱状把陶器：夹砂红衣陶质地，烧制时火候偏高，陶质较坚硬，素面无纹饰，手制，圆唇，敛口，圆底。口沿左右各有一个内"凹"形捏纹，似桃尖状。在器腹向外平伸一个圆柱状把（已残），把残高2厘米，扁长1.8厘米。口径18厘米，立高6.8厘米。年代为汉晋时期，为挹娄人遗物。

三足罐：夹砂黄褐陶质地，烧制时火候偏高，陶质较坚硬，手制。平唇，直口，三足。器腹下饰有四道明显的阴刻弦纹，每道弦纹间距不等，在每道弦纹空间刻画竖向短线纹。器表经过磨光处理。口沿外左右各帖塑柱形桥状竖耳。通高13.6厘米，口径8厘米，底部有三个片状矮足。年代为汉晋时期，为挹娄人遗物。

亚腰形陶罐：夹砂褐陶质地，素面无纹饰，手制，略呈亚腰状。圆唇，侈口，平底。通高8.8厘米，口径4.8厘米，最大腹径7.6厘米，底径5.3厘米。年代为汉晋时期，为挹娄人遗物。

角状把陶器：夹砂褐陶质地，素面无纹饰，手制，圆唇，敛口，台底（高0.7厘米）。腹部有一帖塑角状把，长6厘米，粗1.8厘米。通高17.8厘米，口径18.5厘米，底径6.5厘米，最大腹径20厘米，年代为汉晋时期，为挹娄人遗物。

陶杯：泥质黄褐陶质地，手制，平唇，敞口，平底。唇下有一道刻画凹陷弦纹，通高7.6厘米，口径6.3厘米，底径4.2厘米。年代为汉晋时期，为挹娄人遗物。

陶缸：泥质黄褐陶质地，手制，斜平唇，侈口，平底。唇下有两个对穿圆孔，底部有一圈宽约0.6厘米的外闪小平台，通高5.2厘米，口径8.5厘米，底径9.2厘米。年代为汉晋时期，为挹娄人遗物。

陶杯：夹砂黄褐陶质地，素面无纹饰，手制。圆唇，斜口，小平底。通高 6.8 厘米，口径 2.6 厘米，底径 2.8 厘米，按器型揣测，该标本极有可能是小孩的玩具。年代为汉晋时期，为挹娄人遗物。

陶杯：夹砂黄褐陶质地，素面无纹饰，手制。圆唇，侈口，平底。通高 2.6 厘米，口径 3.5 厘米，底径 2 厘米。根据器型判断，该标本极有可能是小孩的玩具。年代为汉晋时期，为挹娄人遗物。

双耳陶罐：夹砂褐陶质地，素面无纹饰，手制，圆唇，直口，平底，小立领，领高 1.8 厘米。在器腹的左右各帖塑一个对称立桥状耳（已残）。通高 7.5 厘米，口径 2.3 厘米，底径 2.8 厘米，最大腹径 7.5 厘米。年代为汉晋时期，为挹娄人遗物。

高足罐：夹砂褐陶质地，素面无纹饰，手制，圆唇，略侈口，平底。柱状柄，柄高 3.2 厘米，直径 2 厘米。通高 5.6 厘米，口径 2.8 厘米，最大腹径 7.5 厘米，底径 2.1 厘米。年代为汉晋时期，为挹娄人遗物。

小陶罐：夹砂褐陶质地，素面无纹饰，手制，尖唇，敞口，小平底。经过研究发现，该器口残破，左侧腹身部位有一片很大的凹陷，仅剩右侧一个扁桥状耳。通高 6 厘米，口径 3 厘米，底径 3 厘米，最大腹径 9 厘米。年代为汉晋时期，为挹娄人遗物。

陶支座：夹砂黄褐陶质，手制，平底。器物最宽处径 6.6 厘米，底径 3.2 厘米，通高 6.4 厘米。通体观察，该器顶似蘑菇盖，呈馒头状，下面有一个柱状柄。年代为汉晋时期，为挹娄人遗物。

三足陶支柱：夹砂红陶质，手制，平顶，三足。顶径5厘米，支足立档高1厘米，宽2.6厘米，支足呈漫圆秃尖状。年代为汉晋时期，为挹娄人遗物。

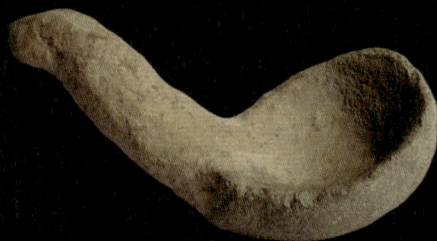

陶勺：夹砂黄褐陶质，手制，素面，圆唇，侈口。横径4.2厘米，纵径6.7厘米，通长18厘米，勺柄呈圆柱状。年代为汉晋时期，为挹娄人遗物。

牙锥：牙质（野猪牙），尖部磨制，呈鸡骨白色。通长3.8厘米，宽1.2厘米，厚0.5厘米，尖端锐利。年代为汉晋时期，为挹娄人遗物。

陶钵：夹砂褐陶质，烧制时火候偏高，陶质较坚硬，手制，平底，圆唇，敞口。口径14厘米，底径10.5厘米，通高6.6厘米，壁厚0.4厘米。年代为汉晋时期，为挹娄人遗物。

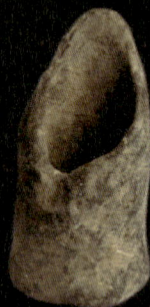

各式小陶器：共四件。从左向右分为小陶杯、陶盅、陶盅、陶杯。

小陶杯：夹砂黑褐陶质，手制，素面，口沿残缺，小平底。口径1.5厘米，底径1.2厘米，残高3.8厘米。

陶盅：夹砂褐陶质，手制，素面，圆唇，略侈口，平底，口径3厘米，底径2.6厘米，通高1.4厘米。根据器型揣测，可能是小孩的玩具。

陶盅：夹砂黄褐陶质，手制，素面，圆唇，略侈口，平底，口径2.8厘米，底径2.5厘米，通高2厘米。根据器型揣测，可能是小孩的玩具。

陶杯：夹砂黑陶质，手制，素面，平底，底径2厘米，口沿像削尖的竹筒，斜成尖状，圆唇，直口。口径1.5厘米，通高6厘米，一侧口沿高约2.4厘米。以上四件标本，时代均为汉晋时期，为挹娄人遗物。

第三节　沃　沮

一、沃沮的兴盛及与其他民族融合

沃沮，是东北地区一个古老的部族，主要分布在黑龙江省东南部和吉林省东北部以及朝鲜东北和北部地区。在沃沮族团内部因地域方位不同，又有东沃沮、北沃沮和南沃沮之称。对于沃沮的族源，我们认为，它是由黑龙江省亚布力被沙场遗址[1]、黑龙江省宾县三宝乡新石器时代遗址[2]、宁安莺歌岭遗址（下层）[3]以及俄罗斯南滨海地区诸多新石器时代遗址（包括压腰石锄、单肩石锄、双肩石锄、八字形石锄）衍生而来。沃沮民族祖传以黑曜石为质料加工而成的刮削器、石镞、石矛、投枪头、尖状器等典型器皿。在诸遗址中还曾出土过陶猪和陶狗。该类文化中的石器制造和烧陶工艺及技术，一直传到汉魏时期的沃沮人。典型的遗址有东宁大城子遗址、团结文化遗址等。

自西汉以后，诸多史料对其有详细记载。

南朝刘宋范晔著《后汉书·东夷列传·东沃沮》条记载："以沃沮地为玄菟郡。"即早在西汉武帝元封三年（前108年），汉朝出兵灭朝鲜后，就在其地设置了玄菟郡。

西晋陈寿著《三国志·乌丸鲜卑东夷传·东沃沮》条记载："沃沮还属乐浪。"即在西汉昭帝元凤六年（前75年），玄菟郡西迁后，沃沮归属乐浪。同书又记："汉建武六年（30年）省边郡，都尉由此罢。其后皆以县中渠帅为侯，不耐、华丽、沃沮诸县皆为侯国。"

南朝刘宋范晔著《后汉书·东夷列传·东沃沮》条记载："至光武罢都尉官，后皆以封其渠帅，为沃沮侯。"

沃沮，约在西晋时期在高句丽军事挤压下，诸部整体向北移动，后融入邻近的挹娄族群而改称勿吉。

[1] 李研铁：《亚布力北砂场遗址的发现与发掘》，《历史见证》，《哈尔滨文史资料》第22辑，第66～67页。
[2] 黑龙江省考古研究所：《黑龙江宁安县莺歌岭遗址》，《考古》1981年第6期。
[3] 邓树平：《黑龙江省宾县三宝乡新石器时代遗址考古调查简报》，《北方文物》2006年第1期。

二、沃沮的各类文物

陶豆：夹砂褐陶质，制作时夹有均匀的细小砂粒，器表经磨光处理，通体呈黄褐色，烧制时火候偏高，陶质较坚硬。口沿有残损，平唇，略呈侈口，豆盘与豆座间呈亚腰形，底呈空心喇叭口状。豆盘口径 18.6 厘米，盘座径 6.6 厘米，通高 8.6 厘米。年代为战国至汉代，为沃沮人遗物。

陶碗：夹砂褐陶质，内夹均匀的细砂粒，器表经磨光处理，通体呈紫褐色，烧制时火候偏低，陶较疏松，手制，圆唇，侈口，平底。口径 25.6 厘米，底径 5.5 厘米，壁厚 0.5 厘米，通高 6.8 厘米。年代为战国至汉代，为沃沮人遗物。

陶碗：夹砂褐陶质，制作时掺和均匀的细小砂粒，烧制时火候偏低，陶质较疏松。夹唇，略侈口，平底。口径 13 厘米，底径 7.5 厘米，壁厚，通高 7 厘米。年代为战国至汉代，为沃沮人遗物。

球形罐：夹砂红陶质，制作掺和细小砂粒，手制，腹略下垂，圆唇，敛口，小平底。口径 4.6 厘米，底径 4 厘米，最大腹径 17.6 厘米，通高 9 厘米。年代为战国至汉代，为沃沮人遗物。

单耳杯：夹砂黄褐陶质，制作时掺和细小的砂粒，手制，先采用手塑制出杯的雏形，而后在杯口上套接泥圈抹光，做出杯口和附加堆出领部，而后在杯口上帖塑一个竖式扁桥状耳。圆唇，略侈口，平底。口径 6 厘米，底径 4.6 厘米，最大腹径 10.8 厘米，领宽 1.4 厘米，壁厚 0.5 厘米，器耳长 3.5 厘米，宽 1.2 厘米，通高 10 厘米。年代为战国至汉代，为沃沮人遗物。

陶杯：夹砂褐陶质，制作时掺和均匀的细小砂粒，先用手捏出杯的大致形状后，又采用泥圈套接法，附加一个杯口和立领，制作方法和手捏痕迹清晰，揣测可能出自小孩玩耍之作。圆唇，敛口，小立领，平底，在器物的下方双并排钻出两个直径 0.3 厘米的圆孔。口径 3.8 厘米，底径 4 厘米，壁厚 0.4 厘米，立领高 1.9 厘米，通高 6.8 厘米。年代为战国至汉代，为沃沮人遗物。

陶鬲：夹砂黑陶质，制作时掺和蛤粉和细小的砂粒，手制，圆唇，侈口，立领。在立领中对称帖塑一对长约 1 厘米，宽 1.3 厘米的耳。下部由三个乳形组成的器腹和足。口径 6.5 厘米，最大腹径 10.6 厘米，通高 13.5 厘米，裆高 3 厘米，宽 5 厘米。年代为战国至汉代，为沃沮人遗物。

第四章 两晋、北朝时期东北亚民族与文物

第一节 夫余文物丰富多彩

第二节 夫余与鲜卑、前燕、高句丽、勿吉

一、夫余与鲜卑的关系

东汉桓帝时（147—167 年），以鲜卑首领檀石槐为首的庞大军事联盟即开始了对外军事扩张。参见这一历史时期的史料，我们将鲜卑檀石槐军事集团与夫余国力和军事实力作一比较，以便于我们对其史料进行解读。

据史料记载："东汉永康元年（167 年），春正月，夫余王寇玄菟，太守公孙域与战，破之。"[1] 可见，此时夫余仍有国力支持并主动出兵和汉朝边郡进行军事摩擦。

另据三国王沈著《魏书》记载，鲜卑檀石槐为首的军事集团对待四邻的政策是："南钞汉边，北拒丁零，东却扶余，西击乌孙，尽据匈奴故地。东西万两千余里……"这是史书中记载的鲜卑四至。从中我们也清楚地看出，"东却扶余"，可理解为鲜卑的兵锋迫使夫余畏怯；也可理解为，檀石槐的军事集团因拓境进行军事扩张抵进夫余国境，在东部遭到夫余奋力反击后迫使东扩止步。

檀石槐的军事扩张正逢夫余国鼎盛时期，不可避免地遭到夫余的强有力抵御。文献中的东却扶余，我们认为即是止步于夫余牢固的国防。

此后，东北强族林立，以农业立国的夫余，伴随着中原王朝在汉末魏晋时期政权转换，逐渐失去对东北地区的羁縻与管控。此时，夫余周边强族嗣立，每一强族的军事蚕食和拓边扩地，都是迫使夫余逐渐走向衰亡的主要因素。

据民族史学家马长寿先生研究，檀石槐领导的鲜卑军事集团被其划分为三部，"第一从右北平以东至辽东，为东部，共二十多个邑。大人有四：弥加、阙机、素利、槐头。第二从右北平以西至上谷，为中部，共十多个邑。大人有三：柯最、阙居、慕容等（寺）。第三自上谷以西至敦煌，西接乌孙，为西部，共二十多个邑。大人有五：置鞬、落罗、日津、推演、宴荔

---

[1] ［南朝宋］范晔著：《后汉书·孝桓帝纪》，中华书局 1965 年版，第 319 页。

青铜斧：青铜质地，采用范模浇铸而成，范痕清晰。有銎口，略呈长方形，其下，留有两道十分清晰的凸弦纹。銎口立壁上有两个浇铸时留下的圆形凸起。立剖面呈中锋直注，直刃。通长 7.6 厘米，宽 3 厘米，厚 1.4 厘米。銎口长 2.6 厘米，宽 1 厘米，壁厚 0.2 厘米。该标本保存完整，器身附着一层很厚的黑漆、红斑和少许绿色铜锈。年代为战国至汉代，为夫余人遗物。

青铜斧：青铜质地，采用范模浇铸而成，范痕清晰。有銎口，略呈长方形，其下，留有两道十分清晰的凸弦纹。銎口立壁上有两个浇铸时留下的圆形凸起。立剖面呈中锋直注，直刃。通长 7.6 厘米，宽 4.4 厘米，厚 1.4 厘米。銎口长 4 厘米，宽 1 厘米，銎口壁厚 0.2 厘米。该标本保存完整，器身附着一层很厚的红斑和绿色铜锈。年代为战国至汉代，为夫余人遗物。

青铜斧：青铜质地，采用范模浇铸而成，范痕清晰。有銎口，略呈长方形，其下，留有两道凸弦纹。立剖面呈中锋直注，直刃。通长 4.5 厘米，宽 3 厘米，厚 1.2 厘米。銎口长 12.6 厘米，宽 0.8 厘米，銎口壁厚 0.2 厘米。该标本保存完整，器身附着一层很厚的绿色铜锈。年代为战国至汉代，为夫余人遗物。

青铜斧：青铜质地，采用范模浇铸而成，范痕清晰。有銎口，略呈长方形，其下，留有两道凸弦纹。立剖面呈中锋直注，直刃。通长 6.2 厘米，宽 4 厘米，厚 1.6 厘米。銎口长 3.6 厘米，宽 1.2 厘米，銎口壁厚 0.2 厘米。该标本保存完整，器身附着一层很厚的黑漆和绿色铜锈。年代为战国至汉代，为夫余人遗物。

青铜斧：青铜质地，采用范模浇铸而成，范痕清晰。有銎口，略呈长方形，其下，留有两道十分清晰的凸弦纹。立剖面呈中锋直注，直刃。通长 7 厘米，宽 4 厘米，厚 1.6 厘米。銎口长 3.6 厘米，宽 1.2 厘米，銎口壁厚 0.2 厘米。该标本保存完整，器身附着一层很厚的红斑和绿色铜锈。年代为战国至汉代，为夫余人遗物。

青铜斧：青铜质地，采用范模浇铸而成，范痕清晰。有銎口，略呈长方形，其下，留有两道十分清晰的凸弦纹。立剖面呈中锋直注，直刃。通长 7.6 厘米，宽 4.6 厘米，厚 1.6 厘米。銎口长 4.2 厘米，宽 1.2 厘米，銎口壁厚 0.2 厘米。銎口处有一残破的豁口。器身附着一层很厚的红斑和绿色铜锈。年代为战国至汉代，为夫余人遗物。

青铜凿：青铜质地，采用范模浇铸而成。素面，有銎口处有一圈凸起的弦纹。立剖面呈中锋直注。通长8.5厘米，宽1.5厘米，厚1.2厘米，銎口略呈长方形。銎口长1.2厘米，宽0.8厘米，銎口壁厚0.2厘米。该标本保存完整，器身附着一层很厚的浅绿色铜锈。年代为战国至汉代，为夫余人遗物。

青铜斧：青铜质地，采用范模浇铸而成，范痕清晰。有两道弦纹，銎口呈圆角长方形，銎口有一豁口。立剖面呈中锋直注。略呈弧刃，刃的两端略向上翘。通长6.7厘米，宽3.6厘米，厚1.2厘米。銎口长3厘米，宽0.9厘米，銎口壁厚0.2厘米。该标本保存完整，器身附着少许红斑和绿色铜锈。年代为战国至汉代，为夫余人遗物。

青铜斧：青铜质地，采用范模浇铸而成，范痕清晰。有銎口外翻呈圆唇状，口呈长方形，立剖面呈中锋直注，略弧刃。通长4厘米，宽2.4厘米，厚1厘米。銎口长2厘米，宽0.6厘米，銎口壁厚0.2厘米。该标本保存完整，器身附着一层很厚的草绿色铜锈。年代为战国至汉代，为夫余人遗物。

青铜斧：青铜质地，采用范模浇铸而成，范痕清晰。有銎口，口呈长方形，立剖面呈中锋直注，略弧刃。通长2.2厘米，宽2厘米，厚0.8厘米。銎口长1.6厘米，宽0.4厘米，銎口壁厚0.2厘米。该标本保存完整，器身附着一层很厚的绿色铜锈。年代为战国至汉代，为夫余人遗物。

青铜斧：青铜质地，采用范模浇铸而成，范痕清晰。有銎口呈长方形，立剖面呈中锋直注，直刃，有使用崩痕。通长3厘米，宽2厘米，厚1厘米。銎口长1.6厘米，宽0.6厘米，銎口壁厚0.2厘米。该标本保存完整，器身附着一层很厚的红斑和绿色铜锈。年代为战国至汉代，为夫余人遗物。

青铜斧：青铜质地，采用范模浇铸而成，范痕清晰。銎口留有外翻的圆唇，銎口呈长方形，立剖面呈中锋直注，直刃，有使用崩痕。通长3.4厘米，宽2.2厘米，厚1厘米。銎口长1.8厘米，宽0.6厘米，銎口壁厚0.2厘米。该标本保存完整，器身附着一层很厚的绿色铜锈。年代为战国至汉代，为夫余人遗物。

青铜斧：青铜质地，采用范模浇铸而成，范痕清晰。素面，有銎口，銎口呈长方形，立剖面呈中锋直注，直刃。通长3厘米，宽2厘米，厚1厘米。銎口长1.5厘米，宽0.6厘米，銎口壁厚0.2厘米。该标本保存完整，器身附着一层很厚的绿色铜锈。年代为战国至汉代，为夫余人遗物。

青铜斧：青铜质地，采用范模浇铸而成，范痕清晰。銎口有一道弦纹，銎口呈长方形，立剖面呈中锋直注。弧刃，刃的两端略向上翘。通长5.8厘米，宽6.7厘米，厚1.3厘米。銎口长4.8厘米，宽0.8厘米，銎口壁厚0.23厘米。该标本保存完整，器身附着一层很厚的绿色铜锈。年代为战国至汉代，为夫余人遗物。

青铜凿：青铜质地，采用范模浇铸而成。素面，有銎口，立剖面呈中锋直注。通长5.9厘米，宽1.4厘米，厚1厘米。銎口长1.13厘米，宽0.8厘米，銎口壁厚0.2厘米。该标本保存完整，器身附着一层很厚的绿色铜锈。年代为战国至汉代，为夫余人遗物。

青铜斧：青铜质地，采用范模浇铸而成，范痕清晰。有两道弦纹，銎口呈圆角长方形，銎口有一豁口。立剖面呈中锋直注。弧刃，刃的两端略向上翘。通长7.6厘米，宽5厘米，厚1.3厘米。銎口长4.2厘米，宽0.8厘米，銎口壁厚0.3厘米。该标本保存完整，器身附着一层很厚的绿色铜锈。年代为战国至汉代，为夫余人遗物。

青铜斧：青铜质地，采用范模浇铸而成，范痕清晰。有两道扁形弦纹，正面有"义"和"一"字形纹饰。銎口呈圆角长方形，銎口有一豁口。立剖面呈中锋直注。略呈弧刃，刃的两端略向上翘。通长7.8厘米，宽3.6厘米，厚1.2厘米。銎口长3.2厘米，宽0.8厘米，銎口壁厚0.2厘米。该标本保存完整，器身附着少许红斑和绿色铜锈。年代为战国至汉代，为夫余人遗物。

青铜斧：青铜质地，采用范模浇铸而成，范痕清晰。有三道弦纹，在第三道弦纹下方有凸起"×"字形纹饰。銎口呈圆角长方形，銎口有一豁口。立剖面呈中锋直注，直刃。通长7.9厘米，宽4.6厘米，厚1.6厘米。銎口长4.2厘米，宽1.2厘米，銎口壁厚0.22厘米。该标本保存完整，器身附着一层草绿色铜锈。年代为战国至汉代，为夫余人遗物。

青铜斧：青铜质地，采用范模浇铸而成，范痕清晰。有两道凸起弦纹，在第二道弦纹下方有凸起"≫"形纹饰。銎口呈圆角长方形。立剖面呈中锋直注，直刃。通长 7.6 厘米，宽 4.2 厘米，厚 1.4 厘米。銎口长 3.8 厘米，宽 1 厘米，銎口壁厚 0.2 厘米。该标本保存完整，器身附着一层黑漆和绿色铜锈。年代为战国至汉代，为夫余人遗物。

青铜斧：青铜质地，采用范模浇铸而成，范痕清晰。有两道弦纹，有銎口，銎口呈长方形，立剖面呈中锋直注，直刃。通长 4.5 厘米，宽 5 厘米，厚 1.2 厘米。銎口长 4 厘米，宽 0.8 厘米，銎口壁厚 0.2 厘米。该标本保存完整，器身附着一层很厚的土黄和浅绿色铜锈。年代为战国至汉代，为夫余人遗物。

青铜斧：青铜质地，采用范模浇铸而成，范痕清晰。有两道弦纹。銎口呈圆角长方形。立剖面呈中锋直注，直刃。通长 4.5 厘米，宽 5 厘米，厚 1.3 厘米。銎口长 4.2 厘米，宽 0.9 厘米，銎口壁厚 0.26 厘米。该标本保存完整，器身附着一层草绿色铜锈。年代为战国至汉代，为夫余人遗物。

青铜斧：青铜质地，采用范模浇铸而成，范痕清晰。有三道弦纹，銎口呈圆角长方形。立剖面呈中锋直注，直刃。通长 6 厘米，宽 5 厘米，厚 1.4 厘米。銎口长 3.8 厘米，宽 1.2 厘米，銎口壁厚 0.3 厘米。该标本保存完整，器身附着一层土黄和草绿色铜锈。年代为战国至汉代，为夫余人遗物。

游。"[1] 如上被檀石槐所制定的三部，实质上就是对外军事掠夺的大本营，以此为基地开始对周边邻族进行蚕食。事实证明，鲜卑军事集团以此三部为轴心，即开始对包括夫余在内周边进行了多年的军事征讨。

据史料记载："正始中，世宗于东堂引见其芮悉弗，悉弗进曰；"……但黄金出自夫余……今夫余为勿吉所逐。"[2] 此史料虽未言明鲜卑集团参与了勿吉对夫余的军事驱逐，但勿吉军事集团西进后迫使夫余举国西迁，从另一侧面也为日后慕容廆袭破夫余创造了便利条件。

史载："……东拔夫余，夫余王依虑自杀。廆移其国城。驱万余人而归。"[3]

慕容廆袭破夫余迫使夫余王依虑自杀后，"移其国城"，由此可见，他们的兵卒还对夫余国王城进行大肆抢掠。除四散奔逃避难的民众之外，还抓获并驱赶"万余人而归"。此后，夫余国还遭受来自鲜卑慕容军事集团的掳掠人种卖于中国的境遇。夫余破国后，慕容廆及其军事集团并没有停止对夫余的攻伐与掳掠。经常越境抓获夫余人种，将其视为自己的战利品或种族奴隶到中原地区进行人口买卖。

另见史料记载，东晋穆帝永和二年春正月，"初，夫余居于鹿山条，为百济（高句丽）所侵，部落衰散，西徙近燕，而不设。燕王遣世子俊帅慕容军、慕容恪、慕容根三将军，万七千骑袭夫余……遂拔夫余，虏其王玄及部落五万余口而还"[4]。

同样的例证还见于朝鲜的史料记载："高句丽文咨王三年（北魏太和十七年，493 年），二月，夫余王及妻孥，以国来降。"[5]

诸多史料证明，夫余国举族西徙近燕，正是在勿吉军事驱逐下才形成的，也为慕容鲜卑军事集团多次袭扰与屠城创造了便利条件。另一个因素在于，夫余国南邻高句丽的军事膨胀产生的拓境与蚕食领土，致使夫余国王及部众（一少部分）在勿吉和鲜卑的军事打击下破国，以及南邻高句丽军事围剿与蚕食边地，最后部分夫余人及上层贵族南投高句丽。勿吉、鲜卑和高句丽三个强族一道分别从南北西三方面肢解了夫余。三股强大军事力量最终彻底摧毁了夫余政权并最终导致夫余灭国。

二、夫余与前燕的关系

从解析史料中获知，在东北地区诸多民族之中，夫余是对中原王朝是恪守礼仪、维护朝廷（汉朝）大局利益的地方民族政权。

从汉初立国到灭亡，汉魏晋至北朝对待夫余犹如同姓王侯。夫余与上述诸朝还有很多密切的军事配合，以维护边疆州郡的稳定。

---

[1] 马长寿著：《乌桓与鲜卑》，广西师范大学出版社 2006 年版。

[2] ［北齐］魏收著：《魏书·高句丽传》，中华书局 1974 年版，第 2216 页。

[3] ［唐］房玄龄等著：《晋书·慕容廆传》，中华书局 1974 年版，第 2804 页。

[4] ［宋］司马光等著：《资治通鉴·穆帝永和元年～二年条》，中华书局 1982 年版，第 3069 页。

[5] ［朝鲜］金富轼著：《三国史记·文咨王》，吉林文史出版社 2003 年版，第 232 页。

东晋后期，夫余边邻强族环视。先有鲜卑慕容集团的数次军事破袭，后有勿吉西进南下拓境的军事压力并迫使夫余数度迁徙，再加上高句丽蚕食夫余南境，都为前燕军事集团灭其国预演了亡国前幕。

据史料记载，鲜卑政治家慕容廆具有雄才大略，由于他诸多的政治与军事主张才奠定了"前燕"存世的根基。逐渐统一了鲜卑诸部后，顺势对威胁国境安全的高句丽进行讨伐。公元341—342年，前燕政权派大军击垮高句丽并捣毁高句丽国都丸都城。据史料记载，前燕政权数次屠掠丸都城并俘虏高句丽王母及嫔妃的记录。后于公元343年，迫使高句丽王朝向前燕国臣服。

前燕政权顺利解决掉高句丽的军事威胁之后，顺势将攻伐的主要矛头指向其东邻夫余国。

东晋穆帝永和二年（346年）春正月，"……燕王遣世子俊帅慕容军、慕容恪、慕容根三将军，万七千骑袭夫余……遂拔夫余，虏其王'玄'及部落五万余口而还。"[1] 从"遂拔夫余"的字面埋解，此次前燕派兵攻打夫余，是彻底击毁了夫余国都及政权，并掳掠其王及民众五万余口凯旋。而被前燕摧毁的夫余王城，也就是被勿吉军事驱逐后"西徙近燕"的夫余国城。

结合考古发掘和调查材料，我们认为前燕所攻拔的夫余国城，极有可能是夫余后期王城。吉林学者在多年的野外考察与研究中，确认吉林省辽源市龙首山山城，可能就是史书记载的"后夫余王城"，也就是史称"西迁近燕的夫余城"[2]。

夫余在前燕政权多次军事打击下彻底亡国。

三、夫余与高句丽的关系

据史料记载，高句丽的王族含夫余血统。随着高句丽日益强盛，随着数度参与前燕军事集团和勿吉的军事西进而肢解夫余，最终迫使夫余灭国。

据史料记载："高句丽者，出于夫余，自言先祖朱蒙。"[3]

另有史料则直呼："高句丽者，其先出于夫余。"[4]

此外，著名的好太王碑碑文中记载："惟昔始祖邹牟王之创基也，出自北夫余天帝之子。"[5]

针对如上三则史料进行探索和研究，高句丽族究竟是不是由夫余势力介入后才飞速发展起来的？正如史料所证实的那样，在高句丽上层贵族中是存在夫余血统的。而另一个客观因素仍然存在，那就是历年来的考古发掘与调查结果表明，夫余与高句丽是两个相互对立民族，并且在文化上也没有直接传承的依据。

史载："勾丽一名貊耳。"学界均认为，高句丽世居之地即今辽宁东部、吉林东南部、朝鲜西北部相关地区。这些地区在历史上属于传统的"貊系诸部"控制区域。通过民族学与考古器

[1] ［宋］司马光等著：《资治通鉴·穆帝永和元年～二年条》，中华书局1956年版，第2369页。
[2] 唐洪源：《辽源市龙山山城考》，《东北史地》2015年第6期。
[3] ［北齐］魏收著：《魏书·高句丽传》，中华书局1974年版，第2213页。
[4] ［唐］李延寿著：《北史·高句丽传》，中华书局1974年版，第3110页。
[5] 王建群著：《好太王碑研究》，吉林人民出版社1984年版，第202页。

物类型学比较发现，它与夫余文化没有任何传承关系。

依此可证，高句丽的主体民族是"貊系诸部"。

通过史料分析，我们得出的结论是，夫余和高句丽本属两个独立民族，夫余与高句丽非但不同种同类而且还是宿敌。

据《后汉书·孝安帝纪》记载，东汉"建光元年（121 年），春正月，幽州刺史冯焕率两郡太守讨高句丽、秽貊，不克。夏四月，秽貊复与鲜卑寇辽东，辽东太守蔡讽追击，战殁。冬十二月，高句丽、马韩、秽貊围玄菟城，夫余王遣子与州郡并力讨破之"；另据史料记载，东汉延光五年（125 年），"秋七月……高句丽降"[1]。

又载"建光元年（121 年）……秋，宫遂率马韩、秽貊数千骑围玄菟郡。夫余王遣子尉仇台将二万余人，与州郡并力讨破之"；与之相同记载，还见于《后汉书·高句丽传》，"建光元年，春，幽州刺史冯换、玄菟太守姚光、辽东太守蔡讽等，联合发兵进讨，太祖大王宫'遣使诈降'，姚光等中其计，玄菟、辽东二郡皆焚毁……是年十二月，又率马韩、秽貊数千骑攻玄菟，玄菟太守联合夫余兵力战击退，杀五百余人"[2]。

再如"东汉延光元年，春二月，夫余王遣子将兵救玄菟，击高句丽、马韩、秽貊，破之，遂遣使贡献"[3]。

如上诸史料表明，夫余经常协助汉朝边郡剿灭以高句丽为首的联军时常的袭扰。从夫余国动辄派兵两万余的军力协助汉朝玄菟郡来分析，凸显其对汉朝以臣子侍上的态度和共同保边所肩负的责任，借以确保汉朝在东北边疆州郡的安全。甚至可以从另一侧面说明，夫余也是汉朝在东北边防军事力量与政治势力的延伸。

高句丽因拓境开疆触碰到汉朝底线后，随即便招致东汉和夫余联手进行军事打击，后迫使"高句丽遣使贡献"[4]。

从最初高句丽臣服夫余到迁居国内城，高句丽军事集团因拓境开疆的野心极度膨胀，因而与夫余再度燃起战火，逐渐蔓延到夫余全境。

据好太王碑记载，王莽新政"地皇三年（22 年），攻夫余，杀其王"[5]。东汉"永平十一年（98 年），夫余葛思王孙都头，以国来降"[6]。东汉"建光元年，高丽王宫幸夫余，祀太祖庙"[7]。数度交锋，也曾迫使夫余屈和，但史料中还透露出夫余"中叛不贡"，恰恰说明此时的夫余，并没有真正屈服于高句丽的军事打压。在东汉以后正史记载中，也没有见到这一时期夫余曾屈服于高句丽的记载。

北魏太延元年（435 年），太武帝遣员外散骑侍郎李敖至高句丽册封，得知高句丽疆域北至

[1] ［南朝宋］范晔著：《后汉书·孝安帝纪》，中华书局 1974 年版，第 235 页。

[2] ［南朝宋］范晔著：《后汉书·高句丽传》，中华书局 1974 年版，第 2815 页。

[3] ［南朝宋］范晔著：《后汉书·孝安帝纪》，中华书局 1974 年版，第 234～235 页。

[4] ［南朝宋］范晔著：《后汉书·孝安帝纪》，中华书局 1974 年版，第 212 页。

[5] 王建群著：《好太王碑研究》，吉林人民出版社 1984 年版，第 202 页。

[6] 王建群著：《好太王碑研究》，吉林人民出版社 1984 年版，第 202 页。

[7] 王建群著：《好太王碑研究》，吉林人民出版社 1984 年版，第 202 页。

旧夫余。

另外，有史料证明，夫余仍然在国破后于北魏期间继续以夫余国使臣之名朝魏。如北魏太安三年（457年），"十有二月，于阗、夫余等五十余国各遣使朝献"[1]。上述史料记载则反映出，此时夫余国还未灭亡。

据史料记载分析，夫余被勿吉驱逐破国的时间约在公元494年，北魏孝文帝太和十八年（494年），"夫余为勿吉所逐"。大多数学者都依据这条文献来研究夫余灭亡时间。

自此以后，夫余伴随着王国的覆灭正式退出历史舞台。

四、夫余与勿吉的关系

结合史书记载，学术界经过多年的研究，逐渐认识到，勿吉的南侵和拓地，是导致夫余火国的直接外因。内因始于夫余国祚传之久远，内部矛盾加剧，疏于邻国间的有效防御，并最终导致亡国。

勿吉七部联盟，除彰显其强大军事力量之外，还是肃慎族系中承前启后又一辉煌阶段，它除了有效助推其他几个强族灭掉夫余国之外，为其后的海东盛国——唐代渤海国及女真人建立的金朝奠定了坚实基础。

勿吉，最初是以"邑落各自有长，不相总一"[2]的松散部族制而存在。随着逐步发展，他们渐渐聚拢为七部（有可能是军事联盟性质），分别称作"粟末、伯咄、安车骨、佛捏、号室、黑水、白山"等部。

对于勿吉七部的地理分布，随着考古发掘及调查逐渐深入，剥茧抽丝，渐渐地揭去历史面纱，还其以本来面目。考古工作者先后在黑龙江省的萝北[3]、绥滨、双鸭山、友谊、集贤、富锦、桦南、佳木斯、宝清、饶河等市县的松花江下游和黑龙江下游沿岸地区，向东越过乌苏里江今俄罗斯远东境至海的广大地区，均有汉晋时期勿吉及其先世挹娄人聚落和堡寨遗址被发现。

两晋时期，勿吉的部族联盟和军事扩张一度向西和西南发展，他们翻越了今张广才岭后，便进入到今哈尔滨周边市县及其附近地区，这在历年来的考古发现中屡有发现（与双鸭山地区出土器物类同）。从侧面证明了勿吉的军事扩张逐渐辐射到夫余核心地带，即松嫩平原腹地今吉长地区。

这一时期考古发现的遗址、古城、堡寨，大都围绕在哈尔滨、宾县、阿城、五常、双城，吉林省的九台、榆树等地拉林河流域两岸，西部已接近吉林省大安和镇赉等市县，这种军事扩张和兵戎接触，对在今吉林市东团山及其附近地区立国久远的夫余国起到了震慑作用，同时，

---

[1] ［北齐］魏收著：《魏书·高宗文成帝本纪》，中华书局1974年版，第116页。

[2] ［北齐］魏收著：《魏书·勿吉传》，中华书局1974年版，第2219页。

[3] 韩世明、邓树平：《黑龙江省萝北县共青农场七连北山古城遗址调查简报》，《边疆考古》第十辑，科学出版社2011年版，第423页。

142

也为夫余日后国破西迁埋下了伏笔。

此后，正是由于勿吉的军事介入，助长了夫余南邻高句丽、西邻前燕对夫余的蚕食，在东北亚历史上不可避免地上演了一出"弱肉强食"大剧。

据史料记载，东晋穆帝永和二年春正月，"初，夫余居于鹿山条，为百济（学界传统认为是高句丽）所侵，部落衰散，西徙近燕，而不设备。燕王遣世子俊帅慕容军、慕容恪、慕容根三将军，万七千骑袭夫余……遂拔夫余，虏其王玄及部落五万余口而还"[1]。解读文献我们发现，由于高句丽对夫余的军事打击，才迫其"部落衰散，西徙近燕，而不设备"，这才造成了前燕军事集团掳夫余国王并屠其国都，一并捎带掠五万多民众的惨境。

史载，北魏孝文帝"太和十七年（493年），夫余被勿吉驱逐"[2]。勿吉开始全面进攻夫余。

至北魏孝文帝太和十八年（494年），夫余国王率众（估计仅是夫余国的少部分上层贵族）向高句丽投降，夫余国从此灭亡。

第三节 勿吉及文物

一、勿吉

勿吉是东晋至五代时的称谓，这一时期也是肃慎族系承前启后的一个阶段，更是连接渤海与金朝的奠基期。魏晋（西晋）时期，高句丽崛起，其四邻均有明显的因其军事扩张而引起的压力。勿吉的先世"沃沮"，同样也受到来自高句丽的威胁。有史料记载，在这一时期有部分沃沮沦为高句丽属民，我们通过检索黑龙江东南五市县与吉林东北和东南部分市县乃至俄罗斯远东沿海地区、朝鲜北部部分区域的考古材料后认为，沃沮并没有真正融入高句丽，而是举族向北同化到挹娄后，改成新的民族联合体——勿吉。《魏书》卷一《序纪第一》中记有平文皇帝郁律立，"二年，……西兼乌孙故地，东吞勿吉以西，控弦上马将有百万"[3]。

上述引文中的平文皇帝二年，是公元318年，早于乙力支出使北魏约一个半世纪。

魏收所编纂《魏书·勿吉传》中记载："勿吉国，在高句丽北，旧肃慎国也。邑落各自有长，不相总一。其人劲悍，于东夷最强。常轻豆末娄等国，诸国亦患之"[4]。

早在南北朝时期以前，挹娄（含其先世）各个方面明显落后于邻近的夫余族系。史书透露出南北朝时期的勿吉尚且是"邑落各自有长，不相统一"的部落阶段，并没有形成统一的政权，这一历史时期，也极有可能形成了早期的部落联盟。

唐李延寿著《北史》卷九十四《勿吉传》中记有："勿吉国在高句丽北，一曰靺鞨。邑

[1] ［宋］司马光等著：《资治通鉴·穆帝永和元年～二年条》，中华书局1982年版，第3069页。
[2] ［唐］李延寿著：《北史·高句丽传》，中华书局1974年版，第3114页。
[3] ［北齐］魏收著：《魏书·勿吉传》，中华书局1974年版，第9页。
[4] ［北齐］魏收著：《魏书·勿吉传》，中华书局1974年版，第2219页。

落各自有长，不相总一。其人劲悍，于东夷最强，言语独异。常轻豆末娄等过，诸国亦患之。……其部类凡有七种；其一号粟末部，与高句丽接，胜兵数千，多骁武，每寇高丽；其二伯咄部，在粟末北，胜兵七千；其三安车骨部，在伯咄东北；其四拂涅部，在伯咄东；其五号室部，在拂捏东；其六黑水部，在安车骨西北；其七白山部，在粟末东南，胜兵并不过三千，而黑水部尤为劲健。自拂捏以东，矢皆石镞，即古肃慎氏也。东夷中为强国。"[1]

如《通志·都邑略·四夷都》："勿吉，亦古肃慎氏国。"同书卷一百九十四《四夷传第一·东夷》："古之肃慎，疑即魏时挹娄……魏以后曰勿吉国，唐则曰靺鞨。"

宋彭百川著《太平治迹统类·契丹女真用兵始末》中记有："女真国本肃慎氏，东汉谓之挹娄，元魏谓之勿吉，隋唐谓之靺鞨。"

《通典》卷一百八十六《边防二·东夷下·勿吉》载："挹娄、勿吉、靺鞨俱肃慎氏后裔。"

《通鉴·地理通释》卷六记："勿吉在高丽北，亦占肃慎地。"

徐梦莘《三朝北盟会编》卷三："三国志所谓挹娄、元魏所谓勿吉、隋谓之黑水部、唐谓之黑水靺鞨皆其地也。"

《太平寰宇记》卷一百七十五《四夷四·东夷四·勿吉国》："勿吉国后汉通焉，亦谓之靺鞨，在高句丽北，亦古肃慎国地。"

《通典》卷一百八十六，也有完全相同的记事。

李心传《建炎杂记》乙集卷十九《边防二·女真南徙》："（女真）盖古肃慎氏之地，其国在汉代称挹娄，南北之间称勿吉，隋唐时称靺鞨。"

《金史》卷一《本纪第一·世纪》："金之先出靺鞨氏，靺鞨本号勿吉，勿吉古肃慎地也。"

如上这些史料记载中，挹娄、勿吉、靺鞨均在肃慎之故地，它们的里道距离和民族传承相同。因此，勿吉属于接续挹娄之后，在肃慎族系中占有十分显要的历史地位。

---

[1] ［唐］李延寿著：《北史·勿吉传》，中华书局 1974 年版，第 3123 页。

二、勿吉文物

三乳钉纹陶豆：夹砂红陶质，器表施红色陶衣，手制，器表在烧制前经磨光处理，烧制火候偏高，陶质较坚硬，口沿有残损。在豆盘上等距排列帖塑三个乳钉錾耳。豆盘与豆座间有一明显亚腰，豆座呈喇叭口状，平唇，侈口。口径23厘米，最大腹径23.6厘米，亚腰径5厘米，豆座径8.3厘米。年代为晋到北朝时期，为勿吉人遗物。

单耳陶罐：夹砂褐陶质，手制，烧制时火候偏低，陶质较疏松。该器事先在整体手塑成型后，再用泥圈帖塑形成口沿，沿下附加堆纹形成的领。而后再帖塑圆柱形桥状竖耳，夹唇，侈口，平底。口径8厘米，最大腹径20厘米，底径6.5厘米，竖耳长5厘米，粗径1.3厘米，通高16厘米。年代为晋至北朝时期，为勿吉人遗物。

双立耳陶罐：夹砂黑陶质，手制，烧制时火候偏低，陶质较疏松。该器在制作成型后，采用泥片套接法捏塑形成领及口沿，手制痕迹清晰。后又在立领的下方帖塑一对竖式扁桥状耳（一个残损，一个保存完整）。斜平唇，侈口，小平底，腹部圆凸。口径15.8厘米，最大腹径21厘米，底径5.8厘米，壁厚0.4厘米，通高11.6厘米。年代为晋至北朝时期，为勿吉人遗物。

双立耳陶罐：夹砂褐陶质，烧制时火候偏低，陶质较疏松，轮制。该器左右对称帖塑一对扁桥状竖耳，一耳完整，另一耳残断。小平唇，侈口，小平底，腹部圆凸。口径10.6厘米，最大腹径14厘米，底径5.8厘米，通高15厘米，壁厚0.5厘米，器耳高5厘米，粗径1.2厘米。年代为晋至北朝时期，为勿吉人遗物。

　　带乳钉纹陶器（残）：夹砂褐陶质，内夹均匀的砂粒，手制，素面，平底。残剩器型的腹下部，在残断的边缘皆有四个长约0.8厘米的乳凸。残剩腹径22厘米，底径8.6厘米，残高4厘米。年代为晋至北朝时期，为勿吉人遗物。

　　陶罐：夹砂黄褐陶质，烧制时火候偏高，陶质较坚硬，手制，圆唇，侈口，平底，素面无纹饰，腹略鼓。口径7.8厘米，最大腹径14厘米，底径5.9厘米，通高22厘米。年代为晋至北朝时期，为勿吉人遗物。

　　双耳陶罐：夹砂黑陶质，烧制时火候偏高，陶质较坚硬，手制，素面，平底，圆唇，略侈口。经过研究发现，该器先塑出整体，而后采用泥圈套接法在口沿上帖塑一圈泥片后，塑出口沿，后又在器腹上左右各帖塑泥条，塑成两个立柱形桥状耳。口径17厘米，最大腹径17.2厘米，底径7.9厘米，立耳高4.5厘米，粗径1.2厘米，通高20厘米。年代为晋至北朝时期，为勿吉人遗物。

　　双盲耳陶罐：夹砂黄褐陶质，内夹较均匀的细砂粒，手制，素面，无纹饰，平底，略斜平唇，敞口。经过观察发现，该器先塑出整体形状后，在口部位帖塑一圈泥片后塑出口沿，在颈部又附加堆出一圈凸起。在器腹上左右对称帖塑一对竖式盲耳，长约1.5厘米，宽约0.6厘米。口径11.3厘米，最大腹径10厘米，底径5.9厘米，通高10厘米。年代为晋至北朝时期，为勿吉人遗物。

陶杯：夹砂褐陶质，内夹较细砂粒，烧制时火候偏高，陶质较坚硬，素面，手制，平唇，敞口。口径6.5厘米，底径4.8厘米，通高6.8厘米。年代为晋至北朝时期，为勿吉人遗物。

三系陶罐：夹砂红陶质，内夹大小不均的砂粒，小领，素面，平底，手制。圆唇外闪，略侈口。在器肩上等距帖塑三个竖式扁桥状耳，长约1.8厘米，宽约0.8厘米。口径4.7厘米，最大腹径8厘米，底径3.8厘米。年代为晋至北朝时期，为勿吉人遗物。

红衣陶钵：夹砂红陶质，内夹较均匀的砂粒，器表经过磨光，并施一层正红色陶底，素面，无纹饰，平唇，敞口，圆底，手制。口径25厘米，通高5.6厘米。年代为晋至北朝时期，为勿吉人遗物。

陶杯：夹砂黄褐陶质，内掺蛤粉和较匀称的细砂粒，素面，圆底，手制。在杯的口沿下左右对称帖塑一个扁舌状耳，长1厘米，宽1.5厘米。斜平唇，直口，口为长方形。口径长7.6厘米，宽4.5厘米，通高3厘米。年代为晋至南北朝时期，为勿吉人遗物。

陶杯：夹砂褐陶质，内夹较均匀的细砂粒，素面，手制，平底，尖唇，敞口。口径5.2厘米，底径3.5厘米，通高2.9厘米。年代为晋至北朝时期，为勿吉人遗物。

陶碗：夹砂红陶质，内夹蛤粉和均匀的细砂粒，素面，手制，平底，圆唇，敞口。口径4.3厘米，底径3厘米，通高3厘米。年代为晋代至北朝，为勿吉人遗物。

陶盅：夹砂褐陶质，内夹大小不均的砂粒，烧制时火候偏低，陶质较疏松，器表粗糙，素面，手制，尖唇，敞口。口径4.2厘米，底径3.5厘米，通高2.5厘米。年代为晋至北朝，为勿吉人遗物。

陶罐：夹砂黑陶质，内夹较均匀的细小砂粒，素面，手制，平底，斜平唇，侈口，翘沿。在颈部左右对称帖塑一对短舌状耳，长0.5厘米，宽1.2厘米。口径7.6厘米，颈径6.6厘米，最大腹径8.6厘米，底径4.8厘米，通高6.8厘米。年代为晋至北朝时期，为勿吉人遗物。

陶罐：夹砂黑陶质地，内夹较均匀的细小砂粒，器表黑漆亮色，烧制时火候偏高，陶质较坚硬，素面，手制，平底，圆唇，略侈口，卷沿，鼓腹。口径4.2厘米，最大腹径7.8厘米，底径6.8厘米，通高5.8厘米。年代为晋至北朝时期，为勿吉人遗物。

武士斗狻猊：青铜质地，采用范模翻铸而成。标本保存完整。主体由两条左右对视的狻猊组成。整体呈椭圆形，中间有一个武甬双手叉腰，两腿分立踏在椭圆形的底部，其衣着飘带上扬，正好与左右狻猊前爪相接，造型精巧而灵动，构图科学合理，是难得的精品。在其外缘也就是主体两只狻猊的背上，各自蹲卧两只小狻猊。按照武士的装束来分析，该器年代应该为北齐至隋时期的武士。长7厘米，宽13厘米，厚0.7厘米。器身附着一层漂亮的翠绿色铜锈。年代为北齐至隋，为勿吉人遗物。

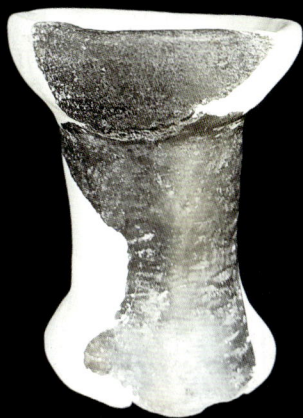

陶豆：夹砂黑陶质地，陶质整体散发黑铅色亮光。烧制时火候偏高，陶质较坚硬。该标本仅残剩整体器型的三分之一。豆盘呈碗状，孔柄，豆座呈喇叭口状。豆盘直径9厘米，高3厘米，柄径6.5厘米，底径10厘米，壁厚0.6厘米。年代为晋至北朝，为勿吉人遗物。

陶杯：夹砂黑陶质地，陶质整体散发黑铅色亮光。烧制时火候偏高，陶质较坚硬。该标本仅残剩整体器型不到二分之一。圆唇，敞口，平底。口径6.3厘米，底径4.5厘米，壁厚0.7厘米，通高6.3厘米。年代为晋至北朝，为勿吉人遗物。

陶碗：夹砂褐陶质地，陶质整体散发黑铅色亮光。烧制时火候偏高，陶质较坚硬。该标本仅残剩整体器型的二分之一。口沿外侧捏塑长1厘米，宽0.3厘米的竖纹。碗底同样也有类似纹饰。斜尖唇，侈口，平底。口径9.5厘米，底径6厘米，壁厚0.5厘米，通高6厘米。年代为晋至北朝，为勿吉人遗物。

第五章　隋、唐、辽、金东北亚民族与文物

第一节　隋唐时期经略东北

靺鞨承袭勿吉后形成的强大部落联盟体，也就是著名的靺鞨七部，其中粟末部最为强劲，曾被唐朝册封，后建立渤海国，并被中原人称誉为"海东盛国"；另有其北邻黑水部，则被唐朝册封为黑水州并都督府。其后裔女真人西灭辽国南灭北宋，创建了金朝并入主中原，其政权前后历119年，与南宋形成南北对峙的南北朝格局。他们在中国东北历史舞台上扮演了非常重要的角色。

学术界认为，靺鞨是先秦时期的肃慎、汉魏时期的挹娄、两晋至南北朝时期的勿吉，至隋唐（包括五代）时期则被改称靺鞨，传承有序，一以贯之。但也存在着一些疑惑，并不是如史料记载这样看似简单和明晰，如"肃慎"与"挹娄"以及"挹娄"与"勿吉"间的沿袭就不是很清楚，我们认为，是高句丽拓境排挤了沃沮，北上的沃沮与挹娄合并后，改称勿吉；而"靺鞨"与"勿吉"之间，却存在着清晰的直接承袭关系，为不同历史时期民族称谓改换的同一个族群。

唐魏征等著《隋书》卷八十一《东夷传·靺鞨》中记载："靺鞨，在高丽之北，邑落具有酋长，不相总一。凡有七种；其一号粟末部，与高丽相接，胜兵数千，多骁武，每寇高丽中。其二曰伯咄部，在粟末之北，胜兵数千。其三曰安车骨部，在伯咄东北。其四曰拂捏部，在伯咄东。其五曰号室部，在拂捏东。其六曰黑水部，在安车骨西北。其七曰白山部，在粟末东南。胜兵并不过三千，而黑水部尤为劲健。"[1]

后晋刘昫著《旧唐书》一百九十九下《北狄·靺鞨》中记载："靺鞨，盖肃慎之地，后魏谓之勿吉……其国凡为数十部，各有酋帅。……而黑水靺鞨最处北方，尤称劲健，每持其勇，恒为邻境之患。……其白山部……伯咄、安车骨、号室等部。"[2]

宋欧阳修、宋祁著《新唐书》卷二百一十九《北狄·黑水靺鞨》记载："黑水靺鞨居肃慎地，亦曰挹娄，元魏时曰勿吉。……其著者曰粟末部，居最南，抵太白山，亦曰徒太山，与高丽接，依粟末水以居，水源于山西，北注它漏河；稍东北曰汩（伯）咄部；又次曰安车骨部；

---

[1] ［唐］魏征等著：《隋书·东夷传·靺鞨》，中华书局1973年版，第1821页。

[2] ［晋］刘昫著：《旧唐书·列传·北狄·靺鞨》，中华书局1975年版，第5358页。

益东曰拂捏部；居骨之西北曰黑水部；粟末之东南曰白山部。"[1]

从历代文献记载来看，诸部靺鞨其族源无疑来自勿吉，或直接由勿吉发展演化而来。详查史料后发现，前述《北史》中所记载的勿吉七部与《隋书》记载的"靺鞨"七部，不但里道距离相近，民族名称也完全相同。而且，《北史》明指勿吉国"一曰靺鞨"；另唐人杜佑的《通典》也明载："勿吉又曰靺鞨。"[2]这恰恰表明，在唐朝史家的视角中，隋唐的靺鞨诸部就是晋至北朝时期的勿吉。

除上述史料记载外，还得到了考古资料的证实，如黑龙江省绥滨县同仁文化遗址不同层位出土的陶器，就分别代表着勿吉和靺鞨相承袭的因素。这也从另一侧面说明了勿吉与靺鞨确实是一脉相承。黑龙江省萝北县团结墓葬、二十四连墓葬及其附近存在大量同一历史时期的遗址。同样的类型，在吉林省的永吉杨屯和榆树老河深等地的靺鞨、渤海墓葬中都已发现，竖穴土坑葬、木质葬具、二次葬习俗等，是勿吉人南迁到今哈尔滨市属区县与吉长部分地区的实证，与《旧唐书·靺鞨传》中记载的"死者穿地埋之，以身衬土，无棺椑之具"相符合。

研究史料发现，在《北史·勿吉传》和《隋书·靺鞨传》中，分别记载其各自历史阶段的七部部族，其所载内容也大致相近。而这两个时代的类同七部，都指向它们是5世纪末勿吉因军事扩张，向西及西南方向发展至粟末水（松花江）中下游一带地区逐渐形成的。当然，其中也裹挟大量夫余旧地故民，他们随历史发展逐渐同化到勿吉与靺鞨七部之中。侧面证明，靺鞨七部的原著民来自勿吉七部，融进夫余成分之后，地域比此前有所扩大。如，粟末部"居最南，抵太白山，亦曰徒太山，与高丽接"之类。到隋以后，"靺鞨"部族内涵比北朝时期显然有所扩大。唐初，由于东北地区诸民族间战乱不止，再加上唐与高句丽之战，致使大批靺鞨部族举族西迁，初时到了辽西朝阳与赤峰东部等地，甚至还有不少靺鞨部族迁徙到今北京北部与山西东北部地区，其拓展的生存空间与活动范围要比勿吉时期的七部范围大出很多。

综上，与晋至北朝时期的勿吉相比较，隋唐（包括五代）时期的靺鞨，经过差不多一个半多世纪时间的演化与发展，无论在民族文化内涵还是地域拓展等方面都发生了不同程度的变化，但这丝毫不影响或动摇勿吉与靺鞨二者之间是"一脉相承"的关系。

[1] ［宋］欧阳修、宋祁著：《新唐书·列传·北狄·黑水靺鞨》，中华书局1975年版，第6177页。

[2] ［唐］杜佑著：《通典·边防二·东夷下·勿吉》，中华书局1988年版，第5022页。

第二节　渤海国、黑水靺鞨文物之盛

一、渤海国文化

至迟在北朝末至隋初，靺鞨七部已经形成，即白山、粟末、拂涅、伯咄、安车骨、号室与黑水部。其中，黑水靺鞨所处最北方及号室部略偏东外，其余五部多因地域相接，与高句丽产生过较为复杂的种种纠葛。如诸部靺鞨中的粟末部经常掳掠高句丽与其接壤的边地，史书记载的"每寇高丽中"就是真实的写照。到开皇末年，隋与高句丽战争失败后，渠帅突地稽率领一部靺鞨投隋，并被安置于柳城（即营州，今辽宁朝阳）附近，这在朝阳地区出土文物中已经得到了证实。留居原地的有靺鞨粟末部及白山部。余部靺鞨有的奔逃到临近部落，其余靺鞨沦为高句丽属民。靺鞨人骁勇善战并常在高句丽人役使下遇战"常居前"，隋唐军队对靺鞨诸部的仇视也到了极限，终以坑杀三千多靺鞨人为泄愤。后在唐朝与高句丽的对抗中，仍有不少靺鞨兵卒选边站队，附庸在高句丽队列一侧与唐朝负隅顽抗。668 年高句丽被剿灭后，唐朝迁徙其余部分散杂居在中原各地，仍有为数众多归"附高丽"[1]的靺鞨部族也沦为被强迁之列。

隋唐时期，东北亚最强地方割据势力之一的高句丽政权，其辖境"东西三千一百里，南北二千里"，"有城百七十六，户六十九万七千"，拥有"胜兵"约三十万，与隋唐两个王朝前后抗衡长达 70 余年，与其近邻的靺鞨部落沦为它的从属，甚至被强令征用为其发动战争的工具。最后，唐灭高句丽，其威慑力在东北及整个东北亚地区诸民族间引起强烈的震动，凡内附唐朝的靺鞨人或受到了朝廷的封赏或分享到胜利果实。据《北齐书》卷四十一《高宝宁》传载：高保宁"武平末为营州刺史，夷夏重其威信。周师将至邺……，保宁率骁锐并契丹、靺鞨万余骑将赴救"。解读这条文献发现，在北朝末年就有靺鞨部内徙到了营州一带的记载；在 598 年高句丽寇辽西时，营州总管韦冲借助契丹与靺鞨万余兵卒的帮助下而"率兵击走之"。[2]另据《太平寰宇记》卷七十一引隋《北蕃风俗记》记载，"开皇中，粟末靺鞨与高丽战，不胜，有厥稽部渠长突地稽者，率忽使来部、窟突始部、悦稽蒙部、越羽部、步护赖部、破奚部、步步括利部，凡八部胜兵数千人，自扶余城西北举部向关内附，处之柳城"，这些粟末靺鞨逐渐与汉人融合，后来在与高句丽的战争中并肩站在隋唐一侧。

唐贞观二十年（646 年），唐为了分化高句丽、薛延陀及靺鞨的三角同盟，派"遣校尉宇文法诣乌罗护、靺鞨"进行联络离间各部并使其矛盾激化，从"遇薛延陀阿波设之兵于东境，法帅靺鞨击破之"[3]的记述来看，这个离间计获得成功，而诸部靺鞨南部大都依附于高丽，而此次居中调停的依附力量应是黑水靺鞨。

[1]　［宋］欧阳修、宋祁著：《新唐书·北狄·渤海传》，中华书局 1975 年版，第 6179 页。

[2]　［唐］魏征等著：《隋书·韦世康附韦冲传》，中华书局 1973 年版，第 1271 页。

[3]　［宋］司马光等著：《资治通鉴·唐纪·贞观二十年六月条》，中华书局 2009 年版，第 6237 页。

纵观靺鞨诸部，在唐灭高丽后，部分势力并没有锐减，反而因与唐朝分享胜利果实获得了发展。

自古以来，营州不仅是中原各个王朝经略和控制东北诸民族经济与军事重镇，也是东北诸民族政权逐鹿中原的必经要地。这里民族交错，形势复杂。

公元 7 世纪末东北地区发生的营州之乱堪称是东北亚地区的重大事件，卷入此次战争中的有契丹、靺鞨与奚、室韦、高丽遗民及汉人等。这场规模空前的动乱给各族地域分布格局带来了深刻影响。靺鞨族趁势拉开了其历史发展的序幕。

徙居营州靺鞨部已逾六七十年之久（靺鞨大祚荣举族居此也有二三十年），这些靺鞨部族经过突地稽、李谨行父子长期经营，形成一股少数民族参与的政治势力，在当地已经产生影响。据《资治通鉴》卷一百八十九《唐纪五》武德四年六月庚子条记载，武德四年（621 年）六月，"营州人石世则执总管晋文衍，举州叛"，有地方人士"奉靺鞨突地稽为主"；至李谨行任营州都督后，其势力已经发展成为"部落家僮数千人，以财力雄边"，"为夷人所惮"[1] 的地步。其家族与部落集团势力得到了进一步扩大和影响，从而也加速这些靺鞨部族汉化程度与民族融合。他们在生活习俗和传统礼仪上发生了质的变化，他们普遍使用汉字和官方礼仪，上层贵族开展儒学教育并不稀见。在军事方面，也涌现出一批批才能卓著、富有军政斗争经验的人物，如瞒咄、突地稽和李元正（曾袭为燕州刺史）、李谨行等人。也有靺鞨族女英雄，如谨行妻刘氏，曾使"高丽引靺鞨攻之，刘氏环甲帅众守城，久之，虏退。上嘉其功，封燕国夫人"。而乞四比羽和乞乞仲象、大祚荣父子必然也在其列。纵观靺鞨此一历史阶段，其民族素质（特别是上层贵族）较此前有了显著的提高。

据《新唐书》载："万岁通天中，契丹尽忠杀营州都督赵翙反，有舍利乞乞仲象者，与靺鞨酋乞四比羽及高丽余种东走，度辽水，保太白山之东北，阻奥娄河，树壁自固。"据当时形势分析，契丹族营州叛乱，从侧面也为靺鞨部创造了发展良机，为靺鞨族拓展了新的空间。虽然部分靺鞨人也卷入此次叛乱，又因历史上与唐朝存有复杂的各种利害关系，迫于无奈而选择"东走"似在情理之中。为整个部族生存及拓展空间，毅然选择离开是非之地营州。

唐王朝为了挽留和拉拢这部东奔的靺鞨部族，还对其进行册封和赦罪。据《新唐书·渤海传》中记载："武后封乞四比羽为许国公，乞乞仲象为震国公，赦其罪"。另外，也对靺鞨人参与反叛后东走极端不满。如《五代会要》卷三十《渤海条》载："至万岁通天中，契丹……反，攻营府，有高丽别种大舍利乞乞仲象与靺鞨反人乞四比羽，走保辽东。"文献中明显透露出乞乞仲象和乞四比羽等参与反叛后出走的情形。"乞四比羽不受命"惹恼了则天皇帝，"后诏玉钤卫大将军李楷固，中郎将索仇击斩之"而铲除后患。事实证明，武则天派兵追杀这一决定是正确的，这伙东走的靺鞨诸部最终成了唐在东北地区的心腹大患。靺鞨乞四比羽被唐军诛杀后不久，乞乞仲象病死。对此，《新唐书·黑水靺鞨传》这样记载："其子祚荣引残痍遁去，楷固穷蹑，度天门岭，祚荣因高丽、靺鞨兵拒楷固，楷固败还。于是契丹附突厥，王师道绝，不克

[1] ［后晋］刘昫等著：《旧唐书·北狄·靺鞨传》，中华书局 1975 年版，第 5359 页。

讨。祚荣即并比羽之众，恃荒原，乃建国。自号震国王。"文献中透露，大祚荣率领高丽和靺鞨部在天门岭大败李楷固后自立为王。大祚荣顺势率部开始东奔并大败追堵唐军，靺鞨族历史上终于形成以大祚荣为首的政治军事集团，此后，靺鞨民族过渡到一个新的历史时期。

大祚荣集团经过辗转最后在吉林敦化东牟山安顿下来。这里属于牡丹江盆地河谷平原地带，大祚荣集团正是利用这些天然屏障和可利用的自然条件，固守在"东保桂娄之故地，据东牟山，筑城以居之"[1]，借以求得生存和发展。

以大祚荣为首的新兴势力，除利用参加营州叛乱的靺鞨外，高句丽和其他民族以及不少汉族人也归附其麾下，同时，还有一部分白山靺鞨也加入其行列，他们为渤海国的开疆拓地立下了首功。

到了大武艺在位期间，渤海国已"斥大土宇"，"东北诸夷畏臣之"，渤海政权一度成为东北亚区域内一股强大的新兴势力，但也导致内外矛盾接踵而至。到第三代王大钦茂时，随即效仿唐法而偃武修文，为后来"海东盛国"的到来奠定十分重要的基础。渤海立国前后历二百余年。渤海政权由此进入到全盛时期，一度被中原地区赞誉为"海东盛国"。

渤海立国以后，用约一世纪多时间吸取盛唐典章制度，促使其在各领域均有长足的发展与进步。仿效唐制建立三省六部体系，还出现京、府、州、县的管理模式，采用多重手段缓解阶级矛盾，与周边邻族修好求得边疆稳定，并动用国力修建了五条交通线，还修建上京忽汗州城，其周长达 32 里，拥有人口 10 多万，是当时东北亚区域内的大都会。同时，还涌现出一大批新的城镇。

渤海国拥有五京、十五府、六十二州、二三百个县和方圆五千里的疆界，以及三百多万人口和数十万的常备军队。在与新罗、日本等国接触过程中彰显出汉化体质的优势。《新唐书》卷二十九《渤海传》载："以肃慎故地为上京，曰龙泉府……秽貊故地为东京，曰龙原府……沃沮故地为南京，曰南海府……高丽故地为西京，曰鸭绿府……扶余故地为扶余府……挹娄故地为定理府……率宾故地为率宾府……拂涅故地为东平府……铁利故地为铁利府……越喜故地为怀远府。"

自 9 世纪中晚期及以后，唐朝没落致使渤海国也跟着走向衰败。久安产生的骄奢淫逸，疏于边防战备，使得渤海上层贪于享乐，统治集团内部相互倾轧，大大削弱了渤海综合国力。对于西邻契丹崛起并没有引起统治阶层的警觉，当契丹军事集团在第一轮的征讨之际，渤海国已显得猝不及防，介乎束手待毙即沦为阶下囚徒。据《契丹国志》记载："时东北诸夷皆服属，唯渤海未服。太祖（阿保机）谋南征，恐渤海掎其后，乃先举兵击渤海之辽东。"至同光三年（925 年）冬，阿保机又大举亲征渤海，首先包围了渤海西部重镇扶余城，"诛其守将"。次年（926 年）正月，挥师东进，直抵忽汗城下。末王大諲譔等渤海统治集团竟全无抵抗意志，于围城第四天，即做出了"素服，藁索牵羊，率僚属三百余人出降"[2] 的举动。至此，渤海政权宣告灭亡。

---

[1] ［后晋］刘昫等著：《旧唐书·渤海靺鞨传》，中华书局 1975 年版，第 5360 页。
[2] ［元］脱脱著：《辽史·太祖纪下》，中华书局 1974 年版，第 22 页。

二、渤海国文物

长颈瓶：泥质灰陶质，烧制时火候偏高，陶质较坚硬，轮制，圆唇外翻，侈口，平底，长颈，鼓腹，带纹饰，从器腹至器下部，均由横列竖式短线纹。口径 6.5 厘米，最大腹径 14.5 厘米，底径 6.5 厘米。年代为唐至辽末，为渤海国遗物。

莲花纹瓦当：泥质灰陶质，烧制时火候偏高，陶质较坚硬，模制。标本略残。瓦当直径 15 厘米，由八个叶状凸起组成，中间是一个直径 3 厘米的圆饼，距中心圆饼直径 3.8 厘米，有一圆宽约 0.2 厘米的凸弦纹，内心圆饼与凸弦纹之间等距分割成八份，由辐条状八条凸起线纹等距分割，在直线的顶头支起八个偃月造型。八个等距分割的辐条纹内，等距排列八个叶状凸起。叶状凸起高 0.5 厘米，长 3 厘米，边轮宽 1.5 厘米，边轮内高 0.6 厘米，边轮外廓高 1.2 ～ 1.3 厘米。年代为唐至辽代，为渤海国遗物。

文字瓦：泥质灰陶，烧制时火候偏高，陶质较坚硬。标本已残。该文字瓦的左侧偏旁模糊，右侧部首清晰。根据字形整体判断，应该是个"郎"字。该文字瓦采用事先刻好的字模压印而成，其手法与印章使用类同。该文字瓦属按压阳文，字模边缘长宽各 3 厘米。通长 10 厘米，宽 9.5 厘米。年代为唐至辽代，为渤海国遗物。

白铜带扣：白铜质地，采用范模浇铸而成。该组器物分如下几个步骤完成：第一是分件浇注，完成长柄扣和带扣；第二步是将两件单件组合到一起；第三步将浇注好的柄，按照第一步浇出来的初形，进行錾刻。该标本的柄部有四处錾图案：一是在带扣环箍处，錾刻两道不规则的线纹，在线纹凸起上刻出齿状纹；二是紧挨一的后方，正反两组类似云纹图案；三是在柄部中央有一个中穿圆孔，在其四周分列 12 个凹陷坑点纹，古人在这 12 个坑点纹四周用刻线组成图案；四是在该柄部末端与一类似图案，也是采用刻画云纹完成的。通长 29 厘米，宽 3.2 厘米，该标本保存完整。年代为唐至辽代，为渤海国遗物。

骑马甬：青铜质地，采用范模浇铸而成。该器整体采用浇注成型后，在铜板上进行錾刻塑形，錾刻痕迹清晰。甬的造型，头部采用一个圆形穿孔，头部与马行进方向相反，选择了面向观者，似与观者互动交谈状，双手握马的缰绳，坐垫与脚踏马镫状。马的形态是侧身前行，头部只用八刀就刻画出马的神态。四肢作行走状，马尾低垂与拾起的右蹄和脚下的祥云连接，造型生动。宽 5.3 厘米，厚 0.3 厘米，通高 7.5 厘米。器身附着一层很厚的黑漆古色斑漆。年代为唐至辽代，为渤海国遗物。

铜佛：青铜质地，采用范模浇铸而成，辅以精刻。宽 3 厘米，通高 8.5 厘米，厚 0.5 厘米。器身布满一层黑漆古色斑漆。年代为唐至辽代，为渤海国遗物。

铜佛：青铜质地，采用范模浇铸而成。后配缀红色珊瑚。宽 7 厘米，高 11 厘米，厚 0.7 厘米。器身附着一层黑漆古色斑漆。年代为唐至辽代，为渤海国遗物。

玉骨朵：也称之为权杖头，本地玉质，磨制而成，呈土黄色，通体光滑润泽，规则的八角形。中间有一个直径 2 厘米的对穿。依中穿等距分割成宽 1.5～0.8 厘米的八个凸起，每隔一个 1.5 厘米就是一个宽 0.8 厘米的磨制凹形。角径 10 厘米，凹陷径 7 厘米，厚 1.2 厘米。年代为唐至辽代，为渤海国遗物。

多角形玉骨朵：本地玉质，墨玉，磨制，通体由三层圆凸八角形相互叠压经磨制而成。经过深入研究发现，该标本由前后两层小圆凸八角形夹中间一个大圆凸八角形，制作精巧，圆润光滑，每层多角组织严谨，直径 13 厘米，中间有一直径 3 厘米的对穿圆孔，从中穿圆孔至外缘最长圆凸 5 厘米，厚 2 厘米。年代为唐至辽代，为渤海国遗物。

多角形石骨朵：石质为安山岩，通体呈墨黑色，并附着一层土黄色土沁。其磨制手法与上类同。通长 15.5 厘米，中穿圆孔径 3.5 厘米。围绕中穿圆孔的多角形最长径 12.5 厘米，通体呈规制圆凸八角形。年代为渤海至辽代，为渤海国遗物。

石骨朵：石质为土黄色细砂岩，磨制，经过抛光处理，通体油亮光润，平底。该器由两层圆凸角正方形叠压一起经磨制而成，这两层圆凸角正方形错叠一起，经精磨后抛光，该器有一直径 2.5 厘米的中穿。底层径 10 厘米，上层径 7 厘米，通高 6 厘米，年代为唐至辽代，为渤海国遗物。

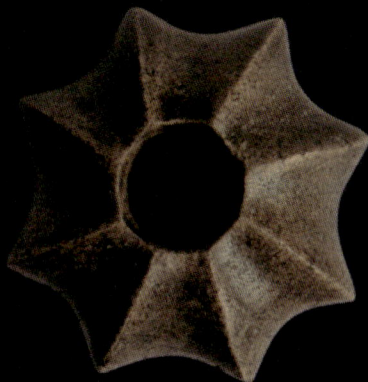

八角形权杖头：石质为褐色细砂岩，磨制，通体呈规制八角形，中有一圆形对穿孔，孔径 2.5 厘米，八角由中穿圆孔外辐射四周八个凸起，等距分割，根部（圆孔四周）均分 1 厘米等距，八角形的外缘均长 3.3 厘米，也是等距分割。通长 9 厘米，厚 1 厘米。年代为唐至辽代，为渤海国遗物。

三、黑水靺鞨文物

关于黑水靺鞨，《北齐书》《隋书》《旧唐书》《新唐书》《旧五代史》等史书中均有记载。唐开元十三年（725 年），安东都护薛泰奏请"于黑水靺鞨内置黑水军"。明年（726年），玄宗下诏"以其地为黑水州，仍置长吏，遣使镇压"[1]。笔者在黑龙江工作期间，曾在萝北县发现很多黑水靺鞨遗址，并发现"黑水府治所古城"[2]。

盘口罐：夹砂黄褐陶质，内夹匀称的细小砂粒，烧制火候偏，陶质较坚硬，带纹饰。有三层凸起翘沿，三重唇的第一层即是口沿，宽 0.54 厘米，第二层宽 0.8 厘米，第三层宽 0.4 厘米，在凹起上均匀地饰有排列规整的齿状纹，较前两道圆凸不同的是，第三道为尖凸状。鼓腹，轮制。有一高约 5.5 厘米的颈，直达器腹，上饰有四道高矮不同的竖式线纹。三道重唇下饰有第一道竖式排列的线纹，间距 1.3 厘米是第二道竖式线纹，距此以下 1 厘米处是第三道竖式线纹。其下间距在 0.8 厘米处是第四道竖式线纹，与前三道不同的是，这处竖式线纹为短线纹。圆唇，侈口，平底。口径 17.8 厘米，最大腹径为 16.6 厘米，通高 22 厘米，年代为北朝、隋唐至五代，为黑水遗物。

---

[1]　［后晋］刘昫等著：《旧唐书·北狄·黑水靺鞨》，中华书局 1975 年版，第 5358～5360 页。
[2]　邓树平：《黑水靺鞨地域范围与黑水府治所初探》，《满族研究》2011 年第 1 期。

　　各式铁矛（黑水鞑鞨）：铁质，锻造而成。共四件。其一，选择一个铁棍，先锤砸出扁舌状矛的形状后，留下一个实心的过渡地段，约 6 厘米左右，而后接着将铁棍锤砸成片状，再将其盘卷成空圆筒，为便于安插木杆之用，至此，该铁矛即完成制作。通长 26 厘米，矛柄直径 2.5 厘米，矛身宽 2.5 厘米，圆尖，厚 0.2 厘米；其二，柄呈圆筒状，矛身、矛尖呈四棱形，通长 21 厘米，柄径 2.8 厘米，身粗 1 厘米；其三，柄呈圆筒状，矛身呈扁尖状。柄径 3 厘米，矛身宽 2.3 厘米，厚 0.2 厘米，圆尖，通长 23.5 厘米；其四，柄呈圆筒状，向矛尖渐收成尖，尖端锐利。以上四件标本，器身上均附着一层很厚的铁红斑锈。年代为隋唐至五代时期，为黑水鞑鞨人遗物。

盘口罐：夹砂红陶质，内夹粗细不均的砂粒，烧制时火候偏高，陶质较坚硬，带纹饰。有三重凸起的翘沿，略鼓腹，圆唇，略侈口，平底。三重唇下（颈部）饰有几道不规则弦纹，自弦纹下至器腹，饰有不太清晰的横向排列的竖式短条纹。口径 15.6 厘米，最大腹径 14 厘米，通高 17.6 厘米，底径 8.6 厘米。年代为北朝至五代，为黑水靺鞨人遗物。

盘口罐：夹砂黄褐陶质，内夹均匀的细小砂粒，烧制时火候偏高，陶质较坚硬，带纹饰，有三重凸起翘沿，三重唇中的第一道，第二道均宽 0.5 厘米，第三道宽 0.3 厘米。其下为颈部，上面饰有横向竖式排列三行线纹，第一排竖式线纹与第二排长短相等，均 1 厘米长短；第三排竖式线纹仅 0.5 厘米长。轮制，圆唇，侈口，平底。口径 14.5 厘米，最大腹径 13.8 厘米，底径 7.3 厘米。年代为北朝至隋唐、五代，为黑水靺鞨人遗物。

盘口罐：夹砂红陶质，内夹蛤粉与均匀的细小砂粒，烧制时火候偏高，陶质较坚硬。轮制，带纹饰。有三重凸起的翘沿，第一层与第二层翘沿均 0.5 厘米宽，第三层宽约 0.3 厘米，鼓腹。在器物颈部与肩部施有横排竖式短线纹，与其分割的用四道阴刻画纹形成的弦纹，竖线纹共两道，第一道饰在颈部，宽约 1.8 厘米；第二道刻在肩部，宽约 1.2 厘米。两道刻饰间距 2.3 厘米。口径 15 厘米，最大腹径 14.7 厘米，底径 8.2 厘米。年代为北朝、隋唐至五代，为黑水靺鞨人遗物。

筒形罐：夹砂黄褐陶质，内夹粗细不均的砂粒，烧制时火候偏高，陶质较坚硬，手制，平底，圆唇，直口，带纹饰。有两道凸弦纹，宽均在 0.6~0.8 厘米。颈部亚腰状，是在整体罐制作完成后，切削一圈宽约 4.5 厘米、深约 0.4 厘米的平面上，切削痕迹清晰，后在这个切削平面上施三排并列竖式线纹，腹部为素面。口径 15.5 厘米，最大腹径 15 厘米，底径 7 厘米，通高 14.5 厘米。年代为北朝、隋唐至五代，为黑水靺鞨人遗物。

单耳杯：泥质黄褐陶质，烧制时火候偏高，陶质较坚硬，手制，素面，无纹饰，器表上留有一些大小光口，略平唇，直口，在成型的器口上帖塑一个泥圈制翻卷的口沿，口沿外翻卷，在口沿下方帖塑一个圆柱状泥条制成的立桥状耳，长5厘米，径1厘米。口径8厘米，腹径13厘米，底径4.5厘米，通高10厘米。年代为北朝至五代，为黑水靺鞨人遗物。

长颈罐：泥质黄褐陶质，烧制时火候偏高，陶质较坚硬，轮制，素面无纹饰，长颈，鼓腹，平底，圆唇，直口。口沿径3.5厘米，最大腹径5厘米，底径4.3厘米。年代为北朝、隋唐至五代，为黑水靺鞨人遗物。

杯口罐：泥质黑陶质，烧制时火候偏高，陶质较坚硬，轮制，从颈部至器底饰有横排竖式四组线状纹，每一组间隔1.2厘米，纹饰精美，除外翻的口沿外，还有两道凸弦纹组成的重唇。平唇，侈口，平底。口径9.5厘米，最大腹径14.5厘米，底径8.5厘米，通高18.5厘米。年代为北朝、隋唐至五代，为黑水靺鞨人遗物。

双耳罐：泥质灰陶质，烧制时火候偏高，陶质较坚硬，轮制，口沿略残，圆唇，敞口，有纹饰。经过研究发现，该器在整捏塑成型后，在颈部附加一圈泥条做凸起，而后又将这个凸起等距切削成宽约1厘米、高约0.8厘米的齿状凸纹。后又左右对称帖塑一对竖式扁桥状耳，长约2厘米，宽约0.7厘米，口径8.5厘米，该器腹身部位饰有左右倾斜的长线篦纹。底径5厘米，通高约11.3厘米。年代为北朝、隋唐至五代，为黑水靺鞨人遗物。

陶钵：夹砂黄褐陶质，烧制时火候偏低，陶质较疏松，内夹较均匀的砂粒，手制，口沿略残，素面无纹饰，圆唇，敞口，圆底。口径 15 厘米，底径 8 厘米，通高 6 厘米。年代为北朝、隋唐至五代，为黑水靺鞨人遗物。

陶罐：泥质黄褐陶质地，烧制时火候偏低，陶质较疏松，圆唇，敞口，平底。唇外帖塑一个凸起，上面有用指甲斜划纹。器腹饰有横列锥刺之字纹，器身残损较大，经黏合后形成一个整体。口径 12.5 厘米，底径 6.2 厘米，通高 17.4 厘米，壁厚 0.35 厘米。年代为北朝至唐，为黑水靺鞨人遗物。

斜口器：夹砂红陶质地，烧制时火候偏高，陶质较坚硬，由于烧制时火候不均，器表上有红褐相间色斑。椭圆形底，敞口。高 18 厘米，通长 39 厘米，壁厚 1 厘米。底横径 11.5 厘米，纵径 9.2 厘米。斜口长 34.5 厘米，内口底宽 6 厘米，外口宽 29.5 厘米。由于受埋藏环境挤压所致，器型整体残碎，经黏合后整体基本保存完好。年代为北朝至唐，为黑水靺鞨人遗物。

盘口罐：夹砂黄褐陶质地，烧制时火候偏高，陶质较坚硬，尖唇，敞口，平底。颈部呈亚腰形，圆鼓腹。器腹饰有自左向右下斜成组规制方格坑点纹，器身残损较大，经黏合后形成一个口沿链能接到器底，大致能窥视到一个器型原貌。口残径 20 厘米，底径 8 厘米，颈径 11.4 厘米，最大腹径 21.5 厘米，通高 29 厘米，壁厚 0.5 厘米。年代为北朝至唐，为黑水靺鞨人遗物。

第三节　辽朝治下的东北诸族

一、辽朝治下的女真

女真之名，何时在史料中出现的？据《宋会要辑稿》载："唐贞观中，靺鞨来朝，中国始闻女真之名，契丹谓之虑真。"

《文献通考》载："靺鞨来朝，太宗问其风俗，因言及女真之事，自是中国始闻其名。契丹目之曰虑真。"[1]

南宋陈准《北风扬沙录》又载："金国本名朱里真，番语舌音讹为'女真'，或曰'虑真'，避契丹兴宗宗真名，又曰'女直'。肃慎氏之遗种……唐贞观中，靺鞨来中国，始闻女真之名，世居混同江东，长白山野绿水之源。南邻高丽，北接室韦，西界渤海、铁骊，东濒海。《三国志》所谓挹娄，元魏所谓勿吉，唐所谓黑水靺鞨者，今其地也。有七十二部落，不相统制。契丹阿保机乘唐衰，兴北方，吞诸蕃三十六，女真在其中。"[2]

宋洪皓《松漠纪闻》云："女真，即古肃慎国也。东汉谓之挹娄，元魏谓之勿吉，隋唐谓之靺鞨。……其属分六部，有黑水部，即今之女真。其水掬之则色微黑，契丹曰为混同江。……五代时，始称女真。后唐明宗时，尝寇登州，渤海击走之。其后避契丹讳，更名女直，俗讹为女质。居混同江之南者，谓之熟女真，以其服属契丹也。江之北为生女真，亦臣于契丹，后有酋豪受其宣命为首领者，号太师。"[3]

《金史·世纪》云："金之先出靺鞨氏，唐初有黑水靺鞨，居肃慎地，东濒海，南接高丽，亦附于高丽，……其后渤海盛强，黑水役属之。五代时，契丹尽取渤海地，而黑水靺鞨附属于契丹，其在南者籍契丹，号熟女直，其在北者不在契丹籍，号生女直，生女直地有混同江、长白山，混同江亦号黑龙江，所谓白山黑水是也。"[4]

《大金国志·金国初兴本末》载："金国本名朱里真，蕃语舌音讹为女真，或曰虑真，避契丹兴宗宗真名，又曰女直，肃慎氏遗种，渤海之别族也，或曰三韩辰韩之后，姓挐氏，于北地中最微且贱。唐贞观中靺鞨来中国，始闻女真之名。"

辽太祖耶律阿保机在建辽国时，就把对外征剿主要矛头对准了诸部女真，才致使女真频繁地出现在各种史籍中。

唐天复二年（902年）春，阿保机率兵东征，"伐女直，下之，获其户三百"[5]。

---

[1] ［元］马端临著：《文献通考》卷三二七《四夷考》，中华书局1986年版。

[2] ［宋］陈准著：《北风扬沙录》卷一，李澍田主编：《东北史料荟萃·金史辑佚》，吉林文史出版社。

[3] ［宋］洪皓著：《松漠纪闻》，李澍田主编：《长白丛书》，吉林文史出版社1986年版，第9页。

[4] ［元］脱脱著：《金史·世纪》，中华书局1975年版，第1页。

[5] ［元］脱脱著：《辽史·太祖本纪》，中华书局1974年版，第2页。

唐天祐三年（906 年）十一月，阿保机"遣偏师讨奚、霫诸部及东北女直之未附者，悉破降之"[1]。引文中所提到的东北女真，是指在今嫩江下游至松花江大回转两岸地区的女真部落。

辽代女真被分为若干部，合苏馆女真最受辽朝重视，阿保机在世时曾把这部女真迁徙到辽阳一带。关于曷（合）苏馆女真很多文献都有记载。

《辽史》北面属国官条载："曷苏馆路女直大王府，亦日合苏衮部女直王，又曰合素女直王，又曰苏馆都大王。"

《辽史·百官志》："属国中有曷苏馆路，亦曰苏衮部，又曰合素。"

《辽史·食货志》："曷术，国语（指契丹语）铁也。"

《辽史·营卫志》下："曷术部。初，取诸宫及横帐大族奴隶置曷术石烈，'曷木'，铁也，以冶于海滨柳湿河，三黜古斯、手山。圣宗以户口蕃息，置部。"[2]

据史料记载："契丹阿保机，乘唐衰乱，开国北方，并吞诸蕃三十有六，女真其一也。阿保机虑女真为患，乃诱其强宗大姓，数千户，移置辽阳之南，以分其势，使不得相通，迁入辽阳著籍者名日合苏款，所谓熟女真者是也。"[3]

据《文献通考》记载："阿保机虑其（女真）为患，诱迁豪右数千家于辽阳南而著籍焉，分其势，使不得与本国相通，谓之合苏馆，合苏馆者（熟）女真也。"

---

[1] ［元］脱脱著：《辽史·太祖本纪》，中华书局 1974 年版，第 2 页。

[2] ［元］脱脱著：《辽史·营卫志》，中华书局 1974 年版，第 389 页。

[3] ［宋］徐梦莘著：《三朝北盟会编·政宣上帙三》，上海古籍出版社 2008 年版，第 16 页。

板瓦：灰色泥质陶质地，烧制时火候偏高，陶质较坚硬，标本残破。瓦头上饰有麦穗纹，残长 28 厘米。瓦头长 23 厘米，宽 4 厘米，厚 2.6 厘米。年代为辽代。

灰陶罐：泥质灰陶质地，烧制时火候偏高，陶质较坚硬。轮制。颈部和腹部饰有四排刻画网格纹。圆唇，敞口，平底。通高 13.4 厘米，口径 9 厘米，最大腹径 11.5 厘米，底径 5 厘米。年代为辽代。

双系陶罐：泥质灰陶质地，烧制时火候偏高，陶质较坚硬。轮制。腹身轮制痕迹清晰。圆唇，敞口，平底。在颈肩处有对称帖塑一对竖柱形桥状耳。通高 14 厘米，口径 10.5 厘米，最大腹径 16.4 厘米，底径 7.5 厘米。年代为辽代。

鸡腿瓶：酱釉陶质地，烧制时火候偏高，陶质较坚硬，通体呈乌亮漆色，轮制，外翻圆唇，侈口，小细颈，圆肩，敛腹，平底。口径 4.3 厘米，颈径 3.5 厘米，颈高 2 厘米，肩径 16.5 厘米，腹下径 8 厘米，底径 9 厘米。年代为辽代。

梅瓶：泥质灰陶质地，烧制时火候偏高，陶质较坚硬，轮制，外翻圆唇，侈口，短颈，圆肩，平底。口径 6.2 厘米，颈径 5 厘米，颈高 1.5 厘米，圆肩径 14.5 厘米，底径 11.7 厘米，通高 34 厘米。年代为辽代。

梅瓶：泥质灰陶质地，烧制时火候偏高，陶质较坚硬，轮制，外翻圆唇，侈口，短颈，圆肩，平底。口径 6 厘米，颈径 4.8 厘米，颈高 1.5 厘米，圆肩径 14 厘米，底径 11.5 厘米，通高 34 厘米。年代为辽代。

绿釉瓦当：泥质陶质地，施翠绿色釉。标本已残，烧制时火候偏高，陶质较坚硬。整体由一个变形兽面与一圈联珠纹组成。残径 14.5 厘米，厚 2.8 厘米。年代为辽代。

绿釉瓦当：泥质陶质地，施翠绿色釉。标本已残，烧制时火候偏高，陶质较坚硬。整体由一个兽面纹组成。残径13厘米，厚2.3厘米。年代为辽代。

长颈瓶：泥质灰陶质地，烧制时火候偏高，陶质较坚硬，轮制，长颈，鼓腹，平底，外翻圆唇，略侈口。器腹饰有四组横列竖式或短线纹，口径6厘米，颈高5.8厘米，最大腹径15厘米，底径7.4厘米，通高21厘米。年代为辽代。

杯口罐：泥质灰陶质地，烧制时火候偏高，陶质较坚硬，轮制。外翻圆唇，侈口，平底。器型通体经过磨光，从颈下至罐底饰有精美的横列竖式线纹或篦点纹，通高19.3厘米，口径8.5厘米，最大腹径13厘米，底径7.8厘米。年代为辽代。

缸釉罐：褐陶质地，上挂酱釉，烧制时火候偏高，陶质较坚硬，口沿外侧帖塑四个竖式桥状耳。平唇，敛口，平底。通高11厘米，口径10.3厘米，最大腹径13.5厘米，底径8.7厘米。年代为辽代。

黑陶罐：泥质黑陶质地，漆黑光亮，腹下带密集的坑点纹。圆唇，敛口，平底。通高10.2厘米，口径8.3厘米，颈径8.5厘米，最大腹径13.2厘米，底径5.6厘米。年代为辽代。

围棋盒：木质，器表原土红色朱漆，盒与盖保存完整。器表附着一层陈年泥垢，整体呈椭圆形，台底。通高9.6厘米，直径13.4厘米，底径6.5厘米，台底高0.5厘米。年代为辽代。

缸釉灯盏：泥质褐陶质地，在灯盏内挂施酱釉，从灯芯内向右侧口沿上横向伸出一个便于捏拿的扁把（长8厘米，最宽处2.7厘米，厚0.5厘米）。平唇，敞口，略平底。口沿有一个"凹"形豁口，便于搁放灯信之用。通高3.2厘米，口径9厘米，底径5.6厘米。年代为辽代。

白瓷碗：高岭土质地，烧制时火候偏高，瓷质较坚硬，腹下没有挂釉。平唇，敞口，台底。通高9.5厘米，口径19厘米，底径9.2厘米，台底高1厘米，壁厚0.4厘米。年代为辽代。

白瓷碗：高岭土质地，烧制时火候偏高，瓷质较坚硬，腹下没有挂釉。平唇，敞口，台底。通高9厘米，口径18厘米，底径9厘米，台底高1厘米，壁厚0.45厘米。年代为辽代。

白瓷人：共两枚。高岭土质地，烧制时火候偏高。手制。
一是瓷质较坚硬。眼、鼻、口处点染绛紫色，信手刻画，造型夸张。形态扭曲，通体呈"S"形，有底座。通长11厘米，头宽4.3厘米，底座长5.5厘米，宽2厘米。年代为辽代。
二是瓷质较坚硬。眼、鼻、口处点染绛紫色，刻画与上略同，造型夸张，有底座。通长11厘米，头宽4厘米，底座长4.7厘米，宽3厘米。年代为辽代。

白瓷盅：高岭土质地，烧制时火候偏高，陶质较坚硬。轮制。薄圆唇，侈口，台底。通高3厘米，口径8.5厘米，底径3.5厘米，台底高0.8厘米，壁厚0.23厘米。年代为辽代。

酱釉盅：高岭土质地，烧制时火候偏高，陶质较坚硬。手制。通体滴挂酱釉色，圆唇，敞口，台底。通高2.5厘米，口径5.6厘米，底径2.5厘米，壁厚0.4厘米。年代为辽代。

酱釉权：夹砂褐陶质地，烧制时火候偏高，陶质较坚硬。手制。平底。通体呈梨状，有穿鼻，挂酱釉色，长4.5厘米，宽3.5厘米，底宽2厘米。年代为辽代。

酱釉权：夹砂褐陶质地，烧制时火候偏高，陶质较坚硬。手制。通体呈梨状，有穿鼻，挂酱釉色，长5厘米，宽3.7厘米，底宽2.4厘米。年代为辽代。

酱釉纺轮：夹砂褐陶质地，烧制时火候偏高，陶质较坚硬。手制。圆形，饼状，有一直径1厘米穿孔，在其四周用钝圆木质工具按压形成辐条状太阳纹。直径5厘米，厚2.5厘米。年代为辽代。

带环箍木葫芦：梨木材质，分两个部分，由一根独木经雕刻而成。主体雕刻成葫芦，在葫芦的亚腰处，有一可转动的木环。葫芦通长15.5厘米，由两个连续亚腰组成。可转动的环就处于第一个圆凸及第二个圆凸之间的亚腰处，通高14.7厘米。木环直径6.4厘米，粗径1.2厘米。最大圆凸腹径6.5厘米。年代为辽代。

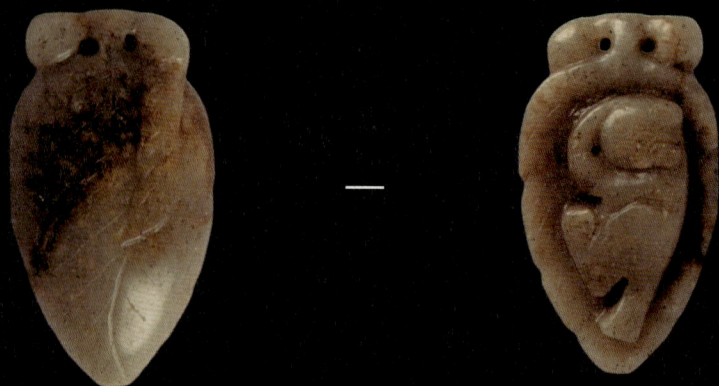

玉蝉：白玉质地，通体布满土沁呈赭色、黄色。正面整体似叶状，并刻有筋脉，头部饰有两个透钻圆孔，直径 0.3 厘米。通长 11.5 厘米，最大宽径 6.7 厘米；反面，尺寸与正面相同，唯一不同之处在于，在器物正中刻琢一个卧匐蜷缩的一只猫，刻画手法简练生动，猫通长 7.5 厘米，宽 4 厘米。年代为辽代。

黑晶珠：共两枚。采用黑色燧石和黑曜石石质经磨制而成，直径 3.5 厘米，中穿孔径 0.3 厘米。色泽均为漆黑色。年代为辽代。

玛瑙珠：共两枚。红玛瑙石质地，通体经磨制而成，均大，直径 2.5 厘米；直径 3 厘米。色泽均为浅品红色。年代为辽代。

玛瑙珠：共八枚。红玛瑙石质地，通体经磨制而成，均大，直径在 2.4 厘米，孔径 0.2 厘米。色泽均为品红色。年代为辽代。

绿松石耳坠：由白银和绿松石为主要质地，经钻孔后，用银丝勾穿住绿松石，绿松石呈梨形，长 2.6 厘米，宽 2.3 厘米。通体长 6.5 厘米。年代为辽代。

白釉大碗：高岭土质地，烧制时火候偏高，瓷质较坚硬，腹部以上至碗内挂满乳白色釉，腹至碗底，保留土黄色原胎底色。平唇，侈口，台底。口径 21.4 厘米，底径 9.2 厘米，台底高 0.6 厘米，通高 11 厘米，壁厚 0.9 厘米。年代为辽代。

杯口篦点纹罐：泥质灰陶质地，烧制时火候偏高，瓷质较坚硬，杯及器肩呈黑漆状，外翻圆唇，侈口，平底，带纹饰，从器肩至腹底由八道横排竖式或条状纹组成，口径 7.5 厘米，最大腹径 13 厘米，底径 5.7 厘米。年代为辽代。

杯口罐：泥质灰陶质地，烧制时火候偏高，陶质较坚硬，轮制，长颈，鼓腹，平底，外翻圆唇，略侈口。器腹饰有七组横列竖式或短线纹，口径 9 厘米，颈高 5 厘米，最大腹径 13 厘米，底径 5 厘米，通高 20 厘米。年代为辽代。

绿釉鸡冠壶：高岭土质地，烧制时火候偏高，瓷质较坚硬，通体施草绿色釉，台底。壶流口呈圆唇，敞口，台底。口径 3.5 厘米，底径 10 厘米，通高 23.5 厘米。年代为辽代。

筒形罐：泥质灰陶质地，烧制时火候偏高，陶质较坚硬，轮制，盘口翘沿，口沿外有用手指捏出的波浪纹，束腰，平底。通高 21.7 厘米，口径 13.2 厘米，束腰处径 11 厘米，底径 12.5 厘米。年代为辽代。

灰陶碗：夹砂黄褐陶质地，内夹细小均匀的砂粒。烧制时火候偏低，陶质较疏松。手制，平唇，敞口，平底。口沿略残。通高 7 厘米，口径 9.5 厘米，底径 5.5 厘米，壁厚 0.4 厘米。年代为辽代。

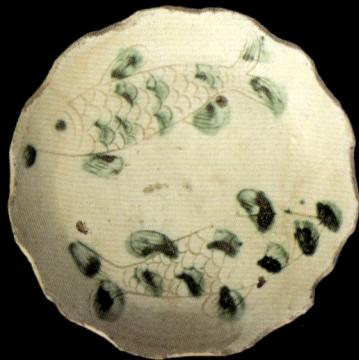

乳黄釉盘：高岭土质地，烧制时火候偏高，瓷质较坚硬，通体施乳黄色釉，盘内刻画有两条朝两个方向游动的鱼，并在鱼身点施深绿色。盘口为刮削形成的波浪形纹（整体呈葵花形）。斜平唇，敞口，平底。通高 4.2 厘米，口径 19 厘米，底径 8 厘米，壁厚 0.3 厘米。年代为辽代。

心形铜件：青铜质地，采用范模浇铸而成。通体呈心形，有一穿孔。外由卷云纹连缀成一个心形，而后，在内部采用四个中国结巧妙地连缀在一起，纹饰精美，通高 9.7 厘米，宽 11 厘米，厚 0.2 厘米。器身附着一层很厚的草绿色铜锈。年代为辽代。

心形银牌饰：白银质地，采用纯银片经压制而成。通体呈心形。长 6.5 厘米，宽 8 厘米，厚 0.16 厘米，器身附着一层很厚的草绿色铜锈。年代为辽代。

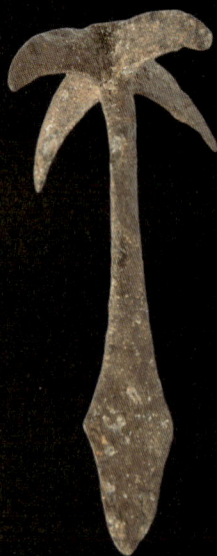

铁蒺藜：铁质，锻造。头部有四个镰刀形钩齿组成，后面有一个圆柱形铤连缀一个矛状扁尖，尖端锋利。通长 12 厘米，最宽处 4.5 厘米。器身附着一层铁红色斑锈。年代为辽代。

银扁簪：白银质地，锻造。通体呈扁片状。头部有一宽约 2.5 厘米的穿孔。其余为扁片状。通长 17.5 厘米，最宽处 2.5 厘米，头宽 2 厘米，厚 0.13 厘米。器身附着一层黑色银锈。年代为辽代。

银簪：白银质地，锻造。共三枚。均采用同一手法制作。采用一根粗约0.3厘米的银丝折弯变成叉形，各长约15、13.5、16厘米。器身附着一层草绿色、浅绿色、黑色银锈。年代为辽代。

银簪：白银质地，锻造。共三枚。均采用同一手法制作。均采用扁状银片打制成一头带耳挖，一头扁尖状银簪。通长分别为14.5、12.5、16厘米。器身附着一层草绿色、浅绿色银锈。年代为辽代。

短柄铜勺：青铜质地，采用范模浇铸而成。通体呈柄部略粗，并留有直径约0.4厘米的穿孔，勺口扁直。通长17厘米，柄宽1.5厘米，柄厚0.4厘米；勺宽1.7厘米，勺厚0.2厘米。器身附着一层很厚的绿色铜锈。年代为辽代。

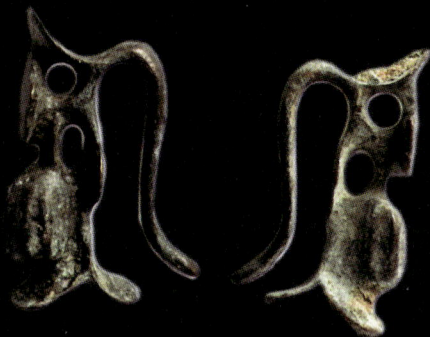

青铜耳钩：青铜质地，采用范模浇铸而成。共两枚，造型一致，形制精美，通长4.7～4.9厘米，宽2.5～3.3厘米。器身附着一层很厚的绿色铜锈。年代为辽代。

青铜勺：青铜质地，采用范模浇铸而成。柄部上端为外六棱内圆管状，根部为扁三棱状并连缀至勺口，柄长9.7厘米，柄头径1.8厘米，管壁厚0.16厘米；柄根长1.8厘米，厚6.6厘米。勺口横径13厘米，竖径7.5厘米，壁厚0.2厘米。总长17.3厘米。器身附着一层很厚的绿色铜锈。年代为辽代。

黄釉渣斗：高岭土质地，烧制时火候偏高，瓷质较坚硬，通体施橘黄色釉，圆唇，侈口，鼓腹。通高 25 厘米，口径 15 厘米，碗底与鼓腹间有个亚腰，直径 6.4 厘米，最大腹径 11.7 厘米，台底高 1.5 厘米，底径 7.5 厘米。年代为辽代。

黄釉钵：高岭土质地，烧制时火候偏高，瓷质较坚硬，通体施橘黄色釉，器表有两道刻画弦纹，器身施满橘黄色釉，圆唇，敛口，平底。通高 6 厘米，口径 10 厘米，底径 8.3 厘米。年代为辽代。

三足铁器：铁质，经模具翻铸而成。单立耳，三足。平唇，直口。通高 25 厘米，口径 23 厘米。年代为辽代。

杯口瓜棱罐：泥质灰陶质地，烧制时火候偏高，陶质较坚硬。轮制。杯口，颈下带一圈凸弦纹，器腹至器底等距刻画 6 个竖线纹，并塑起凸鼓的瓜棱，造型精美，器身附带一种黑漆亮色，圆唇，敞口，平底。通高 20 厘米，口径 8.5 厘米，最大腹径 15 厘米，底径 5.4 厘米。年代为辽代。

龙柄童甬勺：
青铜质地，采用范
模浇铸而成。柄头
是一个龙头，张口
圆目，龙须飘逸，
柄杆是圆柱形，连
缀在一个双手合十
蹲在勺沿上一个童
甬的头部，童甬长
4.5厘米。勺呈钵
状，勺口直径8.3
厘米，高3.4厘米。
整体通长38厘米。
器身附着一层很厚
的绿色铜锈。年代
为辽代。

灰陶罐：泥质灰陶质地，烧制时火候偏低，陶质较疏松。手制。圆唇，敛口，平底。通高 12.4 厘米，口径 8 厘米，最大腹径 15.5 厘米，底径 5.5 厘米。年代为辽代。

簪子头：白银质地，采用范模翻铸而成。残剩簪头，由两个凹陷圆孔和两个凹陷心形构成，估计原来这几个孔中均填有各类宝石。残长 4.5 厘米，宽 3.3 厘米，厚 1 厘米。器身附着一层很厚的灰绿色银锈。年代为辽代。

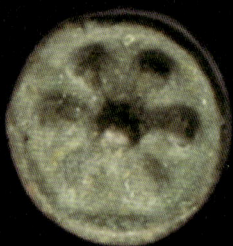

围棋子：陶质一枚，黑陶质地，烧制时火候偏高，陶质较坚硬；青铜质地一枚，带凸起六角纹，器身有绿色铜锈。直径均为 1.5 厘米，厚 0.2 ~ 0.3 厘米。年代为辽代。

银饰件（残）：白银质地，整体呈片状。残剩一部分。长 6 厘米，宽 5 厘米，厚 0.15 厘米。器身附着一层很厚的土沁与草绿色银锈。年代为辽代。

据《大金国志》记载："黄头女真者，皆山居，号合苏馆女真。"

《契丹国志》："黄头女真，皆山居，号合苏馆女真。合苏馆，河西亦有之。有八馆，在黄河东，与金粟城、五花城隔河相近。其人憨朴勇鸷，不能别死生，契丹每出战，皆被以重札，令前驱。髭发皆黄，目睛多绿，亦黄而白多。"[1]

《松漠纪闻》记载："黄头女真者，皆山居，号'合苏馆女真'。合苏馆，河西亦有之，有八馆，在黄海东，今皆属金人。与金粟城、五花城隔河相近。二城八馆旧属契丹，今属夏人。金人约以兵取关中，以三城八馆报之，后背约，再取八馆，而三城在河南，屡争不得，其一城忘其名。其人戆朴勇鸷，不能别死生。金人每出战，皆被以重札，令前驱，谓之硬军。后役之益苛，廪给既少，遇卤掠所得，复夺之，不胜忿。天会十一年遂叛。兴师讨之，但守遏山下不敢登其巢穴。经二年，出斗而败，复降。疑即黄头室韦也。金国谓之黄头生女真，髭发皆黄，目精多绿，亦黄而白多，因避契丹讳，遂称黄头女直。"

《金史》记载："曷苏馆路，置节度使。天会七年，徙治宁州，尝置都统司，明昌四年废。有化成关，国言曰曷撒罕关。"[2]

关于濒海女真国大王府，据《三朝北盟会编》记载："其边远而近东海者，则谓之东海女真。"[3]辽朝在濒海女真设女真国大王府及节度使司。其地为绥芬河流域，即为今俄远东边疆区乌苏里斯克（双城子）城址。

另据《辽史》"北面属国官"，记有"濒海女直国大王府"[4]。同书又记：统和六年（988年）八月"丁丑，濒海女直遣使速鲁里来朝。……滨海女直遣厮鲁里来修土贡"[5]。

关于长白山女真国大王府，《续资治通鉴长编》记作"女直三十首领"[6]。

长白山这三十部女真的出现大约在辽圣宗时期，与征讨女真诸部有关。983至1031年间，辽朝就加强了对女真诸部的统治，从统和元年至四年（983—986年），辽朝对女真便有两次大的征伐活动。另据《资治通鉴长编》卷三十二《太宗淳化二年十二月》记载："是岁（992年），女真首领野里鸡等上言，契丹怒其朝贡中国，去海岸四百里立栅，栅置兵三千，绝其朝贡之路。于是航海入朝，求发兵与三十首领共平三栅。若得师期，即先赴本国，愿聚兵以俟。上但降诏抚谕，而不为出师。其后遂归契丹。"[7]

辽代黄龙府女真部大王府，原渤海夫余府，为辽军事重镇。耶律阿保机东灭渤海就是先攻下了黄龙府。据《辽史·太祖本纪》记载："（天显元年七月）甲戌，次夫余府，上不豫。是夕，大星陨于幄前。辛巳，平旦，于城上见黄龙缭绕，可长一里，光耀夺目，入于行宫。有紫黑气蔽天，逾日乃散。是日，上崩，年五十五……太祖所崩行宫在扶余城西南两河之间，后建

[1]　[宋] 叶隆礼著：《契丹国志·诸蕃记》，上海古籍出版社1985年版，第146～147页。

[2]　[元] 脱脱著：《金史·地理志》，中华书局1975年版，第23页。

[3]　[宋] 徐梦莘著：《三朝北盟会编·政宣上帙三》，上海古籍出版社2008年版，第16页。

[4]　[元] 脱脱著：《辽史·百官志》，中华书局1974年版，第287页。

[5]　[元] 脱脱著：《辽史·圣宗纪三》，中华书局1974年版，第287页。

[6]　[宋] 李焘著：《续资治通鉴长编·大宋淳化二年》，中华书局1985年版。

[7]　[宋] 李焘著：《续资治通鉴长编·大宋淳化二年》，中华书局1985年版。

升天殿于此，而以扶余为黄龙府云。"[1]

据《辽史》记载，"黄龙"现与太祖崩"遣黄龙迎王"一说。

《辽史》中对于黄龙府最初记载，仅见"天显三年（927年）正月己未，黄龙府罗涅河女直、达卢古来贡"[2]。

对"黄龙府罗涅河女直"目前存在两种解释，其一为，黄龙府统辖下的罗涅河女真；其二为，黄龙府居住有从罗涅河迁徙的女真。

据宋宇文懋昭著《大金国志》卷四十《许奉使行程录》记载："……第三十三程。自黄龙府六十里至托撒孛董寨。府为契丹东寨，当契丹强盛时，擒获异国人则迁徙散处于此。南有渤海。北有铁离、吐浑，东南有高丽、靺鞨，东有女真、室韦，北有乌舍，西北有契丹、回纥、党项，西南有奚。故此地杂诸国俗，凡聚会处，诸国人言语不同，则各为汉语以证，方能辨之。"

大康八年（1082年）三月，"黄龙府女直部长术乃率部民内附，予官，赐印绶"[3]。《辽史·百官志》载："黄龙府女真部大王府，道宗大康八年赐官及印。"[4]是知黄龙府女真部大王府置于道宗大康年间，较北女真、南女真、曷苏馆女真大王府建置为晚。黄龙府女真部大王府的辖域不限于今吉林省农安县一带，可能与明代的福余卫相当，包括嫩江以东的乌裕尔河，以西的绰尔河（罗涅河）之间。

黄头女真属于是熟女真，来自罗涅河与绰尔河流域。

据《辽史·百官志》属国部条记载，辽有"南女直国大王府"[5]。

据考证，南女真主要分布在辽东半岛熊岳城附近地区。辽置南女真国大王府即汤河详稳司管理之。据《辽史·百官志》属国部条记载，辽有"北女直国"。《辽史·地理志》载，北女真兵马司辖有韩州（今昌图八面城）、肃州、安州、咸州（今开原）、同州、银州（今铁岭）、辽州、双州，以及龙化州等。统和八年（990年）九月，"北女直国四部请内附"[6]。

生女真世居混同江以北，宁江州以东地区，与熟女真一同归属于契丹羁縻，但"不隶籍"，意思很明确，不完全听命于契丹。辽兴宗时期女真完颜部的乌古乃（函普家族），因设计擒拿叛辽的五国部节度使拔乙门而受奖赏，还被册封"为生女真部节度使"。

女真完颜部首领绥可是杰出的部族领导者，会建筑屋宇，有栋宇之制，善于耕垦树艺，懂得烧炭炼铁等。《金史》《三朝北盟会编》《北风扬沙录》等文献都真实记录了生女真当时的社会情况。

自女真始祖函普入赘完颜部以后，大大地促进了全部族的发展，也为自己家族创造了发展的空间。

[1] ［元］脱脱著：《辽史·太祖本纪》，中华书局1974年版，第287页。
[2] ［元］脱脱著：《辽史·太宗纪》，中华书局1974年版，第287页。
[3] ［元］脱脱著：《辽史·道宗纪》，中华书局1974年版，第287页。
[4] ［元］脱脱著：《辽史·百官志》，中华书局1974年版，第762页。
[5] ［元］脱脱著：《辽史·百官志》，中华书局1974年版，第756页。
[6] ［元］脱脱著：《辽史·圣宗纪四》，中华书局1974年版，第140页。

至昭祖石鲁时代，"生女直无书契，无约束，不可检制。昭祖欲稍立条教，诸父、部人皆不悦，欲坑杀之。已被执，叔父谢里忽知部众将杀昭祖，曰：'吾兄子，贤人也，必能承家，安辑部众，此辈奈何辄欲坑杀之！'亟往，弯弓注矢射于众中，劫执者皆散走，昭祖乃得免。昭祖稍以条教为治，部落浸强。辽以惕隐官之。诸部犹以旧俗，不肯用条教。昭祖耀武至于青岭、白山，顺者抚之，不从者讨伐之"[1]。

至景祖时期，对辽用策周旋，借以巩固和提高自己以及本民族的地位。

在这一历史时期，景祖妥善处理了一些复杂敏感的事务，有效遏制了辽朝对女真的进攻。据史料记载，"五国蒲聂部节度使拔乙门叛辽，鹰路不通。辽人将讨之，先遣同干来谕旨。景祖曰：'可以计取。若用兵，彼将走保险阻，非岁月可平也。'辽人从之。盖景祖终畏辽兵之入其境也，故自以为功。于是景祖阳与拔乙门为好，而以妻子为质，袭而擒之，献于辽主。辽主召见于寝殿，燕赐加等，以为生女直部族节度使"[2]。

解读史料我们发现，景祖乌古乃不但替辽朝擒获拔乙门，还有效阻止辽兵入境骚扰。同时，还剪除了一个主要竞争对手并夺取其节度使职务。

至世祖与肃宗时期，对女真内部继续兼并，替辽朝征讨叛亡，逐渐地扩大了部族联盟体。

穆宗盈哥时期，采用统一号令管理整个部族。据史料记载，采"用太祖议，擅置牌号者置于法，自是号令乃一，民听不疑矣"[3]。

辽在通鹰路问题上，对穆宗盈哥十分倚重。

至康宗乌雅束与太祖阿骨打时期，借故都与辽朝作梗，甚至拒绝其使者入境。最后，终于举起了反辽大旗。

完颜部在反辽过程中被历史推向两族争端的核心区。他们前后历经了两个阶段。首先，自昭祖以来，历经几代人经略，促使女真诸部聚拢在完颜部号令之下。其后，在阿骨打勇武果断适时把握历史机遇，在掌握辽朝虚实后，针对"辽主骄肆废弛之状。于是召官僚耆旧，以伐辽告之，使备冲要，建城堡，修戒器，以听后命"[4]而制订了若干计划。这在其后的种种表现上反应尤为强烈。

据史料记载，"天庆二年（1112年）春，天祚混同江钓鱼，旧例诸国酋长尽来献方物，宴会犒劳，使诸酋长歌舞为乐，至阿骨打，但端立正视，辞以不能"[5]。

《辽史》对此事也有记载：天祚"命诸酋次第起舞，独阿骨打辞以不能。谕之再三，终不从。"[6]

阿骨打与天祚帝对抗，为女真人反抗辽朝树起一面旗帜，诸部"潜附阿骨打，咸欲称兵以

[1] ［元］脱脱著：《金史·世纪》，中华书局1975年版，第3～4页。
[2] ［元］脱脱著：《金史·世纪》，中华书局1975年版，第5页。
[3] ［元］脱脱著：《金史·世纪》，中华书局1975年版，第15页。
[4] ［元］脱脱著：《金史·太祖纪》，中华书局1975年版，第23页。
[5] ［宋］徐梦莘著：《三朝北盟会编·政宣上帙三》，上海古籍出版社2008年版，第16页。
[6] ［元］脱脱著：《辽史·天祚纪一》，中华书局1974年版，第326页。

拒之"[1]。上述记载表明，女真人反辽压迫的情绪陡然增长。

女真整体民族反辽情绪高涨，阿骨打顺势做好了反辽前的各种准备，他曾向迪古乃征求反辽意见，迪古乃深入剖析利害，曾"以主公英武，士众乐为用。辽帝荒于畋猎，政令无常，易与也"[2]，力主太祖起兵伐辽。当太祖起兵时，女真婆卢火部领兵来助，迪古乃率兵与其会师。

辽天庆三年（1113年），康宗乌雅束亡故，阿骨打继其都勃极烈位。据史料记载："金自景祖始建官属，统诸部以专征伐，嶷然自为一国。其官长皆称曰勃极烈，故太祖以都勃极烈嗣位……"[3]

《三朝北盟会编》载："谙版孛极烈，大官人；孛极烈，官人。"

前溯康宗乌雅束时期，"苏滨水民不听命，使斡至活罗海川，召诸官僚告谕之。含国部苏滨水居斡豁勃堇不至。斡准部、职德部既至，复亡去"[4]。史料记载中都孛堇一职早已存在，而诸部叛服不定，说明都孛堇一职其他部族也有之。《金史·太祖纪》载："康宗即世，太祖袭位为都勃极烈。"这说明康宗曾是都勃极烈，太祖接替康宗为都勃极烈，为"总治官"。

虽有这个设置，但不是对所有部族均能起到很好的制约作用，故在起兵伐辽前，乃至于女真达鲁古部实里馆尚不知听从谁调遣，太祖对实里馆劝慰："吾兵虽少，旧国也，与汝邻境，固当从我"[5]。

辽天庆四年（1114年）九月，阿骨打亲自率兵二千五百人攻打宁江州，首战告捷。而后，又大胜辽兵于出河店。

1115年，即收国元年称"都勃极烈"，完颜阿骨打实则即皇帝位。

1115年七月，逐个册封若干个勃极烈。其弟吴乞买为谙班勃极烈，国相撒改为国论勃极烈，辞不失为阿买勃极烈，弟斜也为国论昊勃极烈。

同年九月，以国论勃极烈撒改为国论忽鲁勃极烈，阿离合懑为国论乙室勃极烈。

反辽初胜，以阿骨打为首的女真完颜部族参征人员与范围逐渐扩大，作为辅佐阿骨打的诸勃极烈也随之出现。

阿骨打于1115年称都勃极烈。

1117年，在渤海文士扬朴建议下，阿骨打称帝建国，并求辽朝的册封等。据《金史》载："太祖即位后，群臣奏事，撒改等前跪，上起，泣止之曰：'今日成功，皆诸君协辅之力，吾虽处大位，未易改旧俗也。'撒改等感激，再拜谢。凡臣下宴集，太祖尝赴之，主人拜，上亦答拜。"[6]

另据《三朝北盟会编》引《金虏节要》记载："盖女真初起，阿骨打之徒为君也，粘罕之徒为臣也，虽有君臣之称，而无尊卑之别。乐则同享，财则同用，至于舍屋、车马、衣服、饮

[1] ［宋］徐梦莘著：《三朝北盟会编·政宣上帙三》，上海古籍出版社2008年版，第16页。
[2] ［元］脱脱著：《金史·完颜忠传》，中华书局1975年版，第1622～1623页。
[3] ［元］脱脱著：《金史·百官志一》，中华书局1975年版，第1215页。
[4] ［元］脱脱著：《金史·世纪》，中华书局1975年版，第16页。
[5] ［元］脱脱著：《金史·太祖纪》，中华书局1975年版，第24页。
[6] ［元］脱脱著：《金史·撒改传》，中华书局1975年版，第1614～1615页。

食之类，俱无异焉。虏主所独享者惟一殿，名曰乾元殿，此殿之余，于所居四处栽柳，行以作禁围而已。其殿也，绕壁尽置大炕，平居无事则锁之。或开之则与臣下杂坐于炕，伪后妃躬侍饮食，或虏主复来臣下之家，君臣宴然之际，携手握臂，咬头扭耳，至于同歌共舞，莫分尊卑而无间，故譬诸禽兽，情通心一，各无觊觎之意。"[1] 上述引文中这种平等参政议事关系，对金初社会的发展极其有利。从此，女真整体进入到政权建制的高级阶段。虽与辽初战获胜，但阿骨打其他女真贵族并没有打算与辽朝彻底决裂，甚至企图寻得辽的册封。这在《辽史》《三朝北盟会编》《金史》的记载中均有体现。

据史料记载，天庆五年（1115 年）春正月，"下诏亲征，遣僧家奴持书约和，斥阿骨打名。阿骨打遣赛剌复书，若归叛人阿疏，迁黄龙府于别地，然后议之"[2]。

三月，"遣耶律张家奴等六人赍书使女直，斥其主名，冀以速降"[3]。

五月，张家奴等以阿骨打书来，复遣之往。[4]

六月壬子，张家奴等还，阿骨打复书，亦斥名谕之使降。[5]

是月（六月），遣萧辞剌使女直，以书辞不屈见留。[6]

九月丁卯朔，女直军隐黄龙府。己巳，……辞剌还，女直复遣赛剌以书来报：若归我叛人阿疏等，即当班师。上亲往。粘罕、兀术等以书来上，阳为卑哀之辞，实欲求战。书上，上怒，下诏有"女直作过，大军剪除"之语。[7]

史料记载，1117 年，"女直阿骨打用铁州杨朴策，即皇帝位，建元天辅，国号金。杨朴又言，自古英雄开国或受禅，必先求大国封册，遂遣使议和，以求封册"[8]。

天庆八年（金天辅二年，1118 年），阿骨打与辽商谈"议和"。

此时，辽朝已经是四面楚歌，仅天庆五年二月至六年二月间，内外战乱不断。

"二月，饶州渤海古欲等反，自称大王。"[9]

九月乙巳，"耶律章奴反，奔上京，谋迎立魏国王淳"[10]。事败，掠庆、饶、怀、祖等州，与渤海叛人联合，乌合至数万，进犯广平淀犯行宫。

十二月乙巳，耶律张家奴叛。……（同月）己未，锦州刺史耶律术者叛应张家奴。[11]

---

[1] ［宋］徐梦莘著：《三朝北盟会编·引金虏节要》，上海古籍出版社 2008 年版，第 599 页。

[2] ［元］脱脱著：《辽史·天祚皇帝二》，中华书局 1974 年版，第 331 页。

[3] ［元］脱脱著：《辽史·天祚皇帝二》，中华书局 1974 年版，第 331 页。

[4] ［元］脱脱著：《辽史·天祚皇帝二》，中华书局 1974 年版，第 331 页。

[5] ［元］脱脱著：《辽史·天祚皇帝二》，中华书局 1974 年版，第 331 页。

[6] ［元］脱脱著：《辽史·天祚皇帝二》，中华书局 1974 年版，第 332 页。

[7] ［元］脱脱著：《辽史·天祚皇帝二》，中华书局 1974 年版，第 332 页。

[8] ［元］脱脱著：《辽史·天祚皇帝二》，中华书局 1974 年版，第 332 页。

[9] ［元］脱脱著：《辽史·天祚皇帝二》，中华书局 1974 年版，第 331 页。

[10] ［元］脱脱著：《辽史·天祚皇帝二》，中华书局 1974 年版，第 332 页。

[11] ［元］脱脱著：《辽史·天祚皇帝二》，中华书局 1974 年版，第 333 页。

六年春正月，（东京）"其裨将渤海高永昌僭号，称隆基元年"[1]。秋七月，猎秋山。春州渤海二千余户叛，东北路统军使勒兵追及，尽俘以还。[2]八月，乌古部叛，[3]十一月，东面行军副统马哥等攻曷苏馆，败绩。（曷苏馆女真叛离契丹）[4]

"七年春正月，女直军攻春州，东北面诸军不战自溃，女古、皮室四部及勃海人皆降，复下泰州。"[5]

"二月，涞水县贼董庞儿聚众万余"[6]，被镇压后，三月，又复起。

完颜阿骨打最初反辽，并没有受到辽朝对其进行全方位的镇压，而把主要精力耗费在平定境内的叛乱上。再加上多种因素，促成阿骨打的势力迅速壮大。

辽统治北中国约二百余年，诸部女真及其他部族均在其统治之下。在残酷的压迫下，女真完颜部承担起历史使命，聚族反抗辽朝，后建立金国。迫于时境，为了有效地麻痹敌人，阿骨打曾"遣人诣天祚求封册"。

1119年三月，辽册封阿骨打为"东怀国至圣至明皇帝"[7]。

1120年三月，完颜阿骨打借故重燃战火，"辽人屡败，遣使求合，惟饰虚词，以为缓师之计，当议进讨"为由，与辽之间的议和终止，反复权衡双方力量后决定灭辽。于四月二十五日"进师"伐辽。辽上京失守，从而导致其统治集团内讧加剧。

1121年五月，诣咸州降。

在充分掌握对手底细后，完颜阿骨打于同年十二月，下令以忽鲁勃极烈完颜杲为内外诸军都统，以昱、宗翰、宗干、宗望、宗盘等副之率师伐辽。

1123年九月十九日，阿骨打病逝。其后继者继续与辽作战。

1125年二月，完颜娄室等俘获辽天祚帝，辽灭亡。

我们分析，导致辽朝的灭亡还有另外一层因素，那就是北宋的派兵策应，虽未起到多大作用，但也确实让辽朝分兵两线作战而疲于应对。

金国在反辽战争中屡获胜利，也从另一侧面为北宋王朝收复燕云诸州提供千载难逢的机遇。早在此前的1117年冬，宋朝遣人持国书泛海使金，图谋南北夹击辽朝。经双方多次议定，与1120年达成协议，各自出兵伐辽，以长城划界，金取辽中京，宋攻辽燕京。同时，附加：宋若索要燕云诸州，须向金缴纳取辽银若干、织二十五万匹酬劳金国。历史上称之为"海上之盟"。虽有盟约，但双方在伐辽强弱的军事表现上却各异。金军伐辽以压倒的优势夺取辽的全境。而宋军在伐辽战争中屡败。金军到手的果实岂肯相让于人。金军灭辽过程中得到了全面锻炼，并助长了蔑视宋军的势焰。

---

[1] ［元］脱脱著：《辽史·天祚皇帝二》，中华书局1974年版，第334页。
[2] ［元］脱脱著：《辽史·天祚皇帝二》，中华书局1974年版，第335页。
[3] ［元］脱脱著：《辽史·天祚皇帝二》，中华书局1974年版，第335页。
[4] ［元］脱脱著：《辽史·天祚皇帝二》，中华书局1974年版，第335页。
[5] ［元］脱脱著：《辽史·天祚皇帝二》，中华书局1974年版，第335页。
[6] ［元］脱脱著：《辽史·天祚皇帝二》，中华书局1974年版，第335页。
[7] ［宋］叶隆礼著：《契丹国志·天祚皇帝上》，上海古籍出版社1985年版，第113页。

长颈瓶：泥质灰陶质，烧制时火候偏低，陶质较坚硬，轮制。长颈，颈部有一圈凸弦纹。器腹下带有几组横排竖式短线纹，器表上留有清晰的轮制痕迹。圆唇，侈口，平底。口径 7.5 厘米，最大腹径 12.5 厘米，底径 5.8 厘米，通高 21.5 厘米。年代为金代。

杯口罐：泥质黄褐陶质，烧制时火候偏高，陶质较坚硬，轮制，素面，平底。短颈，颈肩处有两道凸弦纹，间隔 3.4 厘米，口径 10 厘米，最大腹径 14 厘米，底径 6 厘米，通高 18 厘米。年代为金代。

长颈瓶：泥质灰陶质，烧制时火候偏高，陶质较坚硬，轮制，长颈，颈部有两道凸弦纹，从外翻的口沿算起至该器肩上，等距排三道凸弦纹。腹下有密集的长方坑点纹。小平底，口沿略残。口径 6 厘米，最大腹径 12 厘米，底径 4.8 厘米。年代为金代。

灰陶罐：泥质灰陶质，烧制时火候偏高，陶质较坚硬，轮制，短颈，鼓腹，圆唇，侈口，台底。口径 8 厘米，最大腹径为 14 厘米，底径 5.5 厘米，台底高 0.5 厘米。年代为金代。

杯口罐：泥质灰陶质，烧制时火候偏高，陶质较坚硬，轮制。颈部、器腹至器腹下带纹饰。外翻的圆唇形成一道边沿，其下方呈杯底状（束腰状），立高约 2.5 厘米。从杯底（束腰处）至（遮沿处）烧制成形后，又将其部分刮麻面形成辐条状竖纹，竖纹起缘处有一圈细的凸弦纹。其下为圆鼓的腹部，上面饰有横排竖式短线纹。圆唇，敞口，平底。口径为 6 厘米，束腰径 5 厘米，最大腹径为 12 厘米，底径为 5 厘米，通高 17 厘米。年代为金代。

陶瓶：泥质灰陶质，烧制时火候偏高，陶质较坚硬，轮制，器型规整。细颈，鼓腹，素面无纹饰，圆唇，侈口，平底。口径 3.5 厘米，颈径 3.2 厘米，最大腹径为 11 厘米，底径 5.5 厘米，通高 17.5 厘米。年代为金代。

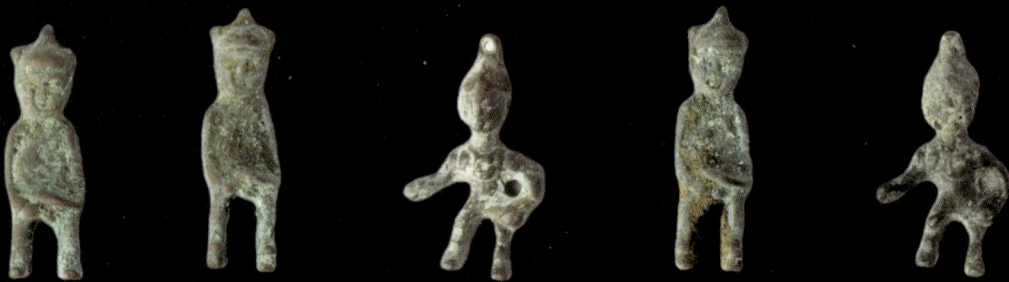

铜甬：青铜质地，采用范模翻铸而成。共五件。其中三个为同一模式，另外两个为一种模式。其中三个均带有塔帽，这在草原文化中是比较常见的。三件铜甬面部均采用雕刻形式制作，通高 6.3 厘米，宽 2 厘米，厚 1.2 厘米，年代为金代。另外两件铜甬，头上均带有一个环状穿鼻，穿孔径 0.3 厘米，双手两脚作舞蹈状，长 6.3 厘米，宽 3.8 厘米，厚 1.6 厘米，年代为金代。

喜鹊登梅花钱：青铜质地，采用范模翻铸而成。通体呈圆形，片状，由内圆和外圆连缀一对喜鹊组成。内圆径 1.7 厘米，宽 0.2 厘米；外圆内径 19.6 厘米，外径 13.3 厘米，宽 1.2 厘米，外圆由四条规制的凸弦纹构成，弦纹径 0.28 厘米。在内外两个圆之间，雕刻上呼下应两只喜鹊，蹲在花枝之上。通体厚 0.3 厘米。器身附着一层铜锈。年代为金代。

牡丹铜牌：青铜质地，采用范模翻铸而成。由内圆和外圆组成，在内圆和外圆中间夹杂缠绕的牡丹花，造型简约随意。内圆径 1.7 厘米，外圆径 9.7 厘米，厚 0.3 厘米。年代为金代。

鎏金带扣：青铜质地，采用范模翻铸而成。通体鎏金，标本精美。由一个镂空穿鼻和吉祥纹图案组成，凸雕纹饰。长 2.8 厘米，宽 4.2 厘米，厚 0.4 厘米。年代为金代。

铜带扣：青铜质地，采用范模翻铸而成。标本保存完整，由两个组合到一起，一个勾扣，一个是扣环，勾扣一起即为完整的带扣。每个组件几乎纹饰相同，中间由一个"8"字连缀左右两族蝙蝠图案，均采用雕刻手法制作。通长 17 厘米，宽 5.3 厘米，厚 2.2 厘米。年代为金代。

铜带扣：青铜质地，采用范模翻铸而成。标本保存完整，整体呈正方形，标本上下各有一个长条形穿鼻，均长2.5厘米，宽0.6厘米，左右两端在边框内自上而下饰有云卷纹，中间饰有凸雕人面，双眉间有一月纹（阴阳纹），凤目，下卷勾状胡须，下面的长方形穿鼻好似该人的口，通体纹饰精美，通长5厘米，宽4厘米。器身附着一层黑漆与绿锈。年代为金代。

铁扣：铁质，翻铸而成，整体呈圆形片状。经过研究发现，该标本内有三道凸弦纹，依整体圆形向内分布，这三道凸弦纹均宽0.2厘米。中间饰有一个凸起的"卍"字，标本通体锈蚀严重，器身附着一层赭色、铁红色斑锈。直径6.3厘米，厚0.3厘米。年代为金代。

铜牛：青铜质地，采用范模翻铸而成。标本保存完整，整体造型就是一个牛头。头顶有穿孔，孔径0.3厘米，牛角弯曲，双耳尖朝上，额头毛发卷曲，圆睁双目。长6.9厘米，宽6.5厘米。器身附着一层绿色古锈。年代为金代。

瓜形带扣：青铜质地，采用范模翻铸而成。整体呈菱形，在其中间圆凸一个瓜形，上顶圆拱形穿鼻。通长6厘米，宽6.6厘米，厚1厘米。器身附着一层深绿色铜锈。标本保存完整，年代为金代。

心形铜件：青铜质地，采用范模翻铸而成。标本保存完整，整体似心形，上有一凸起的穿缀。器身有一面向观众的武士，双手前抚，像是放在护心镜的边框之上。在牌饰画面左和右上方各有一个圆孔；人的面部之下、手的上方，左右各有一个椭圆形孔。长6厘米，宽4.5厘米，厚0.4厘米。器身附着一层很厚的铁红色铜锈。年代为金代。

腾龙铜牌：青铜质地，采用范模翻铸后精刻而成。整体呈圆形，片状。该标本布局严谨，张牙舞爪的腾龙，隐伏于祥云之间，造型生动，刻画细致，是该类器型中不可多得的精品。直径 13 厘米，厚 0.5 厘米。标本保存完整，器身附着一层绿色古锈。年代为金代。

母子羊铜牌：青铜质地，采用范模翻铸而成。画面由一头母羊带着一只小羊，小羊依偎在母羊跟前，情景感人，母羊的背上有一环形穿孔。长4.5厘米，宽4.7厘米，厚0.6厘米。年代为金代。

十字形铜牌：青铜质地，采用范模翻铸而成。整体呈十字形，长5.3厘米，宽5.24厘米，厚0.8厘米。器身附着一层深绿色铜锈。标本保存完整，年代为金代。

鸟纹带扣：青铜质地，采用范模翻铸而成。标本保存完整，整体由飞鸟和缠枝构成的画面，有方形穿孔，长6厘米，宽0.8厘米；在此穿孔前侧，还有一个直径1厘米的圆孔。通长1.7厘米，宽8.7厘米，厚1.2厘米。器身附着一层深绿色铜锈。年代为金代。

羊牌：青铜质地，采用范模翻铸而成。标本保存完整，整体分为上下两个部分。上部由一个昂首目视前方的羊组成，四蹄稳踏在一个平板之上，尾巴卷缩，背上有一拱起的圆环做穿孔；下部由一个正方形组成，正方形的顶正好是羊的踏板，在其下面的正方形中，由三个面朝观众的人组成，面目、衣着模糊，但仍能看清是三个人形。长11厘米，宽5.5厘米，厚0.4厘米。器身附着一层绿色铜锈。年代为金代。

鸟兽葡萄镜：青铜质地，采用范模翻铸而成。标本保存完整，整体呈圆形。除边缘有一圈宽 0.3 厘米的凸弦纹外，向内还分布有三道宽 0.13 厘米的细弦纹，正中由一个扁桥状穿鼻。在由外向内第一道与第二道弦纹间使用连缀的勾卷云纹。在第二道与第三道弦纹间宽 2.3 厘米的面积上装饰有 6 只飞鸟，6 只神兽，鸟与神兽之间由葡萄与茎蔓组成。第三道与第四道弦纹之间点缀连珠纹。在第四道弦纹与中间穿孔之间的空余处，是用 6 兽 2 鸟，夹杂葡萄与茎蔓组成。整体纹饰精美。直径 16.5 厘米，厚 0.7 厘米。器身附着一层黑色铜锈。年代为金代。

神仙故事镜：青铜质地，采用范模经翻铸而成。标本保存完整，整体呈葵花形。故事的主角有二：一是嫦娥；二是玉兔。嫦娥衣带飘逸，裙摆风动，脚下两朵祥云，发髻高盘，手持一物；玉兔拟人化，作人形站立，爪持一物，腿下也是两朵祥云。嫦娥与玉兔中间有桂树一株相隔，枝叶繁茂。直径 11.5 厘米，厚 0.6 厘米。器身附着一层黑漆古铜锈。年代为金代。

素面铜镜：青铜质地，采用范模翻铸而成。标本保存完整，整体呈圆形。该标本由宽 2.2 厘米图面与宽约 2.8 厘米下凹组成，穿钮在内凹面上，呈扁桥状。直径 11.8 厘米，钮厚 1 厘米，镜面厚 0.6 厘米。器身附着一层深绿色铜锈。年代为金代。

孔子问答镜：青铜质地，采用范模翻铸而成。标本保存完整，通体呈不规则圆形。左侧由持杖孔夫子，头戴冠帽，宽袖袍裙；隔穿钮有一人，右手挥舞，左手反持一把利刃。穿钮下有一株柳树，直径 12.5 厘米，厚 0.7 厘米。器身附着一层绿色铜锈。年代为金代。

四灵芝铜镜：青铜质地，采用范模翻铸而成。标本保存完整，通体呈圆形。板钮。由两道凸弦纹构成，依中穿钮四周饰有四个灵芝。直径 6.8 厘米，厚 0.3 厘米。器身附着一层深浅不一的绿色铜锈。年代为金代。

小铜镜：青铜质地，采用范模翻铸而成。标本保存完整，通体呈圆形。素面无纹饰，有一扁桥状穿钮。直径 5.3 厘米，厚 0.2 厘米。器身附着一层深浅不一的黑漆色铜锈。年代为金代。

　　飞天铜牌：青铜质地，采用范模翻铸而成。标本保存完整，整体呈不规则圆形，板状。画面整体布局匀称，居中有一体态丰盈的天女，衣带飘扬，头盘发髻，双手持一物，右侧下方由祥云连缀。该人物的刻画颇具唐风宋韵。通长8.5厘米，宽8.4厘米，厚0.8厘米。属于典型的刻琢精品。器身附着一层绿色古锈。年代为金代。

四狮钮铜牌：青铜质地，采用范模翻铸而成。标本保存完整，通体呈长方形，边缘由一圈在凸弦纹形上斜刻画短线组成。内由左右两组分上下对称的四只狮子组成的画面。纹饰精美，刻画细致。长 7.5 厘米，宽 12 厘米，厚 0.2 厘米。器身附着一层深浅不一的深绿色铜锈。年代为金代。

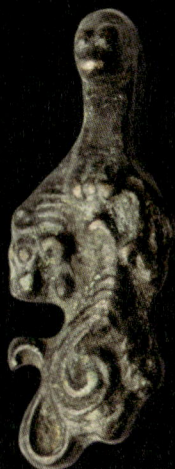

牡丹铜牌：青铜质地，采用范模翻铸而成。标本保存完整，通体呈正方形。由两朵牡丹组成画面，长 5.7 厘米，宽 5.7 厘米，厚 0.2 厘米。器身附着一层深浅不一的黑漆色铜锈。年代为金代。

铜带钩：青铜质地，采用范模翻铸而成。标本保存完整，钩头呈龙头形，勾身由一只上山虎装饰，虎作回头状，张口怒吼，目圆睁，尾巴摇甩。长 7.7 厘米，宽 3 厘米，厚 1 厘米。器身附着一层深浅不一的黑漆与绿色铜锈。年代为金代。

盘龙铜牌：青铜质地，采用范模翻铸而成。标本保存完整，整体由一条龙拧成一个麻花状，龙头龙尾居中，造型精巧，刻画工细，是难得的佳品。长 17 厘米，宽 4.5 厘米，厚 0.5 厘米。器身附着一层深绿色铜锈。年代为金代。

海东青：青铜质地，采用范模翻铸而成。标本保存完整，共两件，刻画、造型、尺寸均一致，整体以一只海东青袭击一只飞鸟为主要刻画对象。海东青的背部有一个环形穿孔，两个图案类似。长 8.5 厘米，宽 9.2 厘米，厚 0.4 厘米。器身附着一层绿色铜锈。年代为金代。

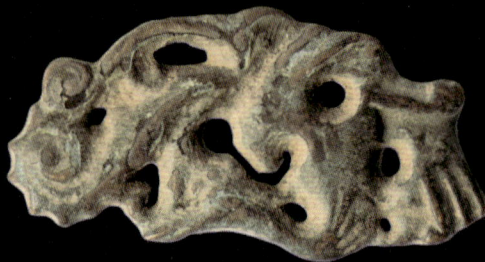

飞凤：青铜质地，采用范模翻铸而成。标本保存完整，共两件，刻画、造型、尺寸均一致，整体由一只飞凤构成，这两件器物，一件清晰，一件略模糊。长 6 厘米，宽 11.4 厘米，厚 0.4 厘米。器身附着一层绿色铜锈。年代为金代。

龙：青铜质地，采用范模翻铸而成。标本保存完整，共两件，刻画、造型、尺寸均一致，整体由一条龙蜷缩造型，有一拱形穿孔。长 5.8 厘米，宽 10 厘米，厚 0.5 厘米。器身附着一层绿色铜锈。年代为金代。

铁骆驼：铁质，采用范模翻铸而成。标本保存完整，整体就是一匹骆驼的剪影。长5厘米，宽5.8厘米，厚0.3厘米。器身附着一层赭红色铁锈。年代为金代。

带纹饰铜牌：青铜质地，采用范模翻铸而成。标本保存完整，纹饰模糊，整体呈圆形，上带竖穿孔，穿孔立高1厘米，宽0.3厘米。整体直径6厘米，厚0.3厘米。器身附着一层绿色铜锈。年代为金代。

出行铜牌：青铜质地，采用范模翻铸而成。标本保存完整，整体由一个胡人、三头驯鹿拉着一个"轿车"，车上坐有二人。情节刻画十分细腻。长7厘米，宽13厘米，厚0.5厘米。器身附着一层绿色铜锈。年代为金代。

游鱼铜带钩：
青铜质地，采用范
模翻铸而成。标本
保存完整，带钩
的整体就是一条鱼
的造型。上有弯曲
内伸的头作带钩，
在颈部、腰身上饰
有精美水波浪，一
条鱼畅游其间。钩
尾作鱼尾形。长
15.8厘米，宽2.5
厘米，厚1.2厘米。
器身附着一层黑漆
古色铜锈。年代为
金代。

龙纹铜牌：青铜质地，采用范模翻铸而成。标本保存完整，整体呈圆形，外缘内侧有一直径0.8厘米宽的边缘，其内勾连饰有一圈卷云纹，内饰一条腾龙，被祥云缠绕，纹饰精美。直径9.4厘米，厚0.4厘米。器身附着一层很厚的黑漆古色铜锈。年代为金代。

铜带扣：青铜质地，采用范模翻铸而成。标本保存完整，长7.3厘米，宽9.4厘米，厚0.4厘米。器身上沾少许鎏金。器身附着一层很厚的黑漆色铜锈。年代为金代。

肚兜式铜件：青铜质地，采用范模翻铸而成。标本保存完整，整体呈不规则菱形，长6.6厘米，宽7厘米，厚0.6厘米。器身附着一层很厚的深绿色铜锈。年代为金代。

秋山：青铜质地，采用范模翻铸而成。标本保存完整，通体呈长方形，画面由六只鹿组成，左侧两只鹿向右两只鹿对望；中间夹有两只幼鹿面向观众，整体造型生动。长4.8厘米，宽12.3厘米，厚0.3厘米。器身附着一层很厚的红斑与黑漆色铜锈。年代为金代。

卧童：青铜质地，采用范模翻铸而成。标本保存完整，卧童开脸清晰，眉目传神，梳几个抓髻，造型沉稳。长7厘米，宽3.5厘米，厚1厘米。器身附着一层很厚的黑漆古色与深绿色铜锈。年代为金代。

对葫芦银牌：白银质地，采用范模翻铸而成。标本保存完整，整体呈圆角方形。画面由一对葫芦组成。略有残裂。长7.3厘米，宽7.4厘米，厚0.36厘米。器身附着一层很厚的黑漆古色银锈。年代为金代。

飞凤花钱：青铜质地，采用范模翻铸而成。标本保存完整，整体呈圆形钱币状。上饰有造型精美的飞凤一只，羽毛刻画精细，布局紧凑。直径10.3厘米，厚0.3厘米。中穿长宽各1.6厘米。器身附着一层很厚的黑漆古色铜锈。年代为金代。

龙纹花钱：青铜质地，采用范模翻铸而成。整体呈圆形，边缘由两个凸弦纹组成，粗径0.2厘米。由此向内还有一个圆孔，孔径1厘米。在这个圆孔与第二道凸弦纹之间雕有一条腾龙，祥云缠绕。直径8厘米，厚0.3厘米。器身附着一层很厚的绿色铜锈。年代为金代。

铜造像：青铜质地，采用范模翻铸而成。标本保存完整，整体似人面，抽象造型，长4.5厘米，宽6厘米，厚1厘米。器身附着一层很厚的铁红、浅绿色铜锈。年代为金代。

吉祥纹牌：青铜质地，采用范模翻铸而成。标本保存完整，整体由几个如意组成，长7.6厘米，宽2.6厘米，厚0.3厘米。器身附着一层很厚的深绿、浅绿色铜锈。年代为金代。

龙纹铜牌：青铜质地，采用范模翻铸而成。标本保存完整。整体呈长方形，上有一拱形穿钮，穿钮孔径0.3厘米。牌的正中凸雕一条在云中飞舞的龙。长6.7厘米，宽2.7厘米，厚0.2厘米。器身附着一层很厚的绿色铜锈。年代为金代。

吉语铜牌：青铜质地，采用范模翻铸而成。标本保存完整。整体呈立式长方形。牌上头有一个凸起，附带一个圆形穿孔，孔径0.7厘米。在牌的下方是一个扁长方形，长0.5厘米，宽2.3厘米。其余部分为双面吉语纹，通长8厘米，宽3厘米。器身附着一层铁红色铜锈。年代为金代。

二龙戏珠铜牌：青铜质地，采用范模翻铸而成。通体有23个穿孔，二龙缠绕嬉戏于云间，争夺圆珠。造型生动，雕刻精美。长13厘米，宽2.7厘米，厚0.6厘米。器身附着一层很厚的绿色铜锈。年代为金代。

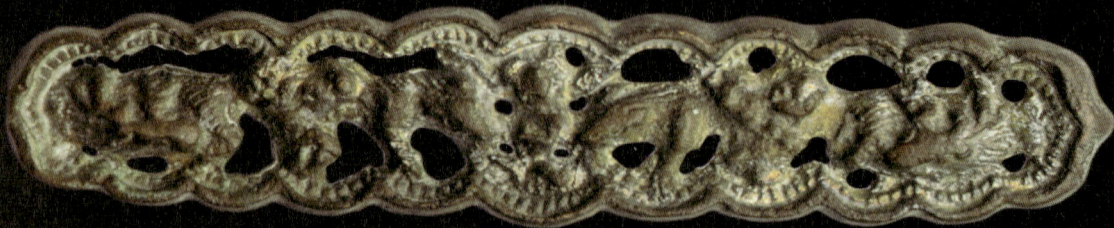

龙纹牌：青铜质地，采用范模翻铸而成。造型精美、生动。长13厘米，宽2.8厘米，厚0.4厘米。器身附着一层绿色铜锈。年代为金代。

铜牌：青铜质地，采用范模翻铸而成。器整体为一个圆形向外等距分出三个空心长方形，在圆形内部雕刻一个蜷缩的动物，可能是一只狐狸。通长7.5厘米，宽8.6厘米，厚0.3厘米。器身附着一层很厚的绿色铜锈。年代为金代。

铜盖：青铜质地，采用范模翻铸而成。整体呈中空馒头状，在馒头状的顶部饰有一个扁桥状穿钮，上面缀一直径1.5厘米的圆环。直径7厘米，厚0.14厘米。器身附着一层很厚的红色、绿色铜锈。年代为金代。

铜灯盏：青铜质地，采用范模翻铸而成。灯盏呈碗状，尖唇，侈口，平底。在口沿上塑起一笔架山形，口径12.5厘米，灯碗高3厘米。总立高7厘米，底径4厘米。器身附着一层很厚的土沁和红色铜锈。年代为金代。

铜灯盏：青铜质地，采用范模翻铸而成。灯盏呈碗状，在口沿的一段出现一个笔架山形，这个形状沿口沿长7厘米，高2.4厘米。圆唇，侈口，平底。口径12.5厘米，通高7.3厘米。器身附着一层很厚的绿色铜锈。年代为金代。

铜骨朵：青铜质地，采用范模翻铸而成。铸痕清晰。整体呈中空（筒状）附加多个圆凸角形。中穿直径2.6厘米，器身角直径7.3厘米，立高7.6厘米。器身附着一层很厚的绿色铜锈。年代为金代。

铜骨朵：青铜质地，采用范模翻铸而成。铸痕清晰。整体呈中空（筒状）附加多个圆凸角形。中穿直径2厘米，器身角直径8厘米，立高8厘米。器身附着一层很厚的绿色铜锈。年代为金代。

卧熊铜牌：青铜质地，采用范模翻铸而成。铸痕清晰。该器整体呈"凸"状，上、左、右分别由三个等距拱形穿孔，围系中间一只蜷缩冬眠的卧熊。造型精巧，意趣满幅。长4.5厘米，宽6.2厘米，厚0.8厘米。器身附着一层很厚的绿色铜锈。年代为金代。

帽顶式铜件：青铜质地，采用范模翻铸而成。该器整体由上下两个部分组成一个整体。上面由反心状并雕刻纹饰构成；下面是一个亚腰连接的基座，在基座面上也刻画着和上部相同的纹饰。上下两部分形成一个近似帽顶的器物。通长5.8厘米，亚腰径1.4厘米，底径3.6厘米。器身附着一层很厚的草绿色铜锈。年代为金代。

铜权：青铜质地，采用范模翻铸而成。该器整体呈馒头形瓜棱状。大体分为八瓣；大小掺杂，共五件。分别为直径3.8厘米，厚2厘米；直径2.6厘米，厚1.8厘米；直径3.3厘米，厚2厘米；直径3厘米，厚1厘米；直径3.5厘米；厚1.8厘米。均有中穿孔。器身附着一层很厚的绿色铜锈。年代为金代。

铁钳子：铁质，锻造而成。形状与现代钳子类似，通长25厘米，宽（钳嘴）2.7厘米，钳把宽4厘米，厚1.85厘米。器身附着一层很厚的铁红色铁锈。年代为金代。

塔顶：青铜质地，采用
范模翻铸而成。残剩一部分。
通体呈圆柱状。由四个等距
环箍组成。顶残剩一段铁头，
自上而下在第二个环箍下错
落刻画有短线纹，长 14 厘
米；环箍径 2.2 厘米，主柱
径 1.5 厘米。器身附着一层
铜锈。年代为金代。

长柄带流铜器：青铜质地，采用范模翻铸而
成。铸痕清晰。整体呈水瓢状，仅较水瓢多了一
个流口。圆唇，敞口，略圆底。瓢口径 10 厘米；
流口长 3.2 厘米，宽 3 厘米；底径 7.5 厘米，通
长 21 厘米，立高 7 厘米。器身附着一层很厚的红
斑与黑漆古和绿色铜锈。年代为金代。

塔顶：青铜质地，采用范模翻铸而成。由塔尖、
塔身、塔顶三部分组成，共十二层。长 16.5 厘米，
顶宽 1.5 厘米，基座宽 2.8 厘米。器身附着一层很
厚的草绿色铜锈。年代为金代。

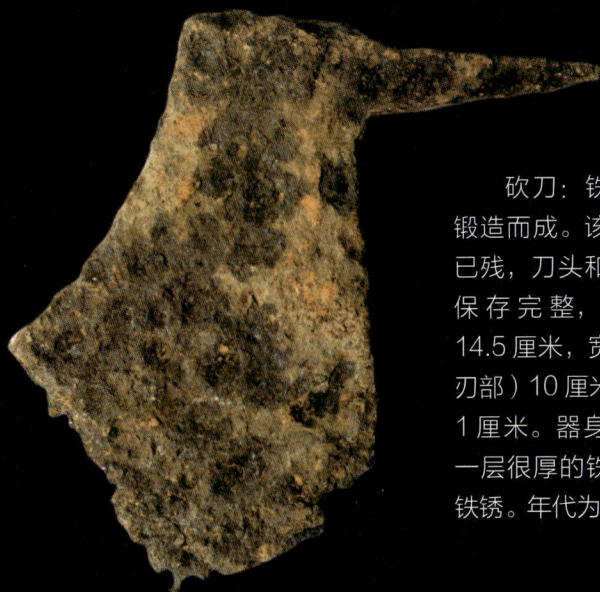

砍刀：铁质，
锻造而成。该刀刃
已残，刀头和刀把
保存完整，残长
14.5 厘米，宽（刀
刃部）10 厘米，厚
1 厘米。器身附着
一层很厚的铁红色
铁锈。年代为金代。

砍刀：铁质，锻造。刃部残损，刀头与刀把基本保存完好。通长 17 厘米，残刃宽 16 厘米，厚（刀头）1 厘米。器身附着一层很厚的红色斑锈。年代为金代。

铁菜刀：铁质，锻造。整体保存基本完整。仅在刃部有几处因腐蚀后残损。通长 25 厘米，宽 7 厘米，厚 0.6 厘米。器身附着一层很厚的铁红色斑锈。年代为金代。

铁锯：铁质，锻造。标本保存基本完整。通体呈扁长方形，留有锯齿的齿尖。有一短小的柄，通长 18 厘米，宽 4.5 厘米，厚 0.3 厘米。器身附着一层很厚的红色斑锈。年代为金代。

铁蒺藜：铁质，锻造。共两件，大小不一，制作手法相同，共有四个尖角，即便怎样抛掷，总有三个角平稳支撑，多用于对付古代骑兵之用。长6.5X6.5厘米；7.5X7.5厘米。器身附着一层很厚的铁红色斑锈。年代为金代。

板状带孔铁器：铁质，锻造。整体呈不规则圆角长方形，板状，上面略圆顶，弧刃。标本上有两圆孔，直径均为1.1厘米。通长14.5厘米，宽7.8厘米，厚0.85厘米。器身附着一层很厚的铁红色斑锈。年代为金代。

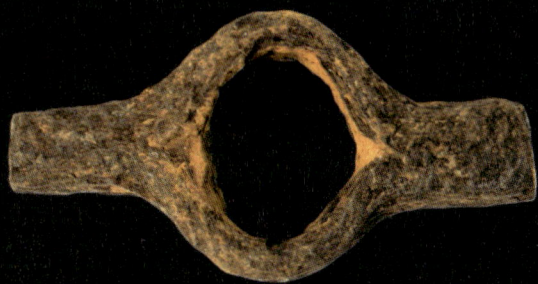

不明用途铁器：铁质，锻造。采用一个铁块经锤砸之后，从中间切开一个长缝，而后立式敲砸两头，将中间挤成不规则圆形。用途不详。长10厘米，宽5厘米。中圆竖径4厘米，横径4厘米。通体附着一层铁红色斑锈。年代为金代。

冰穿：铁质，锻造。先将铁块的一头锤砸成片状，然后将其敲砸圆卷形即完成，直径5.5厘米，这部分主要就是成型后，便于安插木柄之用；紧接依次锤砸铁块，逐渐成方形后渐收成尖。通长26厘米，器身宽3.5厘米（正方形），尖宽0.4厘米（略呈正方形）。标本附着很厚的铁红色斑锈。年代为金代。

铁凿：铁质，锻造。共四件。制作时先将铁条的一头锤砸成片状，而后将其敲砸成桶状即完成木柄插口，而后依次锤砸剩余的铁条成扁方或方形后，将尖部锤砸成刃。这四件铁凿的尺寸分别为柄插口径3厘米、2.6厘米、2.3厘米、2.5厘米；凿刃分别为1.3厘米、1.3厘米、1厘米、1厘米；通长分别为18.5厘米、16.6厘米、15厘米、18厘米。四件标本均有很厚的铁红色斑锈。年代为金代。

冰穿：铁质，锻造。通体呈十字形。该器可能先浇铸后磨制而成。柄部略残。有一面留有正方形穿孔，长宽 1.6 厘米，尖部呈圆锥状。通长 23 厘米，宽（肩部）11 厘米，柄宽 5 厘米。通体附着一层很厚的铁红色斑锈。年代为金代。

冰穿：铁质，锻造。柄裤呈空心管状，腰至尖端呈正方形，尖端锋利。柄裤直径 3.4 厘米，腰宽径 1 厘米，尖宽 0.2 厘米。通长 3.3 厘米。通体附着一层很厚的铁红色斑锈。年代为金代。

铁镰：通体呈片状，与现代铁镰大致类同，这五件标本大致分三个类型：一是刀与刀柄均有片状，且连为一体；二是刀柄有卷圈（片状）；三是有圆裤刀柄与连接的片状刀身。下面分别叙述。为片状刀与柄一体，采用片状铁经锤砸而成，长 24 厘米，宽 5.5 厘米，厚 0.3 厘米；长 9 厘米，宽 5.5 厘米，厚 0.3 厘米；长 16.5 厘米，宽 5.5 厘米；片状刀与柄，不同的是柄部有一片状卷圈，长 18 厘米，宽 5.5 厘米，厚 0.35 厘米；带圆柄裤形，采用片状经锤砸成圆裤，便于安插木柄之用，长 19.2 厘米，宽 5 厘米，刀厚 0.3 厘米，裤径 2.4 厘米。以上五件标本均附着一层很厚的红色斑锈。年代为金代。

各种铁矛：铁质，锻造而成。先将铁块锤砸成铁片，而后将其圈成圆筒状，接着再将另一端锤成矛尖即可。四件标本使用的手法基本一致，仅是大小宽窄略有不同。长为 22 厘米，后端插筒直径 3 厘米，矛身宽 2.3 厘米，圆尖状；长为 23 厘米，后端插筒径 3.3 厘米，略残，矛身宽 2.5 厘米，厚 0.4 厘米，圆尖；长 26.5 厘米，后端插筒径 3.3 厘米，矛身 2.6 厘米，厚 0.5 厘米，尖端锐利；长 26 厘米，后端插筒径 3.6 厘米，矛身宽 2.5 厘米，厚 0.4 厘米，圆尖。四件标本均附着一层很厚的铁红色斑锈。年代为金代。

挡卢：铁质，锻造而成。先将铁块锤砸成片状，通体形成一个带把苹果形，先将把锤砸成宽约2厘米的片状，而后将端头圈成圆桶状，桶径1.8厘米，随后将连接的片状苹果形錾刻九个花镂空。通长14.5厘米，宽7.5厘米，厚0.3厘米。通体附着一层很厚的铁红色斑锈。年代为金代。

熟皮器：铁质，锻造而成。先将铁块锤砸成片状，而后将熟皮器的刃面切割成锥形后，再锤砸两端的把手，将其锤砸成方形尖状，尖状是为安插末端的木制把手。需要开刃并精磨刃部。刃面呈长方形，长16.5厘米，刃面宽3.3厘米，刃厚0.1厘米，刃背厚0.5厘米。器身附着一层很厚的铁红色斑锈。年代为金代。

绿釉砖：泥质黄褐陶质地，施翠绿釉（辽绿），标本已残。仅见砖的立面上饰有四圆形图案，由一行连珠纹将其串连一起。纹饰、釉色精美，砖面上仅残一条形翠绿釉色。残长32厘米，残宽20厘米，厚8.2厘米。年代为辽代，可能延续使用到金代。

瓷盘：高岭土质地，烧制时火候偏高，陶质较坚硬，施白釉，圆唇，侈口，台底。口径11.7厘米，底径4厘米，立高2厘米，厚0.3厘米。年代为金朝代。

瓷盘：高岭土质地，烧制时火候偏高，陶质较坚硬，施白釉，尖唇，侈口，台底。口径11.8厘米，底径4.5厘米，立高2厘米，厚0.3厘米。年代为金代。

瓷碟：高岭土质地，烧制时火候偏高，陶质较坚硬。施乳白色釉，尖唇，侈口，台底。口径14.5厘米，底径6厘米，立高2.5厘米，厚0.5厘米。年代为金代。

瓷盘：高岭土质地，烧制时火候偏高，陶质较坚硬。施白釉，圆唇，敞口，平底。口径12厘米，底径8厘米，立高2厘米，壁厚0.6厘米。年代为金代。

铜铃：青铜质地，采用范模翻铸而成。粗颈，圆顶，肥腹，铃口开在长颈之下，沿垂腹几乎一周，铃内有胆。长5.5厘米。颈宽2.5厘米，腹宽4.3厘米，厚3.6厘米。器身附着一层很厚的绿色铜锈。年代为金代。

石臼：石质为砂岩，凿刻而成。圆唇，平底。口径13厘米，立高27厘米，横径25.6厘米，底径23.5厘米。器身施网格纹。年代为金代。

铁标枪头：铁质，锻造。两件，共二式。一是柄部有圆筒，便于安装投掷柄；二是有粗铤。一件是先将铁片锤砸成短矛状，而后对铁片的另一端卷成筒形；二件是一根铁条的一端锤砸成矛形即完成该器的制作。两件标本长为12.5厘米，柄径1.1厘米，刃宽2厘米；长9.7厘米，刃宽1.7厘米，链粗1.3厘米。两件标本均附着一层铁红色斑锈。年代为金代。

铁斧：铁质，锻造。通体呈长方形。长方顶，有銎口，略弧刃。通体锈蚀严重，通长17厘米，斧顶宽7.5厘米，厚2.5厘米，銎口长4厘米，宽1.2厘米。刃厚0.2厘米。通体呈长方形，顶呈长方形，有长3.3厘米、宽1.5厘米椭圆形銎口，刃部残。通长19厘米，宽（斧顶）4厘米，厚2.3厘米。通体附着一层很厚的铁红色锈蚀。年代为金代。

六耳铜锅：青铜质地，翻铸而成。平唇，敛口，带六耳。口径44厘米，立高32厘米，厚0.7厘米，最大宽径46厘米。器内附着一层很厚的绿色铜锈。年代为金代。

1123 年四月，双方按照盟约由金军交出所获六州时，"凡燕之金帛、子女、职官、民户，为金人席卷而东。宋朝捐岁币数百万，所得者空城而已"。而宋朝的屡次违约，都为后来金兵南下掠宋提供了借口。

据史料记载，1125 年十月，金太宗下诏兵分两路伐宋。右路自西京（大同）入太原，左路由南京（平州）入燕山。正当北宋朝廷上下庆贺燕云回归之时，对金军突然南下而不设备，燕京守将郭药师降金，致使"燕山州县悉平"。

翌年（1126 年）正月，在金军南渡黄河，兵锋触抵汴京城下之时。慌成一团的北宋朝廷，加之徽宗临危传位太子（钦宗）后惊慌出逃，致使"百官多潜遁"，守军则"望风迎溃，……无一人御敌"。钦宗虽草"诏中外臣庶直言得失，却又不顾主战大臣李纲等人的谏阻，竟派人去城外金营争取'割地求和'"。[1]

金朝审度势态，在灭宋时机尚未成熟时有条件地接受议和。宋方须先割让河间、中山、太原三镇，后派亲王与大臣充当入金人质。另须向金称臣纳贡后，金军方北撤。

金兵退后，宋朝并没有抓住机会整军备战，甚至出现"置边事不问"[2]。

宋朝不但自己国境疏于防范，甚至还派人入金企图颠覆其政权。金朝借故再度出兵伐宋，金军显然是有备而来，并能充分利用对方混乱局面再配合对方弃用的大量攻城利器进行有效回击，如利用火梯、云梯、编桥、鹅车、洞子、撞竿、钓竿之类的器械攻城[3]。

女真军士的聪明才智得到了有效发挥，也彰显了该民族的朝气与活力。

1127 年一月九日，金军攻占了汴京并迫使宋钦宗投降，北宋灭亡。

钦宗之弟康王赵构在北宋亡后的六月十二日，于当时南京应天府（今河南商丘）即皇帝位，为宋高宗，并改年号为建炎，定都于临安（今杭州），史称南宋。

本节除介绍大量辽金时期生产生活工具以外，还有一个重要信息需要公布，那就是辽金时期医疗器械的发现，填补了国内外辽金史学研究的空白。2009 年 5 月，黑龙江流域博物馆发现一批四件套的辽金时期医疗器械[4]，引起了学术界的高度关注。

[1] ［明］陈邦瞻著：《宋史纪事本末》二，中华书局 1983 年版，第 570～572 页。
[2] ［明］陈邦瞻著：《宋史纪事本末》二，中华书局 1983 年版，第 84 页。
[3] ［宋］石茂良著：《避戎夜话杂记》，李澍田：《金史辑佚》，吉林文史出版社 1990 年版，第 191～192 页。
[4] 邓树平：辽金时期医疗器械的发现与研究》，《社会科学战线》2013 年第 4 期，第 122 页。

绳纹铁环：铁质，锻造而成。先将铁条烧红烧透后，由二人各持一端操作，将其拧成麻花状，后将其盘圆，再入火将其烧红后，将环的两端锤砸粘接在一起。直径11.5厘米，粗径1.4厘米，两环尺寸粗细大体上一致。器身上附着一层铁红色斑锈。年代为金代。

链子锤：铁质，锻造而成。通体呈八棱状，棱角分明，制作精细。在一个正方形面上有一个扁桥状穿纽，直径0.5厘米，内套一个粗0.2厘米、直径3厘米的圆环。在扁桥状穿纽的四周，山下左右对称有四个凹陷圆坑，直径均为1厘米，深0.3厘米。通长7.1厘米，宽6.8厘米，厚6.4厘米，标本通身附着一层铁红色斑锈。年代为金代。

铁钩：铁质，锻造而成。这件器物的制作采用了两种方法：一是锤砸，二是焊接。首先，采用一根铁条，先将一端由粗到细锤砸成尖状后，将其做成弯钩状，后外翻转将尾部尖端收圈，紧接着将另一端锤砸成片状后，将片状弯卷成下细上粗的圆筒状，筒底径0.8厘米，根径2.6厘米，厚0.3厘米；第二步，沿着圆筒的斜口边缘，将事先做好的铁钩焊接上即完成。焊接点清晰，通长19厘米。器身附着有铁红色斑锈。年代为金代。

镢头：铁质，锻造。有直径 7.5 厘米、宽 5 厘米、厚 1.8 厘米的銎口，呈椭圆形。通长 17.3 厘米，刃宽 8 厘米，略残，头宽 6.7 厘米。通体附着一层很厚的铁红色斑锈。年代为金代。

铁斧：铁质，锻造。通体呈长方形。长方顶，有銎口，略弧刃。通体锈蚀严重，通长 17 厘米，斧顶宽 7.5 厘米，厚 2.5 厘米，銎口长 4 厘米，宽 1.2 厘米。刃厚 0.2 厘米。通体呈长方形，顶呈长方形，有长 3.3 厘米、宽 1.5 厘米的椭圆形銎口，刃部残。通长 19 厘米，宽（斧顶）4 厘米，厚 2.3 厘米。通体附着一层很厚的铁红色锈蚀。年代为金代。

冰穿：铁质，锻造。通体呈"V"形筒状，根部呈圆筒形，尖部呈锥状。通体长 22 厘米，根部（圆筒）直径 4 厘米，根部厚 0.3 厘米。通体附着一层很厚的铁红色锈蚀。年代为金代。

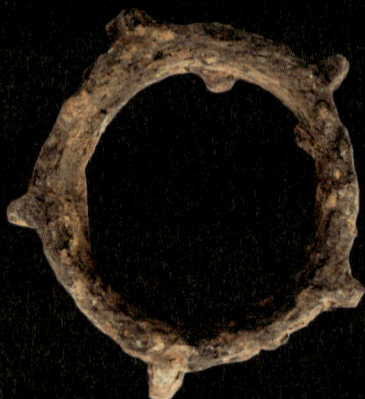

车毂：铁质，翻铸而成。通体呈圆环带齿状。圆环内径 6.5 厘米，外径 7.5 厘米，壁宽 1 厘米，厚 1.8 厘米。外缘有等距 6 个齿。齿均长 1 厘米，宽 0.5 厘米，厚 1.4 厘米。器身附着一层很厚的铁锈。年代为金代。

各式铁矛：共五件，从左向右排列。铁质，锻造而成。柄部通体呈筒状，尖刃。均长27.5厘米，柄径3.2厘米，矛身宽3厘米，尖宽0.2厘米，尖厚0.16厘米；长28厘米，柄径（残）3.4厘米，至矛身成束腰形，矛身宽3.5厘米，矛尖宽0.3厘米，厚0.3厘米；长27.3厘米，柄径3.7厘米，柄至矛身渐呈亚腰状，亚腰宽1.5厘米，矛身宽3.2厘米，厚0.6厘米，矛尖宽0.2厘米；长（残）19.2厘米，柄径2.4厘米，矛身呈方形，厚0.8厘米，矛尖已残；长24.3厘米，柄径2.7厘米，厚0.3厘米，矛身宽2.4厘米，厚0.4厘米，矛尖宽0.4厘米。以上器身附着一层铁红色锈蚀。年代为金代。

铁熨斗：铁质，翻铸而成。共两件，其一，平唇，盘口，平底，长柄，口径20厘米，底径13.7厘米，高7厘米，柄宽3.5厘米，柄厚1.7厘米，通长37.5厘米；其二，盘口，尖唇，平底，短柄。口径20厘米，底径15厘米，柄宽5.3厘米，厚1.4厘米。通体附着一层很厚的铁锈。年代为金代。

各式铁镞：铁质，锻造而成。分矛式铁镞、宽矛式铁镞、扁铲形铁镞、弧形刃铁镞、锹形铁镞、短剑形铁镞、凿刃形铁镞、角刀、菱形铁镞、偃月形铁镞等十种。镞身大部分腐蚀严重，均附着一层很厚的铁红色斑锈。年代为金代。

陶支架：陶质为高岭土，烧制时火候偏高，陶质较坚硬。三件，共三式。个别的在支架上稍加点釉。通体呈三角形，两大一小。通长 12.6 厘米，厚 1 厘米，呈乳白色；长 7 厘米，厚 0.6 厘米，呈乳黄色；长 11 厘米，厚 1 厘米，呈乳黄色。年代为金代。

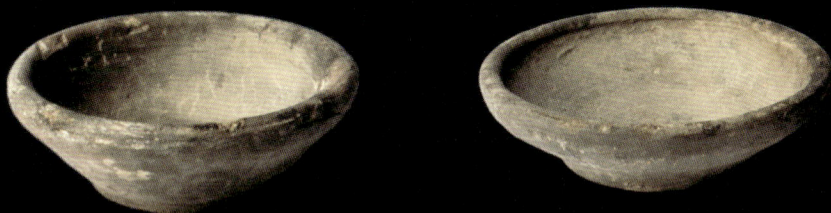

陶盏：泥质灰陶质地，烧制时火候偏高，陶质较坚硬，轮制，共两件，圆唇，敞口，平底。口径 10 厘米，底径 5 厘米，高 3.6 厘米，厚 1 厘米；平唇，敞口，平底，口径 8.5 厘米，底径 4.5 厘米，高 2.3 厘米，厚 0.4 厘米。年代为金代。

铁锤：铁质，锻造而成。通体呈圆柱状，圆顶，圆底，尺寸相同。直径 8.3 厘米，通长 21 厘米，锤身中央有正圆形孔，直径 2.5 厘米。器身附着一层很厚的铁红色班锈。年代为金代。

龙纹瓦当：泥质灰陶质地，烧制时火候偏高，陶质较坚硬，模制，标本完整，通体呈圆形，饼状，凸雕一腾龙，衬以卷云。直径 15.5 厘米，厚 2.5 厘米。年代为金代。

人面瓦当：泥质黄褐陶质地，烧制时火候偏高，陶质较坚硬，模制，标本外缘略残，通体呈圆形饼状，直径 17 厘米，厚 2 厘米。当面上模具印制沙和尚形象，四周有一圈 16 个直径 1 厘米的凸起圆饰纹，人物刻画细致，造型生动。年代为金代。

兽面瓦当：泥质黄褐陶质，烧制时火候偏高，陶质较坚硬，模制，标本画面模糊，瓦当连缀差不多整块布纹板瓦。瓦面上从外缘向内约 2 厘米宽处，有一圈凸弦纹，内饰兽面，直径 13.2 厘米，厚 2.6 厘米，连缀布纹瓦长 17 厘米，厚 2.5 厘米。年代为金代。

狮面瓦当：泥质灰陶质地，烧制时火候偏高，陶质较坚硬。当面上由一圈 30 个圆凸纹围饰，内有一竖发、怒目吼叫的狮形兽，部分模糊。直径 13 厘米，厚 1.3 厘米。年代为金代。

兽面瓦当：泥质灰陶质地，烧制时火候偏高，陶质较坚硬。当面上有一圈粗 0.2 厘米的凸弦纹，在其内饰有一模糊的兽面。直径 13.5 厘米，厚 2 厘米。年代为金代。

熨斗：铁质，翻铸而成。共四件，分八角形、带山字形立耳、带笔架立耳、带桐柄四类。其一，斗盆边沿呈八角形，向内凸起一个宽 1 厘米圆唇，平底，扁状柄根连缀后面圆筒长柄，柄径 2 厘米。口径16.5 厘米，高 7 厘米，底径 13.8 厘米；其二，平唇，敞口，口沿连带一个山字形立耳，后面连缀筒形长柄。口径 12.3 厘米，依口沿向上算，山字形立耳高 3 厘米，宽 10 厘米，柄径 2 厘米；其三，平唇，敞口，平底。斗的边沿有一笔架式立耳，略残，长 13 厘米，宽 3 厘米。口径 17 厘米，底径 15 厘米，厚 1 厘米。通长 33.5 厘米；其四，盘口状斗盆，平唇，敞口，平底。口径 15 厘米，底径 13 厘米，厚 0.8 厘米，在口沿部位后焊接一个青铜长柄，焊接点清楚。以上四件熨斗，均附着很厚的铁红锈色。年代为金代。

　　各式铁锤：铁质，锻造而成。共四件。其一，尖状铁锤，由于中间略鼓，并留有长2厘米，宽1.4厘米的方銎，两端变窄（一头尖细，一头方顶），尖头已被使用时砸堆，尖部变形，变粗。锤顶为不规则八棱状，通长25厘米，锤尖宽1.7厘米，锤顶宽2.5厘米，厚2.2厘米；其二，圆顶，有一不规则椭圆形銎，锤尖呈扁长形，顶略下有一不明显的亚腰，接下来是圆臀形锤身，自銎口向下渐收成扁锤刃。锤顶横径8.5，竖径8厘米，臀部宽8厘米，厚7.6厘米。銎口径（横）3厘米，竖径2.1厘米，通长15厘米；其三，椭圆形锤（略残），中间有一长方形銎口，长3厘米，宽2厘米，顶和底为圆形，通长13.5厘米，宽6.5厘米，厚5.2厘米；其四，纺锤形，锤顶和锤底均呈凸起状，腰部微鼓并带有銎口，长1.8厘米，宽1.5厘米。锤顶与锤底略呈圆角方形，通长21.5厘米，最宽处5厘米，厚3.8厘米。以上四件器物，均附着一层铁红色斑锈。年代为金代。

瓦当：泥质灰陶质地，模制，烧制时火候偏高，陶质较坚硬，整体呈圆形饼状，画面上兽面模糊，直径11.8厘米，厚1.5厘米。年代为金代。

瓦当：泥质灰陶质地，模制，烧制时火候偏高，陶质较坚硬。凸雕面上好像是一条变形龙，由于模糊不清，尚不能准确判断出该物的具体形态。通体呈圆形饼状，直径14.7厘米，厚3.2厘米。年代为金代。

瓦当：泥质灰陶质地，模制，烧制时火候偏高，陶质较坚硬，瓦面上好像是一个龙纹。模糊不清，尚不能准确辨认出具体种类。通体呈圆形，饼状，直径15.5厘米，厚2.6厘米。年代为金代。

瓦当：泥质黄褐陶质，烧制时火候偏高，陶质较坚硬，模制。整体呈圆形饼状，瓦面上凸雕一个狮面纹，整体形态还是很容易辨认。边缘有残。直径14厘米，厚2.5厘米，年代为金代。

瓦当：泥质黄褐陶质地，烧制时火候偏高，陶质较坚硬，模制，标本边缘有残，整体呈圆形，瓦当先由一圈凸弦纹围系，其内有一圈连珠纹，居中有一个十分精致的兽面，该面的右侧、下方均缺失一大块。标本径11.5厘米，厚1.2厘米。年代为金代。

瓦当：泥质黄褐陶质地，烧制时火候偏高，陶质较坚硬，手制，当面经过磨光，大体上呈圆形，有一道刻画的不规则凸弦纹。瓦面正中有一粗糙的龙纹。下部残失一大块。直径13.3厘米，厚1.8厘米。年代为金代。

龙纹瓦当：泥质灰陶质地，烧制时火候偏高，陶质较坚硬，模制。标本精细，造型生动，龙纹在瓦面上以凸雕形式出现，龙腾云绕，构图精巧，是此类标本中难得的精品。直径13厘米，厚2厘米。年代为金代。

瓦当：泥质灰陶质地，烧制时火候偏高，陶质较坚硬，当面上图纹模糊。尚不能准确判断出具体刻画物像。直径12厘米，厚2厘米。年代为金代。

龙纹瓦当：泥质灰陶质地，烧制时火候偏高，陶质较坚硬，模制，标本图像清晰。整体呈浮雕形式，当面正中模印一条腾飞的龙纹，祥云缠绕。直径14厘米，厚2.2厘米。年代为金代。

1

2

3

4

灯盏：铁制，铸造而成，共四件。其一，平唇，敞口，圆底。在盏沿上有个舌状把。口径10厘米，立高7.5厘米，厚0.8厘米；其二，平唇，敞口，平底。在盏沿上有个舌状把。口径13厘米，底径6厘米，立高10厘米，厚0.5厘米；其三，形制与前二略同，平唇，敞口，小平底。口沿上有舌状把，口径12.5厘米，底径4.5厘米，立高10厘米；其四，斜平唇，略侈口，平底。口沿上有一凸形把，口径11.5厘米，底径5.3厘米，立高11厘米（略残，凸形把）。四件灯盏均附着一层很厚的铁红色斑锈。年代为金代。

带柄长颈壶：青铜质地，浇铸而成。整体呈"凸"字形。有个圆柱状柄，直径1厘米，圆唇，直口，长颈，平底，筒状腹。通长30厘米，颈径4.5厘米，颈长9.5厘米，最大腹径15.5厘米，器底径14厘米。通体附着一层深绿、铁红、土黄色斑锈。年代为金代。

双立耳铁锅：铁制，铸造而成，斜平唇，敞口，平底，三个片状支足，口沿上对称有两个立桥状耳。口径18.5厘米，锅壁立高9.5厘米。底径28厘米，支足高3厘米。通高13.5厘米。器身现附着一层很厚的铁红色斑锈。年代为金代。

双立耳三足锅：铁制，铸造而成，斜尖唇，敛口，平底，三个片状支足（残两个），口沿上有一对称扁桥状耳（已残失），耳高4.5厘米。口径27.5厘米，底径24.5厘米，锅壁立高7厘米，足高3.5厘米。通高19.5厘米。器身附着一层很厚的铁红色锈。年代为金代。

镢头：铁制，锻造而成。通体为一块完整体，经锤砸后，有一椭圆形銎口，长5.5厘米，宽4厘米。弧形刃。通长24.5厘米，顶宽6.5厘米，刃宽8.4厘米，顶厚3.7厘米，刃厚0.3厘米。器身附着一层铁红色锈。年代为金代。

1　　　　　　2

铁斧：铁质，锻造而成。共两把。其一，圆角长方形顶，长4厘米，宽3.7厘米。有一銎口，长5厘米，宽2厘米。斧刃略呈弧形，立剖面呈中锋直注。通长20厘米，宽4.8厘米，厚（腰）5.6厘米，刃宽5厘米，刃厚0.2厘米，锋利；其二，平顶，略呈长方形，整体也呈长方形，略弧刃。有一长方形銎口，长3.5厘米，宽1.7厘米。通长16.5厘米，宽（顶）5.2厘米，刃宽7.5厘米，厚3厘米。器身附着一层铁红色锈。年代为金代。

铁锛：铁质，锻造而成。整体略呈长方形。顶有长方形銎口（略残），长 7 厘米，宽 1.6 厘米，略弧刃。通长 15.3 厘米，顶宽 8.3 厘米，厚（顶）2.5 厘米，刃宽 5.5 厘米，刃厚 0.3 厘米。器身附着一层很厚的铁红色锈。年代为金代。

1 　　　　2 　　　　3

锹头：铁质，锻造而成。共三件，从左向右排列。标本形质基本相同。（1）通长 27.5 厘米，宽 7.5 厘米，厚 3 厘米，圆顶，弧刃，刃部有使用崩豁一处。有一椭圆形銎口，长 7 厘米，宽 5 厘米，刃宽 6.5 厘米；（2）通长 25 厘米，顶宽 7.5 厘米，厚 3.6 厘米，刃宽 11 厘米，厚 0.3 厘米。銎口一面直，一面圆拱，略呈不规则长方形。长 5.6 厘米，宽 4.5 厘米；（3）通体略成圆角长方形。圆顶，弧刃，通长 26.5 厘米，顶宽 8.5 厘米，厚 3.9 厘米，刃宽 7.4 厘米，厚 0.3 厘米。銎口呈椭圆形，长 8.5 厘米，宽 5.4 厘米。上述标本器身均布满铁红色锈。年代为金代。

带流铜器：青铜质，采用范模浇铸而成。整体似水瓢状，仅多了一个"V"形流口。圆唇，敞口，平底。经过研究发现，该器物的把是经过焊接而成的，也就是先把整体器型铸造完成后，又对把手进行了二次加工（焊接）。口径 20.6 厘米，"V"形流口根长 3 厘米，头宽 2.3 厘米，长 3 厘米。底径 14 厘米，立高 5.5 厘米，通长 38.5 厘米。器表附着一层深绿色斑锈。年代为金代。

带流铜器：青铜质，采用范模浇铸而成。平唇，敞口，圆底，扁把。流口略呈"U"形。口径 15 厘米，流口最宽处 5 厘米，流口端处 2.5 厘米，立高 4 厘米。通长 29 厘米，柄部原有一个扁薄的铁制把，后来在其上用四个铆钉做过拼接和加固处理。通体附着一层黑漆古色铜锈。年代为金代。

带流铜器：青铜质，采用范模浇铸而成。整体形状与前述器物大致类似。外闪平唇，略敞口，平底，底上有补，口沿至器底留有黏合痕迹。口径 20 厘米，"V"形流口最宽处 6 厘米，流口端处 2.3 厘米，宽 3.6 厘米。底径 13.6 厘米，立高 5 厘米，通长 40 厘米。器表附着一层深绿色斑锈。年代为金代。

铜漏勺：青铜质，勺的主体由锤砸铜片成形，后用铁锥刺成大小不一、方圆不等的镂空，是捞取水煮物的一种工具。其筒状柄是事先做好后，复合安装上的。勺径 10 厘米，勺口有残裂。通长 25 厘米。器身附着一层绿色的铜锈。年代为金代。

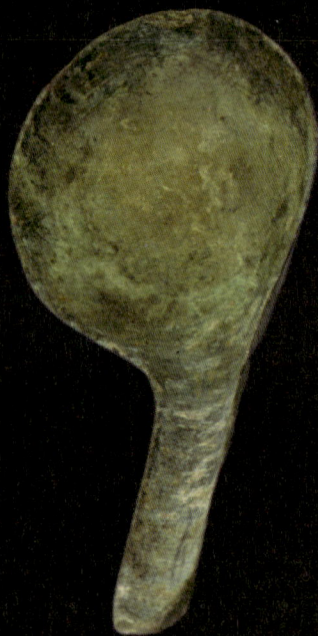

铜勺：青铜质，勺的整体是经过锤砸成形的。勺通长 14 厘米，勺宽 6.7 厘米。通体附着一层很厚的草绿色、浅绿色铜锈。年代为金代。

长柄铜勺：青铜质，采用范模翻铸而成。勺呈椭圆形。长 7 厘米，宽 5.7 厘米。柄呈扁条状，上饰精美的图案，柄最宽处 1.7 厘米，窄处 0.8 厘米，通长为 27 厘米。器身附着一层很厚的深绿、浅绿色铜锈。年代为金代。

铜钵：青铜质，采用范模翻铸而成。平唇，敛口，平底。通高 8.6 厘米，口径 21 厘米，底径 16.6 厘米，壁厚 0.16 厘米。器底有残留物。器身附着一层很厚的漆黑与深绿色铜锈。年代为金代。

铜盒：青铜质地，采用范模翻铸而成。由盒盖与盒两部分组成，整体形似规制圆筒状，盖径 7.5 厘米，器身径 6.9 厘米，底径 7 厘米，通高 5.9 厘米。器身附着一层很厚的漆黑与深绿色铜锈。年代为金代。

白釉铁花罐：高岭土质地，烧制时火候偏高，陶质较坚硬，白瓷釉，铁红色描绘。圆唇，直口，平底。通高 13.5 厘米，口径 9 厘米，最大腹径 16 厘米，底径 7.3 厘米。年代为金代。

铜带扣：青铜质地，采用范模翻铸而成。整体呈菱形，带有拱形穿缀，其下由正反俩凸 "S" 形，接下来左右两侧有两组凸纹装饰。中间为圆形凸起纹，余下也有装饰凸纹。通长 8 厘米，宽 7 厘米，厚 0.8 厘米。器身附着一层很厚的漆黑古色铜锈。年代为金代。

青铜件：青铜质地，采用范模翻铸而成。整体呈圆形，片状。由一圈圆凸连珠纹组成外围装饰，向内则是一圈凸弦纹，而后是由 6 个圆凹陷坑纹组成的图案，估计原来这 6 个凹陷坑纹中填有各类宝石。围绕这 6 个凹陷坑的缝隙，上下各有 6 个圆凸，而后是中穿，直径 1 厘米。总直径 8 厘米，厚 0.3 厘米。器身附着一层很厚的土沁、锗红和绿色铜锈。年代为金代。

法器：青铜质地，采用范模翻铸而成。整体由三条缠绕的蛇组成。穿孔是由一条向右下侧弯曲的蛇头与颈环绕组成，其身体由左上绕向右中至右下。造型精巧，工艺复杂。通长7.5厘米，最宽处4.6厘米，底宽3.4厘米，厚0.3厘米。器身附着一层很厚的黑漆古色铜锈。年代为金代。

法器：铁质，采用铁片剪刻而成，整体形成旋转的"卍"字形，略变体，片状。长和宽均为6厘米，厚0.16厘米。器身附着一层很厚的铁红色铁锈。年代为金代。

法器：青铜质地，采用范模翻铸而成。这是一件武士造像。左右伸展的其实是两个拳头，分开的双脚其实是踩踏四个人。通长6.8厘米，宽7.8厘米，穿缀孔径0.5厘米。器身附着一层很厚的土黄和浅绿色铜锈。年代为金代。

法器：青铜质地，采用范模翻铸而成。范痕清晰。该器物上下装饰相同，中间夹一面鼓。具体用途，目前只能将其归类于法器之列。通长8.8厘米，宽3.8厘米，厚1.8厘米。器身附着一层很厚的绿色铜锈。年代为金代。

法器：青铜质地，采用范模翻铸而成。范痕清晰。该器有残裂，中间片状有清晰的断痕，两次左右对称装饰有鸡首纹，其下为一个半圆环，上刻画竖线纹。通长5厘米，宽6.3厘米，厚0.24厘米。器身附着一层很厚的黑漆古色铜锈。年代为金代。

法器：青铜质地，采用范模翻铸而成。整体为一个飞翔的鹰，鹰头上与左右两侧各有一个圆环，正视，造型精巧，鹰的翅羽翎毛均有入神的刻画。长5厘米，宽10厘米。器身附着一层很厚的黑漆古色铜锈。绝对年代为汉魏时期，为东胡鲜卑人遗物，有可能传到金代。

法器：青铜质地，采用手工制作而成。整体呈圆形，片状。制作时先将铜片凿刻成旋转"卍"字状，后在宽 0.6 厘米处阴刻双凹线纹，在其上又刻画等距小方格纹。而后又在旋转"卍"字纹的中央阴刻两道凹弦纹，又在上面刻画小方格纹，在中央部位留出一个直径 1 厘米的正圆。通体仍能感觉到，这是一个旋转的"卍"字图案。仅是略微变形。直径 5.4 厘米，厚 0.2 厘米。器身附着一层很厚的绿色铜锈。年代为金代。

法器：青铜质地，采用范模翻铸而成。范痕清晰。通体呈矛状。由穿孔两个连体甬头、矛尖组成。穿孔呈环状，立于人甬头上。接下来是两个上下相连的甬头，眉、眼、鼻、口及胡须清晰，上面的人甬头略小于下面的，下面的人甬颈部由两个圆鼓的球状环节相连，其尖部（矛头）呈三棱形指向下方。呈 8.5 厘米，最大宽径 1.6 厘米，厚 1.3 厘米。器身附着一层很厚的草绿色铜锈。年代为金代。

法器：青铜质地，采用范模翻铸而成。范痕清晰。整体呈垂针状。由一个小圆环穿孔，孔径 1 厘米，下面连缀一个直径 1.5 厘米装饰圆环，它是由在圆环上等距刻画出短线纹而成，内中有一个 8 字形环，其下连缀着一个柱状铤。长 8 厘米，最宽处 1.5 厘米，厚 0.4 厘米。器身附着一层很厚的绿色铜锈。年代为金代。

法器：青铜质地，采用范模翻铸而成。范痕清晰。整体呈椭圆形，实际上是由一个椭圆形环圈定内，左右纹饰对称的造型，像是一对灵芝。长 3.6 厘米，宽 5.3 厘米。器身附着一层绿色铜锈。年代为金代。

法器：青铜质地，采用范模翻铸而成。范痕清晰。整体是三个圆环，除正中一个以外其余均被十字串连在一起。在外圆左右两侧各有一个挂耳，在内圆左上角在翻铸时就已残缺，外圆右下角是可能出土时缺失的，长 5.5 厘米，宽 7.2 厘米。器身附着一层很厚的绿色铜锈。年代为金代。

法器：青铜质地，采用范模翻铸而成。范痕清晰。整体由两头牛为塑造对象。分上、中、下三个部分连接在一起。通体观察，上部是一个牛头，牛角环扣在一起做了整件器物的穿缀，这个牛头极似一个带牛面具的人，颈部有围系，双肩浑圆显得力道十足，双手支撑在（或叉在）腰臀上。最有意思之处在于，此器件胸部至腹部又是一逼真的牛头形象，依头部观察其上的垂肩与叉腰的双手，又似下垂的牛角。其下为一粗糙的长方空心基座。该器件造型生动，富于神秘感。长 8.5 厘米，宽 4.3 厘米，顶穿 1 厘米，宽 1.8 厘米，基座长 1.8 厘米，宽 3.6 厘米。器身附着一层很厚的赭色与绿色铜锈。年代为金代。

法器：青铜质地，采用范模翻铸而成。范痕清晰。整体为一个塔寺，顶上有个穿缀，后背一个圆环，代表太阳或满月，其下在塔寺前放个法器。通长 6.5 厘米，宽 4.6 厘米。器身附着一层很厚的绿色铜锈。年代为金代。

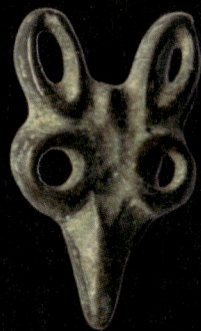

法器：青铜质地，采用范模翻铸而成。范痕清晰。整体形似简化的狐狸。镂空的双耳、双目，尖嘴，翘鼻。长 3 厘米，宽 1.7 厘米。器身附着一层很厚的绿色铜锈。年代为金代。

法器：青铜质地，采用范模翻铸而成。范痕清晰。整体形似鱼形，由鱼化龙转化过程中，其中的龙头、龙爪已初具形态。而鱼鳍仍没退掉。通长 9 厘米，宽 2.7 厘米（尾部）。器身附着一层很厚的绿色铜锈。年代为金代。

法器：青铜质地，采用范模翻铸而成。范痕清晰。整体是双鱼交尾状。上有一拱形穿缀，其下为两条交尾的鱼交织缠绕在一起叠加出一个心形，预示百年好合，祈求姻缘美满。长9厘米，宽5.5厘米，厚0.23厘米。器身附着一层很厚的绿色铜锈。年代为金代。

法器：青铜质地，采用范模翻铸而成。范痕清晰。整体似一张笑脸，通体呈元宝状，弯卷的双目，嘴呈方形，圆脸。长5.2厘米，宽7.6厘米，厚0.2厘米。器身附着一层很厚的绿色铜锈。年代为金代。

法器：青铜质地，采用范模翻铸而成。范痕清晰。整体由三个等距的虎头和一个扁状圆环组成，应称之为三虎叼圆环。三个虎头造型手法类同，大小、宽窄、距离相等。圆环直径8厘米，圆环宽1.3厘米；虎头长4厘米，宽3.5厘米，厚0.34厘米。器身附着一层很厚的黑漆古色和绿色铜锈。年代为金代。

铜人：紫铜质地，采用范模翻铸而成。范痕清晰。共三件。一个文士，一个孩童，一个持杖老者。（1）长5厘米，宽2厘米，厚0.4厘米；（2）长4厘米，宽1.3厘米，厚0.4厘米；（3）长5.3厘米，宽2.2厘米，厚0.4厘米。这三件器物头上均带有竖式穿缀。器身附着一层紫红色铜锈。年代为金代。

女真童甬：青铜质地，采用范模翻铸而成。范痕清晰。小孩头上有个竖式穿缀，利用小孩头顶留一撮胎发横钻一个圆孔而成。其余头顶毛发均剃掉。面部嬉笑状，双手捧持一物，衣襟开裂，露出圆鼓的肚皮。这是一件女真孩童甬。长6厘米，宽3厘米。厚1.45厘米。器身附着一层很厚的黑漆古色和绿色铜锈。年代为金代。

童甬：青铜质地，采用范模翻铸而成。范痕清晰。小孩头部圆滚，眉、鼻、眼、口等部位造型夸张，双手交叉团抱于胸前，衣襟开裂，小肚圆鼓，裤腰兜紧下垂的腹部。长6厘米，宽3厘米，厚2.1厘米。器身附着一层很厚的深绿和浅绿色铜锈。年代为金代。

铜人：青铜质地，采用范模翻铸而成。范痕清晰。此人头戴官帽，帽顶上有一圆形串缀，孔径0.3厘米。面目虽有些模糊，但仍能辨清其眉清目秀，略有八字胡须，一手微垂，一手持笏板，足登官靴，长3厘米，宽1.3厘米，厚0.46厘米。器身附着一层很厚的绿色铜锈。年代为金代。

童甬：青铜质地，采用范模翻铸而成。范痕清晰。小孩头部圆秀，大耳，面部经刻琢而成，双手捧一物，模糊不清，衣襟开裂，露出圆滚的肚皮。长6.3厘米，宽3.3厘米，厚2.5厘米，器身附着一层很厚的深绿色铜锈。年代为金代。

童甬：青铜质地，采用范模翻铸而成。范痕清晰。该甬头部呈椭圆形，面向观众，头顶竖式横穿。最有意思之处在于，该甬的眉、眼、鼻、口均采用浮雕手法，其余部位省略。长4.5厘米，宽1.7厘米，厚1厘米。器身附着一层很厚的铜锈。年代为金代。

童甬：青铜质地，采用范模翻铸而成。范痕清晰。该甬面向观众，头顶竖式横穿。由于锈蚀严重，致使该标本神态和面部刻画不清，长 3.5 厘米，宽 1.3 厘米，厚 0.6 厘米。器身附着一层很厚的翠绿和浅绿色铜锈。年代为金代。

童甬：青铜质地，采用范模翻铸而成。范痕清晰。该甬头上有个竖式横穿孔，头顶有三分发式，从歪头、扭腰和抬足行走姿势分析，该器物应是件女甬。长 5 厘米，宽 1.5 厘米，厚 1.3 厘米。器身附着一层很厚的绿色铜锈。年代为金代。

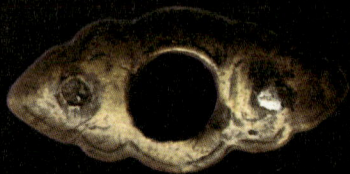

铜饰件：青铜质地，采用范模翻铸而成。鎏金。有一直径 1.2 厘米的穿孔，为一器物之一部分。长 5 厘米，宽 2.3 厘米，厚 0.2 厘米。器身附着一层铜锈。年代为金代。

耳坠：青铜质地，采用范模翻铸而成。垂滴状，顶上有一个小穿孔，孔内由一个小圆环。造型精巧。长 1.5 厘米，宽 0.7 厘米，厚 0.56 厘米。器身附着一层很厚的紫色铜锈。年代为金代。

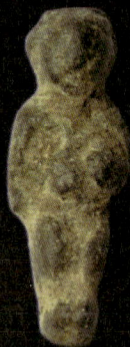

铜人：青铜质地，采用范模翻铸而成。范痕清晰。面部神态不清，长 5 厘米，宽 1.8 厘米，厚 2 厘米。器身附着一层很厚的浅绿色铜锈。年代为金代。

吉祥纹铜件：青铜质地，采用范模翻铸而成。该器件属于某器物的一部分，为长方形（立式），四个角均有凸起纹，中间连缀一个吉字，右侧留有两个紫色铆钉。长 3 厘米，宽 2.2 厘米，厚 0.2 厘米。器身附着一层很厚的紫色铜锈。年代为金代。

钱币: 青铜质地, 采用范模翻铸而成。器身附着一层很厚的绿色铜锈。共十一枚, 大都属于北宋时期的"熙宁元宝、皇宋通宝、祥符元宝、太平通宝、政和通宝、淳化元宝、熙宁通宝"等。仅有一枚是金代货币, 为"正隆元宝"。

铜圈: 青铜质地, 采用范模翻铸而成。大小和粗细共十一枚, 器身附着一层很厚的绿色铜锈。年代为金代。

镂空铜牌：青铜质地，采用范模翻铸而成。整体呈矛形，雕刻精致，图案规整。长8.5厘米，宽4厘米，厚1厘米。器身附着一层很厚的红斑与绿色铜锈。年代为金代。

权：铁质一枚；铜质一枚，铸造。铁质权，器型不规整，有一穿孔，长2.5厘米，宽3厘米，厚0.6厘米；铜权，分六瓣形，饼状，有一圆形穿孔。长3.4厘米，宽3.3厘米，厚0.8厘米。以上器物各自均有不同程度的锈蚀，年代为金代。

铜牛犊：青铜质地，采用范模翻铸而成。范痕清晰。长5厘米，宽6.7厘米，厚0.5厘米。器身附着一层铜锈。年代为金代。

铜虎：青铜质地，采用范模翻铸而成。造型简约，刻画随意，但不失神韵。匍匐、摇尾、低吼。上甩的尾巴巧妙地形成一个圆孔。长4.7厘米，宽5.7厘米，厚0.6厘米。器身附着一层很厚的黑漆古色和绿色铜锈。年代为金代。

铜饰件：青铜质地，采用范模翻铸而成。整体呈凸起状，细分三层，四个花瓣形托起第二层凸起，最上层是一个平底圆凸体。底层呈板状，由四个圆凸组成，第二层有四瓣形外缘，内施凹形花芯状，托举第三层圆凸形花心。长5厘米，宽5.2厘米，厚1.5厘米。器身附着一层铜锈。年代为金代。

铜带扣：青铜质地，采用范模翻铸而成。整体呈长方形上带穿孔，附带一个半圆环而成。在上穿孔与下缀半圆环之间，有个倒垂的"Ⅴ"形，上面塑制出一个面向观众的鹰首，长4.5厘米，宽5.5厘米，厚0.5厘米。器身附着一层很厚的黑漆古色和深绿色铜锈。年代为金代。

牡丹铜牌：青铜质地，采用范模翻铸而成。整体呈长方形，片状。该器形边缘有一圈凸纹，内饰两朵并蒂牡丹，中间由一骨朵分隔，部分饰物上挂有鎏金，长3.5厘米，宽6.7厘米，厚0.3厘米。器身附着一层很厚的铜锈。年代为金代。

卧牛：青铜质地，采用范模翻铸而成。长3.5厘米，宽6厘米，厚1厘米。器身附着一层很厚的紫红色铜锈。年代为金代。

铜虎：青铜质地，采用范模翻铸而成。该标本曾让我们一度怀疑其模具是不是采用了凿刻手法制作。长 3.5 厘米，宽 5 厘米，厚 1 厘米。器身附着一层很厚的绿色铜锈。年代为金代。

带扣：青铜质地，采用范模翻铸而成。长 4.5 厘米，宽 5 厘米，厚 0.3 厘米。器身附着一层很厚的绿色铜锈。年代为金代。

铜件：青铜质地，采用范模翻铸而成。整体呈凸形，直径 5 厘米，壁厚 0.2 厘米，凸厚 1.5 厘米。器身附着一层很厚的黑漆古色和绿色铜锈。年代为金代。

勺状铜牌：青铜质地，采用范模翻铸而成。整体呈勺形，器面上有个与外形类似的微凸。长 8.9 厘米，宽 4.3 厘米，厚 0.2 厘米。器身附着一层很厚的红色和绿色铜锈。年代为金代。

铜钉：青铜质地，翻铸而成。共两枚。二者一粗一细。细者长 10 厘米，钉帽宽 1 厘米，钉尖锋利；粗者长 10.5 厘米，钉帽宽 1.3 厘米，钉尖折断。器身附着一层很厚的绿色铜锈。年代为金代。

套连环：青铜质地，采用范模翻铸而成。整体由三小一大组成一个连环套，用途不明。长 5 厘米，宽径 1.5 厘米（大环），小环宽径 0.6 厘米。器身附着一层很厚的黑漆古色铜锈。年代为金代。

铜牌：青铜质地，采用范模翻铸而成。器面上带有三行凸纹，整体呈长方形。长2厘米，宽6.5厘米，厚0.7厘米。器身附着一层很厚的土沁与绿色铜锈。年代为金代。

铜牌：青铜质地，采用范模翻铸而成。整体为缠枝镂空纹饰，呈长方形。长8厘米，宽4.6厘米，厚0.2厘米。标本已残。器身附着一层很厚的铜锈。年代为金代。

鹿纹牌：青铜质地，翻铸而成。说是鹿纹，其实仅仅是由一个鹿头加一个扁形夸张卷曲成"O"形，圈内由两只鹿仔，预示孕育生命，也是预示猎获丰收之意。长9.5厘米，宽5.2厘米，厚0.4厘米。器身附着一层很厚的黑漆古色铜锈。年代为金代。

长方形牌：青铜质地，采用范模翻铸而成。整体呈长方形，沿着长方形内圆有一圈齿状纹，两边左右对称有灵芝形草纹，中间缀饰三个凸起太阳，预示"三阳开泰"。长4厘米，宽5厘米，厚0.2厘米。器身附着一层很厚的土黄色铜锈。年代为金代。

鹿：青铜质地，翻铸而成。板状，整体呈卧状。长5.4厘米，宽8.5厘米，厚1厘米。器身附着一层很厚的紫红色铜锈。年代为金代。

佛：白铜质地，采用范模翻铸而成。肖形佛像，头部可能含有一段铁铤，有一片铁红色锈。佛像双手合十，两腿盘坐，坐下有个台基。整体寥寥数刀，尽显神态。长 4.1 厘米，宽 3 厘米，厚 1.3 厘米。器身附着一层很厚的土黄色铜锈。年代为金代。

神兽牌：青铜质地，采用范模翻铸而成。整体造型仿商周时期青铜器纹饰。纹饰精美，结构严谨。长 7 厘米，宽 6.6 厘米，厚 0.7 厘米。器身附着一层很厚的黑漆古色铜锈。年代为金代。

铜件：青铜质地，采用范模翻铸而成。长 4.7 厘米，宽 2.8 厘米，厚 1 厘米。器身附着一层很厚的土沁与绿色铜锈。年代为金代。

菱形铜件：白铜质地，采用范模翻铸而成。片状。四个边角均采用勾卷如意纹装饰，采用阴刻手法处理勾卷如意纹，长 5.3 厘米，宽 6 厘米，厚 0.2 厘米。器身附着一层很厚的土沁与红色铜锈。年代为金代。

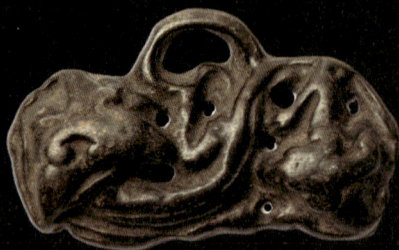

睚眦：青铜质地，采用范模翻铸而成。两首一身，两个睚眦相互对视。上有一拱形穿缀。长 6.5 厘米，宽 11.5 厘米，厚 1.3 厘米。器身附着一层很厚的黑漆古色铜锈。年代为金代。

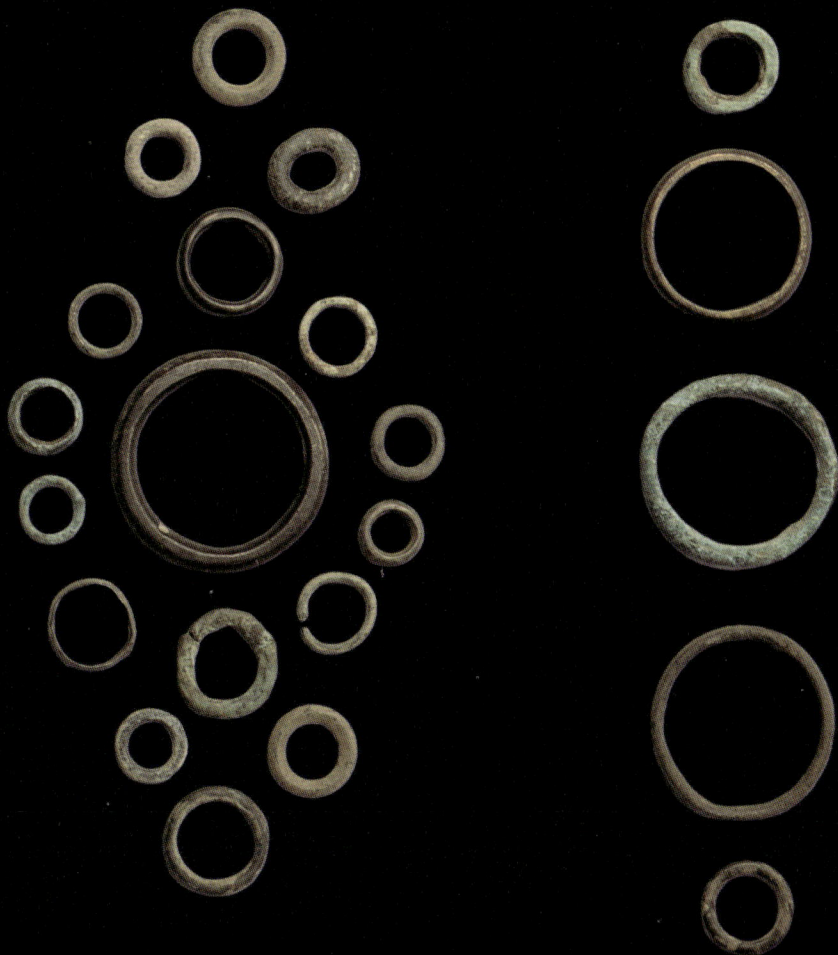

铜圈: 青铜质地, 采用范模翻铸而成。共22枚, 大小不一, 粗细不均。器身附着一层很厚的蓝色、铁红色与绿色铜锈。年代为金代。

砝码: 铅质, 采用范模翻铸而成。共两枚, 均呈 "8" 字形, 均带圆形穿孔, 孔径均0.3厘米, 一个素面。一个带纹饰。一个长3厘米, 宽1.5厘米; 另一个长3.2厘米, 宽2.1厘米。器身附着一层很厚的铅灰色锈。年代为金代。

权: 铅质, 采用范模翻铸而成。整体呈圆形, 饼状, 直径有一直径0.6厘米的穿孔。直径4厘米, 厚0.7厘米。该标本器表布满龟裂纹, 保存不是很好, 略有残。器身附着一层很厚的铅灰色锈。年代为金代。

砝码：铅质，采用范模翻铸而成。共两枚，整体呈圆形，饼状，均带有圆形穿孔，分别为直径2.7厘米，孔径0.5厘米；直径3.1厘米，孔径0.3厘米，厚0.3厘米。标本保存完好。器身附着一层很厚的黑色、灰色铜锈。年代为金代。

权：青铜质地，采用范模翻铸而成。共三枚，均素面，均呈馒头状。其一，直径3.4厘米，厚1.5厘米，孔径0.7厘米；其二，直径3.7厘米，厚1.8厘米，孔径0.5厘米；其三，直径3.7厘米，厚2厘米，孔径0.5厘米。器身附着一层很厚的黑漆古色、绿色铜锈。年代为金代。

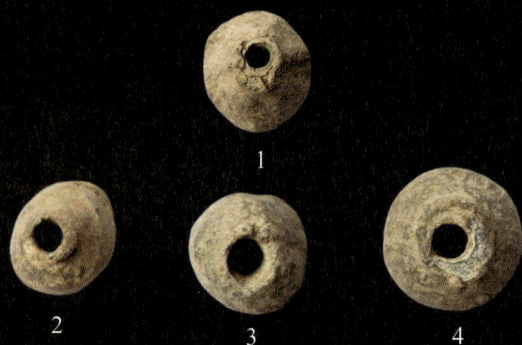

权：青铜质地，采用范模翻铸而成。共四枚，均素面，均呈窝头状。其一，直径2.3厘米，厚2.2厘米，孔径0.6厘米；其二，直径2.5厘米，厚2.3厘米，孔径0.4厘米；其三，直径3厘米，厚2.4厘米，孔径0.8厘米；其四，直径3.4厘米，厚2.5厘米，孔径0.5厘米。器身附着一层很厚的灰色、土黄色铜锈。年代为金代。

带扣：白铜质地，采用范模翻铸而成。标本总体呈正方形，上有竖式横穿缀。标本正面有凸浮雕式纹饰。长5厘米，宽5.3厘米，厚0.4厘米。器身附着一层很厚的土黄色铜锈。年代为金代。

权：青铜质地，采用范模翻铸而成。总共七枚。分为饼状和带纹饰馒头状。其一，饼状，共四枚，大小不一。直径3厘米，厚0.5厘米，孔径0.4厘米；直径2.6厘米，厚0.6厘米，孔径0.5厘米；直径2.3厘米，厚0.8厘米，孔径0.5厘米；直径3.7厘米，厚0.5厘米，孔径0.6厘米。其二，带纹饰馒头状，共三枚，均带有图凹线纹。直径4厘米，厚1.8厘米，口径0.4厘米；直径4厘米，厚2厘米，口径0.5厘米；直径3.8厘米，厚1.8厘米，口径0.5厘米。器身附着一层很厚的灰色、土黄色、绿色铜锈。年代为金代。

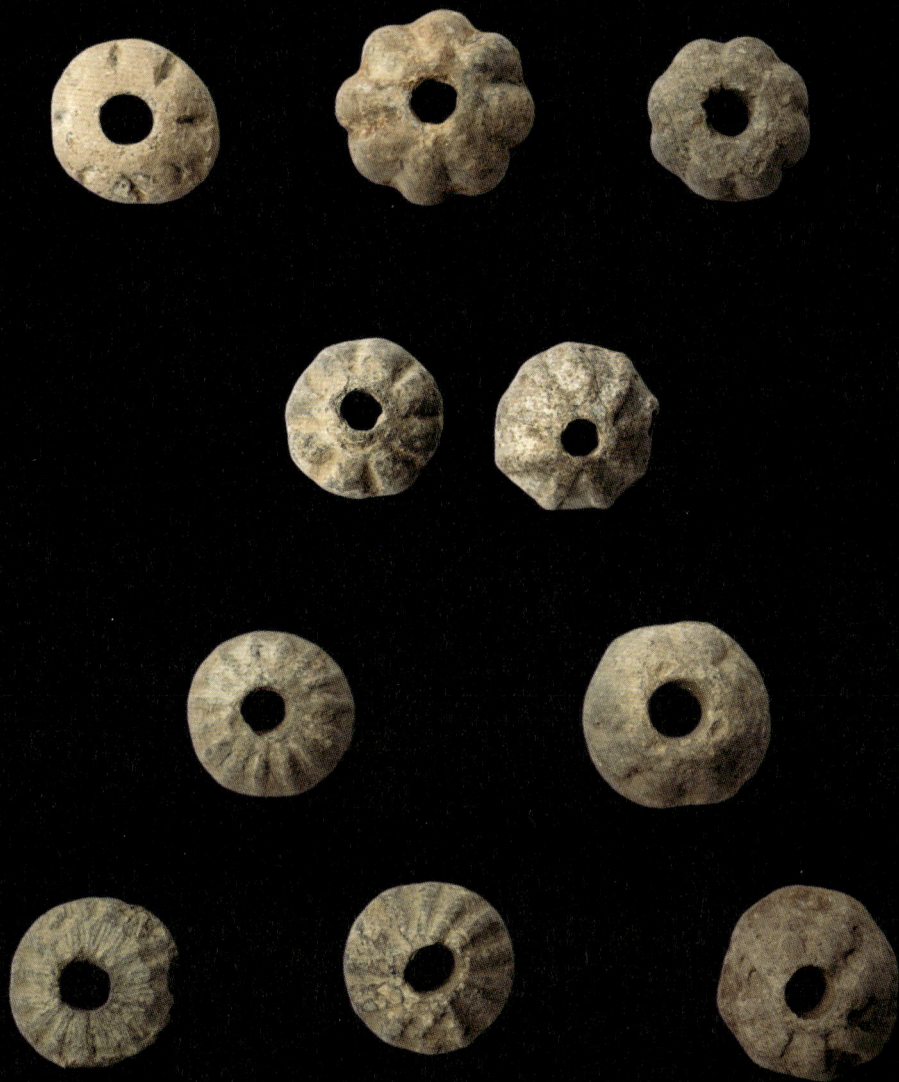

权：青铜质地，采用范模翻铸而成。分为八棱状三枚；瓜棱状两枚；带纹饰馒头状五枚。其一，八棱状三枚。直径2.7厘米，厚0.6厘米，孔径0.8厘米；直径3.6厘米，厚1.2厘米，孔径0.5厘米；直径3厘米，厚0.8厘米，孔径0.5厘米。其二，瓜棱状两枚。直径3.5厘米，厚1.3厘米，孔径0.3厘米；直径3.6厘米，厚1厘米，孔径0.5厘米。其三，带纹饰馒头状五枚。直径3厘米，厚0.3厘米，孔径0.6厘米；直径2.8厘米，厚0.7厘米，孔径0.4厘米；直径2.8厘米，厚0.8厘米，孔径0.5厘米；直径3.2厘米，厚1厘米，孔径0.8厘米；直径3.3厘米，厚1.2厘米，孔径0.4厘米。器身附着一层很厚的灰色、土黄色、绿色铜锈。年代为金代。

各式铜镜：青铜质地，采用范模翻铸而成。共五枚。分为方形和圆形两种。方形镜，共两枚，其一，呈正方形，边长5厘米，厚0.7厘米，略呈斗状，上饰五条游动的金鱼，四条分列上二下二，一条横卧，横卧的鱼腹就是拱形穿孔，造型精巧；其二，与前类似，也成覆斗状，边缘起一圈细凸纹，而后向内0.6厘米处又凸起一条方形细凸纹，中间也有五条游动的金鱼，分上二下二，中间一条横卧在拱形穿缀之上，边长5.3厘米，厚0.5厘米。以上两枚铜镜器身附着一层很厚的灰色、土黄色、绿色铜锈。年代为金代。圆形铜镜，共三枚。其一，直径6.5厘米，厚0.4厘米，纹饰精美；其二，小海兽葡萄镜，直径9.5厘米，厚0.5厘米，扁桥状穿钮；其三，直径6.3厘米，厚0.4厘。以上三枚铜镜器身附着一层很厚的铜锈。年代为金代。

带扣：青铜质地，采用范模翻铸而成。鎏金，长4厘米，宽1厘米，厚0.5厘米。器身附着一层很厚的铜锈。年代为金代。

铜牌：紫铜质地，采用范模翻铸而成。整体略呈桃形，上下由两个不规则圆角长方形穿孔。长4厘米，宽2.5厘米，厚0.3厘米。器身附着一层很厚的紫红色铜锈。年代为金代。

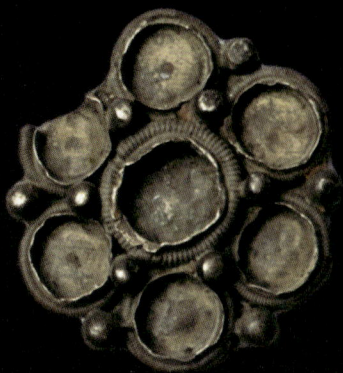

带扣：青铜质地，采用范模翻铸而成。呈长方形边框附带勾状，长2厘米，宽3.3厘米，勾长3厘米。器身附着一层很厚的深绿色铜锈。年代为金代。

银牌饰：青铜质地，采用范模翻铸而成。整体呈六瓣形，由一块银版托起外边六个凹形圆环，夹中间一个圆环，环与环的夹角间均有一个小的圆环充填。可能原件嵌有各类宝石。直径5.3厘米，厚0.5厘米。器身附着一层很厚的银锈。年代为金代。

　　各式铜带扣：青铜质地，采用范模翻铸而成。共20种。其一，长3厘米，宽2.2厘米，厚0.2厘米，有纹饰；其二，双面穿带扣，通体呈扁长方形，长2.5厘米，宽0.5厘米，厚0.4厘米；其三，长3厘米，宽2.5厘米，厚0.2厘米；其四，一个类型共八枚，致使大小有所区分，3枚大的长3厘米，宽2.6厘米，厚0.2厘米。5个小的，长2.4厘米，宽1.8厘米，厚0.2、0.15、0.3厘米；其五，长方形带扣，共7枚。5大2小。长3.5厘米，宽2.5厘米，厚2、2.2、1.6厘米，长2.5、2.5、宽3厘米。长3厘米，宽2厘米，厚0.2厘米；其六，小带扣，共两枚，长3厘米，宽1.2厘米，厚1.4厘米；其七，元宝式带扣，长1.5厘米，宽1厘米，厚0.5厘米；其八，锁形带扣，白铜质地，长2厘米，宽2厘米，厚1.6厘米；其九，心形带扣，共三件，长1厘米，宽1.5厘米，厚0.5厘米。长1厘米，宽1.7厘米，厚0.4厘米。长2厘米，宽1.7厘米，厚0.2厘米；第十，长3厘米，宽3.2厘米，厚0.2厘米；第十一，长3厘米，宽2厘米，厚0.2厘米；第十二，长方形带扣，长2.3厘米，宽1.8厘米，厚0.3厘米；第十三，壶形带扣，长2厘米，宽2.7厘米，厚0.12厘米；第十四，连珠形带扣，直径3.5厘米，厚0.5厘米；第十五，轮式带扣，直径3.5厘米，厚1厘米；第十六，长方形带扣，长4厘米，宽3厘米，厚0.7厘米；第十七，长3厘米，宽3厘米，厚0.12厘米；第十八，椭圆形带扣，共两枚。长4厘米，宽3厘米，厚0.2厘米；第十九，共八枚，五式。第二十，共九枚，五式。以上这些带扣，器身附着一层很厚的浅绿、土黄、赭色、深绿色铜锈。年代为金代。

铜鹿：青铜质地，采用范模翻铸而成。长5.3厘米，宽4厘米，厚0.4厘米。器身附着一层很厚的铜锈。年代为金代。

花篮式铜带扣：青铜质地，采用范模翻铸而成。采用中国结作装饰，设计精巧。长5.5厘米，宽4.5厘米，厚0.2厘米。器身附着一层很厚的铜锈。年代为金代。

带扣：青铜质地，采用范模翻铸而成。长3.2厘米，宽1.5厘米，厚0.3厘米。器身附着一层很厚的铜锈。年代为金代。

铜件：青铜质地，采用范模翻铸而成。该标本通体呈"8"字形，上边一个圆环形穿孔链接下面一个圆角田字。通长5厘米，宽4.5厘米，厚0.3厘米。长3.2厘米，宽1.5厘米，厚0.3厘米。器身附着一层很厚黑漆古色铜锈。年代为金代。

连环铜牌：青铜质地，采用范模翻铸而成。整体由三个大圆环青铜质地，采用范模翻铸而成。附加两个小圆环组成，共三组六个。长7.5厘米，宽2.4厘米，厚0.2厘米。器身附着一层很厚的黑漆古色铜锈。年代为金代。

圆形铜牌：青铜质地，翻铸而成。整体呈圆形，片状。内由各种镂空图案构成，纹饰精美，造型奇巧。直径8厘米，厚0.2厘米。器身附着一层很厚红斑和浅绿色铜锈。年代为金代。

圆形铜牌：青铜质地，翻铸而成。整体呈圆形，片状。由外向内有三道弦纹连缀里面的六角镂空纹饰，直径9厘米，厚0.2厘米。器身附着一层很厚的黑漆古色铜锈。年代为金代。

圆形铜牌：青铜质地，翻铸而成。整体呈圆形，片状。由外向内被镂空，纹饰精美。直径8厘米，厚0.32厘米。器身附着一层很厚的黑漆古色铜锈。年代为金代。

铜狐狸：紫铜质地，采用范模翻铸而成。整体呈圆形，片状。由一圈连珠纹与凸纹围绕一只蜷缩的狐狸，面向观众。直径6厘米，厚0.8厘米。器身附着一层很厚的紫红色铜锈。年代为金代。

铜件：青铜质地，采用范模翻铸而成。鎏金。整体呈"8"字形。长6厘米，宽3.5厘米，厚0.22厘米。器身附着一层很厚的绿色铜锈。年代为金代。

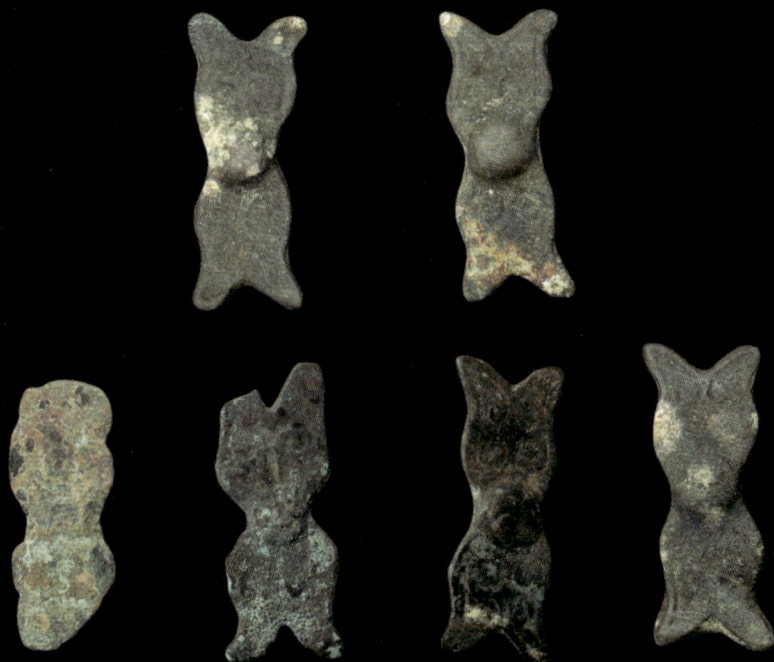

铜件：青铜质地，采用范模翻铸而成。鎏金。共六件。长4.5厘米，宽1.5厘米，厚0.2厘米；长5厘米，宽2厘米，厚0.2厘米；长5厘米，宽1.6厘米，厚0.2厘米；长5厘米，宽1.8厘米，厚0.2厘米；长5厘米，宽1.6厘米，厚0.2厘米；长5厘米，宽2厘米，厚0.2厘米。器身附着一层很厚的浅绿色铜锈。年代为金代。

铜件：青铜质地，采用范模翻铸而成。共四件。造型基本相同。长6厘米，宽4厘米，厚0.2厘米。器身附着一层很厚的深绿色铜锈。年代为金代。

铜件：青铜质地，采用范模翻铸而成。共四件，三大一小。长4.5厘米，3.3厘米，厚0.2厘米；长4.3厘米，宽2.4厘米，0.2厘米。器身附着一层很厚的铁红色和深绿色铜锈。年代为金代。

铜饰件：青铜质地，采用范模翻铸而成。长5.5厘米，宽4.5厘米，厚0.2厘米。器身附着一层很厚的铅灰色铜锈。年代为金代。

铜牌：青铜质地，采用范模翻铸而成。共五件。器身均附均着一层很厚的红色斑和深绿色铜锈。年代为金代。

铜件：青铜质地，采用范模翻铸而成。共六件。大小不一。器身附均着一层很厚的黑漆古色、红色斑和深绿色铜锈。年代为金代。

　　铜件：青铜质地，采用范模翻铸而成。共五类，计九件。长 3 厘米，宽 1.5 厘米，厚 0.3 厘米；长 3 厘米，宽 2 厘米，厚 0.2 厘米；长 2 厘米，宽 1.3 厘米，厚 0.3 厘米；长 4.6 厘米，宽 1.8 厘米，厚 0.4 厘米；长 2 厘米，宽 1.3 厘米，厚 0.2 厘米；长 4.3 厘米，宽 1.4 厘米，厚 0.2 厘米；长 3.7 厘米，宽 1.5 厘米，厚 0.2 厘米；矛形，长 7 厘米，宽 2.6 厘米，厚 0.5 厘米；带纹饰，阴刻林木，长 3 厘米，宽 2.5 厘米，厚 0.3 厘米。器身附着一层很厚的紫红色、黑漆古色、深绿、浅绿色铜锈。年代为金代。

　　铜件：青铜质地，采用范模翻铸而成。整体呈品字形。由三个圆环堆叠在一起形成一个品字。长 2.5 厘米，宽 2.4 厘米，厚 0.2 厘米。器身附着一层很厚的深绿色铜锈。年代为金代。

1　　　　2

铜件：青铜质地，采用范模翻铸而成，共
两枚。一个素面，长2.7厘米，宽2.5厘米，厚0.5
厘米；另一个带纹饰，长3厘米，宽2.4厘米，
厚0.5厘米。器身附着一层很厚的绿色铜锈。年
代为金代。

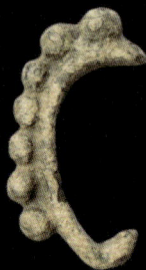

耳钩：青铜质地，采用范模翻铸而成。钩
冠上用7个圆珠穿缀而成，钩尖已残。长4厘米，
宽1厘米，厚0.4厘米。器身附着一层很厚的
铅灰色、土黄色铜锈。年代为金代。

权：青铜质地，采用范模翻铸而成。器身
饰有瓜棱纹，整体呈心形，上缀一个环状穿孔。
长7厘米，宽3.8厘米，穿孔外径1.7厘米，
内径1.2厘米。器身附着一层很厚的铁红色和
绿色铜锈。年代为金代。

权：青铜质地，采用范模翻铸而
成。器身带铭文，由于锈蚀严重，字
迹不清。上部穿孔四帽顶，而后是圆
鼓的肩头，其下是一道凸弦纹；束腰、
平底。通长8厘米，最大宽径5.2厘
米，底座4.8厘米。器身附着一层很
厚的绿色铜锈。年代为金代。

戳子：青铜质地，采用范模翻铸而成。通长15厘米，宽3.3厘米，壁厚0.35厘米，柄径0.6厘米。器身附着一层很厚的黑漆古色铜锈。年代为金代。

灰陶盏：泥质灰陶质地，烧制时火候偏高，陶质较坚硬，斜平唇，敞口，平底。口径7厘米，底径4.8厘米，立高1.8厘米，壁厚0.6厘米。年代为金代。

十字形铜件：青铜质地，采用范模翻铸而成。整体呈十字形，空心，管状。长4.3厘米，宽4厘米，厚0.6厘米。器身附着一层很厚的土黄、赭红和绿色铜锈。年代为金代。

缠枝纹滴水：泥质灰陶质地，烧制时火候偏高，陶质较坚硬。滴水左右两角均残，通长（残）13.2厘米，宽8.6厘米，厚1.8厘米。年代为金代。

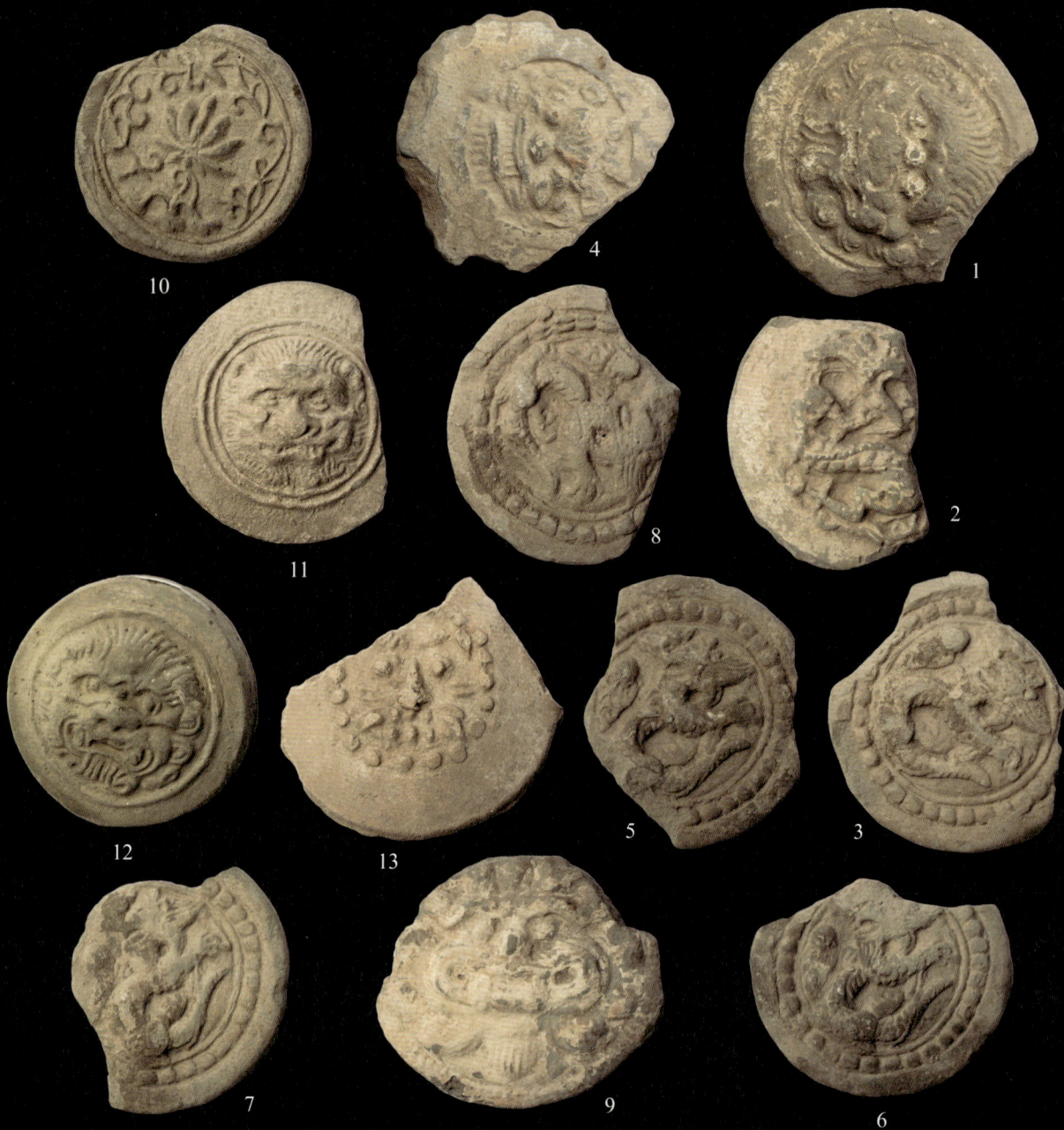

　　各式瓦当：泥质灰陶质地，烧制时火候偏高，陶质较坚硬，模制，标本右侧残损一块。画面上有两道圆形凸纹，内饰一面目狰狞的怪兽，龇牙、怒目、竖发。直径为 16 厘米，厚 1 厘米；龙纹瓦当，泥灰陶质地，烧制时火候偏高，陶质较坚硬，模制，不规则圆形，由一圈连珠纹，内有凸纹，画面上有一模糊不清的龙纹，采用浮雕方式制成，上部残破，直径为 12 厘米，厚 1.5 厘米；龙纹瓦当，该标本上、下、右侧均残，不能测量出具体数据，厚为 1 厘米；兽面瓦当，泥质黄褐陶质，当面上兽面采用浮雕手法制作，简单粗糙，随意。瓦面左上右上均残失，直径 13.6 厘米，厚 1.3 厘米；龙纹瓦当，标本的左右两面各残损一个豁口，瓦面上由一圈连珠纹围系，接着由一圈凸纹圈起瓦面核心区域，上面浮雕式的饰有一个龙纹。（残）径 16 厘米，厚 2 厘米；龙纹瓦当，与前述类似，径 15 厘米，厚 1.7 厘米；龙纹瓦当，残，直径 15 厘米，厚 1.5 厘米；兽面瓦当，泥质灰陶质地，模制，标本完整，直径 12 厘米，厚 3 厘米；龙纹瓦当，与前二一类同，有残损，泥质灰陶质地，直径 13 厘米，厚 1.8 厘米；菊花纹瓦当，花的四周茎蔓缠绕，瓦面左上角缺失一小块，直径 13.5 厘米，厚 1.3 厘米；兽面瓦当，瓦当外缘残损大部，直径 12.5 厘米，厚 1.5 厘米；兽面瓦当，顶上、左右上面均有残，当面不清，直径 13.5 厘米，厚 2 厘米；兽面瓦当，当的左侧缺失一块，直径 12.5 厘米，厚 1.5 厘米。以上几件瓦当，年代均为金代。

灰陶盏：泥质灰陶质地，烧制时火候偏高，陶质较坚硬。斜平唇，侈口，平底，口径8厘米，底径6.8厘米，立高1.6厘米，壁厚0.6厘米。年代为金代。

白铜管：青铜质地，采用范模翻铸而成。整体呈管状。长6.5厘米，径3厘米，壁厚0.2厘米。器身附着土黄色铜锈。年代为金代。

灰陶盏：泥质黄褐陶质地，烧制时火候偏高，陶质较坚硬，圆唇，敞口，平底，口径8厘米，底径5厘米，立高2.7厘米，厚0.6厘米。年代为金代。

酱釉大碗：高岭土质地，烧制时火候偏高，陶质较坚硬，施酱釉后，在碗边及碗腹抹擦部分，致使烧成器后，擦抹痕迹已然清楚。圆唇，侈口，台底。口径21厘米，底径7厘米，立高5.5厘米，厚0.7厘米。年代为金代。

正面

正面

背面

背面

淳化元宝供养钱：青铜质地，采用范模翻铸而成。共两枚。北宋太宗淳化元年铸造，传钱文为宋太宗赵光义亲书。背有莲花座和祥云拖衬的佛像。直径3厘米，厚0.2厘米。器身附着一层紫红色铜锈。年代为宋代。

各式铁刀：铁质，锻造而成。分腰刀、短刀、小型刀三种类型。一腰刀，兵器，长68厘米，宽4厘米，厚0.4厘米，长方柄，柄根盘圆，有一片状刀阁。年代为金代。残刀，通长41.5厘米，宽4.7厘米，厚0.4厘米；二短刀，共三把。长27厘米，宽3.2厘米，厚0.3厘米，标本残。长8.7厘米，宽1.5厘米，厚（背）0.5厘米，刀厚0.1厘米，尖刀类；三小型刀，二件。长12.5厘米，宽1.7厘米，厚0.2厘米。长7.5厘米，宽1.4厘米，厚0.1厘米。长17.5厘米，宽1.6厘米，厚0.1厘米。年代均为金代。

大法器：铁质，锻造而成。通体呈扁状，形似"三尖两刃刀"，扁方柄，柄头有一圆角品字形手挡，在每个圆上各穿缀三个圆环，在每个环上穿缀五色彩绸。巫师作法之时，手持该器舞动时，哗啷哗啷作响。通长 110 厘米，刃宽 18 厘米，刃厚 0.4 厘米。柄 2.8 厘米，厚 0.9 厘米。年代为金代。

犁铧镜：铁质，翻铸而成。（1）长 30 厘米，宽 21.5 厘米，厚 2 厘米；（2）长 31.2 厘米，宽 22 厘米，厚 2.3 厘米。器身附着一层很厚的土黄、铁红色铁锈。年代为金代。

铁铧：铁质，翻铸而成，共两件。（1）长 30 厘米，宽 23.8 厘米，厚 1.2 厘米；（2）长 31 厘米，宽 23.5 厘米，厚 1.7 厘米。年代为金代。

铜牌：青铜质地，采用范模翻铸而成。整体呈片状，器身上有一圆形穿孔。其余均采用椭圆形镂空设计。长 5.7 厘米，宽 4.5 厘米，厚 0.2 厘米。器身附着一层绿色铜锈。年代为金代。

铜牌：青铜质地，采用范模翻铸而成。整体呈轮状，由一个大圆环套一个小圆环由变体十字纹连缀。外环上还设计出一圈圆凸齿形纹。外环径 5.8 厘米，内环径 1.4 厘米，厚 0.3 厘米。器身附着一层黑漆古色铜锈。年代为金代。

铜牌：青铜质地，采用范模翻铸而成。片状。仅能辨识出有一个圆轮，其他不清楚。长 5.3 厘米，宽 4 厘米，厚 0.2 厘米。器身附着一层红斑和绿色铜锈。年代为金代。

铜牌：青铜质地，采用范模翻铸而成。该器已残，不清楚原来形状。残长 5.5 厘米，宽 4.3 厘米，厚 0.5 厘米。器身附着一层很厚的绿色铜锈。年代为金代。

铜勾环：青铜质地，采用范模翻铸而成。由一个铜勾穿缀一个铜环而成。长 5.2 厘米，宽 2.4 厘米，圆环内径 1.5 厘米，厚 1 厘米。器身附着一层很厚的黑漆古色与绿色铜锈。年代为金代。

球形铜件：青铜质地，采用范模翻铸而成。整体呈圆球状，其间有一个长方形口，口长 2 厘米，宽 1.5 厘米，厚 3 厘米。器身附着一层很厚的绿色铜锈。年代为金代。

六耳铜锅：青铜质地，翻铸而成。平唇，敛口，带六耳。口径 44 厘米，立高 32 厘米，厚 0.7 厘米，最大宽径 46 厘米。器内附着一层很厚的绿色铜锈。年代为金代。

六耳铜锅：青铜质，翻铸而成。平唇，敛口，带六耳。口径 44 厘米，立高 32 厘米，厚 0.8 厘米，最大宽径 46 厘米。年代为金代。

三足铜盘：青铜质地，翻铸而成。平唇，立口，三竖式扁足。口径 40 厘米，立高 12.5 厘米，足高 5.5 厘米，厚 1 厘米。年代为金代。

石臼：石质为砂岩，凿刻而成。圆唇，平底。口径 13 厘米，立高 23.5 厘米，横径 15.5 厘米，底径 12.3 厘米。器身饰网格纹。年代为金代。

六耳铁锅：铁质，翻铸而成。平唇，敛口，带六耳。口径 43 厘米，立高 30 厘米，厚 1 厘米，最大宽径 45.6 厘米。器身带三道细小弦纹。年代为金代。

六耳铁锅：铁质，翻铸而成。平唇，敛口，带六耳。口径 45.5 厘米，立高 30 厘米，厚 1 厘米，最大宽径 56.4 厘米。颈部带有七道弦纹。年代为金代。

二、五国部

在《辽史》中，五国部与生女真和熟女真并列入史。

《宋会要辑稿·蕃汉三》中记有："女真之外又有五国……皆与女真接境。"

据《契丹国志·四至邻国地理远近》记载："阿里眉等国……衣装、耕种、屋宇、语言与女真人异。"解读该文献时我们发现，五国部与女真部族有明显区分。女真完颜部在征服五国部的过程中，促使部分五国部人融入女真。

辽鼎盛时期，五国部归附于辽朝管辖并向辽朝缴贡纳税，由于辽经常派使索取海东青与沉重的苛税，逼迫五国部人叛服无常。延续至天祚帝时，这种反抗也未停止。

另据史料记载："海东青者，能击天鹅，人既以俊鹘而得天鹅，则于其嗉得珠焉。海东青者出五国，五国之东接大海，自海东而来者，谓之海东青，小而俊健，爪白者尤以为异。必求之女真，每岁遣外鹰坊子弟趣女真发甲马千余人入五国界，即海东巢穴取之，与五国战斗而后得，女真不胜其扰，……由是诸部皆怨叛。"[1] 女真完颜部不仅没有帮助五国部反辽，反而协助辽朝对其进行残酷镇压。

据《金史》记载："既而五国蒲聂部节度使拔乙门畔辽，鹰路不通，辽人将讨之。先遣同干宋谕旨，景祖曰：可以计取，若用兵，彼将走保险阻，非岁月可平也。辽人从之。盖景祖终畏辽兵之入其境也，故自以为功。于是景祖阳与拔乙门为好，而以妻子为质，袭而擒之，献于辽主。辽主召见于寝殿，燕赐加等，以为生女真部族节度使。辽人呼节度使为太师，金人称都太师者自此始。辽主将刻印与之。景祖不肯系辽籍，辞曰：请俟他日。辽主终欲与之，遣使来。景祖诡使部人扬言：'主公若受印系籍，部人必杀之。用是以拒之，辽使乃还。既为节度使，有官属，纪纲渐立矣。'"[2]

女真完颜部每与五国部发生械斗都是以死命诛杀之。

据史料记载："咸雍八年（1073年），五国没捻部谢野勃堇畔辽，鹰路不通。景祖伐之，谢野来御。景祖被重铠，率众力战。谢野兵败，走拔里迈泺。时方十月，冰忽解，谢野不能军，众皆溃去。乃旋师。道中遇逋亡，要遮险阻，昼夜拒战，比至部已惫。"[3] 女真完颜部经常借故阻塞五国部与辽朝的鹰路。

另据《金史》记载："海懒水乌林答部（五国部之一）石显尚拒阻不服。攻之，不克。景祖以计告于辽主。辽主遣使责让石显。石显乃遣其子婆诸刊入朝。辽主厚赐遣还。其后石显与婆诸刊入见辽主于春蒐，辽主乃留石显子边地，而遣婆诸刊还所部。"解读该文献发现，景祖借故诛杀乌林答部。

五国部后被女真完颜部征服，女真在吉林东北部和黑龙江大部基本完成了统一。

[1] ［宋］徐梦莘著：《三朝北盟会编·政宣上帙三》，上海古籍出版社 2008 年版，第 20 ～ 21 页。

[2] ［元］脱脱著：《金史·世纪》，中华书局 1975 年版，第 5 页。

[3] ［元］脱脱著：《金史·世纪》，中华书局 1975 年版，第 5 页。

长颈瓶：泥质灰陶质，轮制。圆唇、敞口，平底，制作精巧。在瓶颈上饰有一个刻制"W"纹样，另外，瓶颈处还见有由两道凸纹组成的亚腰。器腹上饰有挑刺凹陷三角纹。口径5.6厘米，底径6.2厘米，最大腹径7.8厘米。年代为辽代，为五国部文化。

灰陶罐：泥质灰陶质，轮制。圆唇，直口，鼓腹，平底。在该器肩上饰有两道并列的凹陷弦纹，腹下饰有两道横列阴刻制短线纹一周。口径3.8厘米，底径4.3厘米，壁厚0.4厘米，最大腹径20厘米，通高17.6厘米。年代为辽代，为辽五国部文化。

六耳铁锅：铁质，翻铸而成。口沿向内倾斜，平唇，直口，带六耳。口径44厘米，立高28厘米，厚0.7厘米，最大宽径47厘米。时代为辽代，为辽五国部文化。

三扁足铁器：铁质，翻铸而成。整体呈龟背状，拱顶，边缘下等距分列三个竖扁状足。直径53厘米，立高12厘米，足宽6厘米，厚1厘米。年代为辽代，为五国部文化。

双立耳三足铁器：铁质，翻铸而成。斜平唇，敛口，带竖式双立耳，三竖式扁足。口径26厘米，立高14.4厘米，壁厚0.6厘米。立足高4.6厘米，宽5厘米。年代为辽代，为五国部文化。

盘口罐：泥质黑陶质，轮制，烧制时火候偏高，陶质较坚硬。盘口翘沿，外闪的边沿上施凹凸锯齿纹。斜平唇，侈口，亚腰，台底。口径23厘米，外闪锯齿形边沿，宽0.5厘米，亚腰径16厘米，底径7.5厘米。最大腹径18.5厘米。年代为辽代，为五国部文化。

对穿小陶罐：泥质黄褐陶质，轮制，标本烧制前经过磨光处理，现通体光滑润亮，通体近似梨形，颈上有一对穿孔，孔径0.5厘米，圆唇，直口，腹略鼓，平底。口径3厘米，底径5.4厘米，最大腹径6.2厘米，通高6.7厘米。年代为辽代，为五国部文化。

灰陶罐：泥质灰陶质，轮制，平底，烧制前标本经过磨光处理，烧制时火候偏高，陶质较坚硬，器身轮制痕迹明显，口沿残损，仅残剩颈部，直口，平底。口径(颈部)3.5厘米，底径4.2厘米，最大腹径8.5厘米。腹下饰刺挑竖线纹，纹饰横向布满腹下一周，高4厘米。年代为辽代，为五国部文化。

陶碟：泥质黑陶质，轮制，烧制时火候偏高，陶质较坚硬，平唇，敞口，台底，口径8厘米，底径6.2厘米，通高4厘米。年代为辽代，为五国部文化。

陶碟：夹砂黄褐陶质，轮制，烧制时火候偏高，陶质较坚硬，圆唇，侈口，平底。口径6.8厘米，底径4厘米，通高2.3厘米。年代为辽代，为五国部文化。

陶碟：夹砂黄褐陶质，轮制，烧制时火候偏高，陶质较坚硬，夹圆唇，略侈口，平底，底部加厚。口径6厘米，底径3.8厘米，壁厚0.5厘米。年代为辽代，为五国部文化。

　　豆形盘：泥质黑陶质，轮制。通体形成有一个"碗下带个基座"状，俯视清晰可见在盘底中央，有一个下凹的底，在这中间有一直径约0.8厘米的圆孔，在其三个不同方向，等距分布有三个柳叶状镂孔，孔长约1厘米，宽约0.5厘米，该器可分盘口、盘底、亚腰、底座四部分，圆唇、侈口、平底。盘口径23厘米，盘底径5.6厘米，亚腰径2.6厘米，底座径4.5厘米，通高5.6厘米。年代为辽代，为五国部文化。

三、东丹国及其文物

1. 东丹国

唐至辽时期，黑龙江东部地区的渤海国为辽所灭后，紧接着就催生出替代渤海的新生政权——东丹国（辽的附庸）。

东丹国，是渤海亡后由辽贵族接替延续的一个临时性质的地方政权。渤海国原属东北地区受唐朝羁縻由府州节制的地方民族政权，而东丹国受契丹役属。实质上，此时黑龙江广大地区划归入契丹（辽）版图。

隋唐时期，契丹诸部生活在辽河支流西拉木伦河与老哈河流域一带，主要经济来源为游牧与狩猎。

唐初，契丹已经繁衍成八部，逐渐形成以大贺氏族团为首领的带有军事性联盟的组织，并拥"胜兵四万"的实力。除此之外，其社会生产生活与经济均得到了长足发展。唐在契丹腹地设置松漠都督府（今赤峰），并任命窟哥为松漠都督，并赐国姓李。

唐哀帝天祐四年（907年），朱温灭唐建后梁。此时契丹遥辇氏部落推举首领耶律阿保机为可汗，从此正式成为契丹诸部的联盟首领。

后梁末帝贞明二年（916年），耶律阿保机去汗称帝，正式建立契丹国，随后改称大辽国。耶律阿保机效中原王朝体律世袭皇权制度，自称为"天皇帝"，册封其妻述律氏为"地皇后"，册封其子耶律倍为皇太子，建元神册，筑西楼城（上京临潢府，今内蒙古赤峰巴林左旗波罗城）为皇都。

随着契丹国日益强大，必然加速对昔日的东邻进行掳掠，在数度军事打击下渤海国灭亡了。渤海国受唐朝羁縻，是当时东北强大的地方民族政权，自始至终和唐朝维持着臣下侍上的宗属关系，也和西邻契丹维护着双方的经贸往来。契丹强大以后，无可避免地与渤海之间产生各种冲突，矛盾逐渐加深。渤海国将契丹视作边临宿敌，后渤海在与契丹商贸交流的重镇扶余府（今吉林农安）经常屯设重兵提防。

辽太祖天赞三年（924年），当蓟州百姓迁往辽州（今新民附近）时，渤海军借此机会杀契丹辽州刺史张秀实后一并将这批百姓掠走。为此，导致双方积怨日深。渤海国此时面临局面日趋复杂。随着靠山唐朝的灭亡，统治集团内部日趋没落，各种矛盾的交织而民怨四起，其北邻被视为宿敌的同种黑水靺鞨与临近的越喜、铁利、佛涅诸部也相继叛离或割据。

辽太祖天赞四年（925年）十二月，雄才大略的耶律阿保机趁机发兵东伐渤海。

天赞五年（926年）正月初三，渤海国西北边陲重镇扶余府是辽朝耶律阿保机集团首伐的军事目标，激战三昼夜后，扶余城被辽军攻陷，此战后，辽便正式打通了渤海都城的战略通道。经短暂的休整后，辽军分两路兵峰直指上京龙泉府（今宁安东京城）的渤海都城。在既无外援、又缺粮饷而陷入绝境之下，渤海国末王大諲譔率文武大臣300人屈辱降辽。后又反复据城与辽再战，最后辽军攻入忽汗城，纵军掠城，一时间火光四起，当时在东北亚巍峨高耸、蔚为壮观、富丽堂皇的渤海都城，其宫殿、亭台与楼榭、官署、民居等建筑物都随渤海的灭亡在熊熊烈焰中灰飞烟灭。渤海政权共传十五世，前后绵延229年，在东北亚历史上影响巨大的渤海国至此亡国，从此正式退出历史舞台。契丹在渤海灭亡后，在其旧地设置了若干机构，对渤海旧民以及各族进行编户管理。

天显元年（926年）二月，耶律阿保机利用渤海旧地新组建一个受辽羁縻的东丹国，赐忽汗城为天福。册封皇太子耶律倍为人皇王并出任东丹国王，同时还设立四个丞相。

东丹国建立在渤海国废墟之上，并直接继承了其辽阔的疆域，东丹国大体上沿用渤海旧制，并拥有自己的军队，以甘露为年号。东丹国王还可着皇帝冠服，施用汉唐法律，可委任百官。但实际上东丹国属于受辽国羁属的临时性政权。还要向辽纳税贡赋端布十五万匹、马一千匹及其他土特地产，还要随时随辽军参战以及提供兵役。

辽太祖天赞五年七月，耶律阿保机病逝于扶余城后，灵柩运回辽上京。耶律倍闻讯前往辽上京奔丧，同时想继承皇位。但述律平皇后与其他贵族均拥立阿保机次子耶律德光继位。

辽太宗天显三年（928年）十二月，辽太宗耶律德光采纳东丹国丞相耶律羽之的建议，抬升东丹国的东平郡（今辽阳北）为辽国陪都南京，同时，下令捣毁东丹国都天福城，强行将东丹国属及原渤海旧民迁往东平郡。

东丹国及属民南迁后，随迁南京（原东丹国东平郡）的耶律倍抑郁不快，蜗居在藏书楼终日读书作诗。

天显五年（930年）十一月，耶律倍因受辽太宗猜忌而终日郁闷，撇弃东丹国而转投后唐。后唐灭亡时遭诛杀。

辽太宗会同三年（940年），耶律倍长子耶律阮（兀欲）继任东丹国王。

辽世宗天禄元年（947年），耶律阮继辽朝皇帝位，又册封耶律安端为东丹国王。

辽穆宗应历二年（952年）十二月，耶律安端死，东丹国此时已名存实亡。

辽景宗乾亨四年（982年），辽圣宗继皇帝位后，随即废除东丹国号，至此，东丹国彻底灭亡。

东丹国，从辽太祖天显元年立国，到辽景宗乾亨四年灭亡，共经历了三任国王，前后延续56年之久。

石臼：玄武岩质地，通体呈柱状，器身有密集的蜂窝状气孔，由火山喷发岩形成，圆唇，直口，平底。通高 25 厘米，臼窝深 19 厘米，口内径 13 厘米，口外径 17 厘米，底外径（残）11 厘米。年代为东丹时期。

铜牌：青铜质地，采用范模浇铸而成，上部有一穿鼻，平底宽 0.5 厘米。长 5 厘米，宽 4.3 厘米，厚 0.5 厘米。青铜质地，器身附着一层黑漆古色和深绿色铜锈。年代为东丹时期。

础石：石质为土黄色砂岩，也是有上下两个部分组成。上部刻有莲花，花芯是由一个直径 5.7 厘米未钻透的圆眼代替。莲花直径约 15.8 厘米。下面的正方形底托直径为 21 厘米，厚 8 厘米，年代为东丹时期。

东北亚古丝路民族与文物研究

青铜牌：青铜质地，采用范模浇铸而成，后稍加整修。为一人骑马和祥云铜牌。长6.6厘米，宽4.4厘米，厚0.4厘米。刻画精美，器身附着一层黑漆古色铜锈。年代为东丹时期。

铜佛：青铜质地，采用范模浇铸而成，后稍加整修。长6.5厘米，宽2.4厘米，厚0.35厘米。器身附着一层黑漆古色铜锈。年代为东丹时期。

础石：玄武岩石质，通体呈凸起状。实质上有密集的蜂窝状气孔。整体由上圆下方构成，暗通天圆地方理念。上面的圆凸由翻卷的莲花瓣组成，落基在下面的正方形托底之上，直径19.5厘米，上面的圆凸中间有一直径5.5厘米的未透圆眼；下面方形底托长宽为21厘米，厚10厘米。年代为东丹时期。

第四节　东夏国及文物

一、东夏国

东夏国，是历史上金衰元盛之际于东北地区所建立的地方民族政权，是我国东北史研究领域十分重要的一个历史环节，历来为研究者所重视。

在公元 13 世纪初叶，金、元两朝新旧交替之际，金朝所辖区域战火连连，蒙古军队与金军展开一场场诛杀，在此夹缝中曾存在过一个由女真人建立的政权——东夏国，它是仅仅存在了 19 个年头的短命政权。

金末，蒙古诸部逐渐得到了统一，在这一过程中他们积累了十分丰富的作战经验，不断蚕食与金的边邻地区，不久就举兵全面进攻金朝。此时，金朝形如危卵。

金泰和六年（1206 年），南宋韩侂胄借恢复中原为名兵分三路伐金。金将蒲鲜万奴因此一战成名，并迫使宋西路军降金。随后，出现了宋与金再度和议（即嘉定和议），蒲鲜万奴因此晋爵一级。

金大安三年（1211 年）七月，成吉思汗率兵伐金。卫绍王遣平章政事独吉思忠、参知政事完颜承裕统兵迎战。在乌沙堡一战金军大败，蒙古军乘势南下。纥石烈九斤任招讨使，蒲鲜万奴任监军，至野狐岭一线布防。后与蒙古军大战獾儿嘴（今河北万全西北），金军因主帅纥石烈九斤指挥失误而溃败，南逃至会河堡（今河北怀安），后又被追赶的蒙古兵打败。至此，金朝的亡覆已初见端倪。蒲鲜万奴后转战辽东，与蒙古军队数度交锋，金军士气受挫，再加上金军将帅之间不和，都使得金朝处于风雨飘摇状态之下。

金至宁元年（1213 年），金将胡沙虎杀卫绍王，迎完颜珣于彰德府（今河南安阳）即皇帝位，史称金宣宗。金朝先后于贞祐二年和三年迁都于汴梁（河南开封）、中都（年北京）。刚刚即位的金宣宗任命完颜承裕为辽东宣抚使、蒲鲜万奴为咸平路招讨使镇守辽东。完颜承裕卒后，蒲鲜万奴继任辽东宣抚使，并成为辽东地区最高军政统帅。与此同时，曾举兵反金的契丹人耶律留哥自立为辽王，改元元统。

金贞祐二年（1214 年），金宣宗派遣温迪罕青狗前往广宁诏降耶律留哥遭拒绝，因而惹怒金宣宗，钦命蒲鲜万奴率军攻伐耶律留哥，最后的结果是金军大败。蒲鲜万奴随军败逃东京（今辽阳）。此时的蒲鲜万奴集团被困在辽东，已成为无法与金朝联系的弱势力量。由于陆路被契丹与蒙古军事力量重重阻隔，再加上蒲鲜万奴与东北地区将官的互相猜忌、倾轧，无疑严重削弱了其抗敌力量。

贞祐三年（1215 年）正月，中都（今北京）留守奥屯襄被蒙古军所杀后，中都被攻破。兴中府（今辽宁朝阳）又被蒙古军占领。此时的蒲鲜万奴面对三股势力：一是强大的蒙古，二是濒临覆灭的金王朝，三是耶律留哥的割据势力。最后他选定为扩大自己的势力范围而主动出击以图谋发展。同年的三月、四月、五月、九月，蒲鲜万奴连续派兵出击攻咸平、沈州（今沈阳）、澄州（今海城），南取宜风、易池（今盖县附近）。经过多次交锋，蒲鲜万奴率军攻取东京，辽东附近的女真部族都奔赴其麾下。同年十月，蒲鲜万奴于东京拥兵自立。

贞祐四年（1216 年），改国号为东夏。

据统计，此时东夏国拥兵 10 万，人口约 170 万左右。

而此时蒙古大军木华黎部占领辽西后又东渡辽河，接连攻克海、复、苏等三州，蒙古大军兵锋到处相继归降。后迫使蒲鲜万奴递表归顺了成吉思汗，按规定以子帖哥入蒙古为人质并供职于御营。蒲鲜万奴降蒙后，保留了原来的军事实力并拥有独立的活动空间。因此导致他能率数万之众轻易进出"橄岛"。

兴定元年（1217 年）正月，暂居"橄岛"的蒲鲜万奴再度反元，两军先后在鸭绿江沿线附近交战。趁元朝抽兵进军中原而东北军事力量薄弱之际，蒲鲜万奴父子辗转进军懒路和速频路，沿途女真诸部闻风而归。

在蒲鲜万奴初建东夏国期间，金朝统治集团已经全部崩溃，此时的辽东行省已经退却至婆速路一带。东夏国的政治、军事与经济皆沿用金朝旧制，也设尚书省及六部，其下在地方上设路、府、州、县，与猛安谋克并存。其地域辖境范围，向东至日本海，北至黑龙江沿岸，西至松花江两岸地区，其南界至曷懒路（铁岭一带）。东夏国疆域辽阔，尽占原渤海国旧地。

金贞祐四年，蒲鲜万奴虽率众反叛蒙古自立东夏国，权衡利弊与各种力量对比后，他们并不与蒙古军发生直面较量。建国初始，蒙古对东夏没有进行军事弹压。

兴定二年（1218 年），东夏、蒙古、高丽还十分罕见地组织成三方联军讨伐喊舍，迫于联军军事围剿喊舍自杀，其余部投降蒙古。

正大九年（1232 年），在钧州经历三峰山之战后，金军主力彻底被蒙古军队消灭，此时蒙古军已经占领了黄河南北大部分区域。此后不久，蒙古军队的兵锋挥师北上，其主要讨伐对象直接指向东夏国。

天兴二年（1233 年），由蒙古皇子贵由、诸王按赤台、国王塔思统帅的大军进攻高丽后，顺势攻打东夏国。同年九月，蒲鲜万奴被蒙古军围困于南京后城池沦陷，蒲鲜万奴遭擒后被诛杀。至此，东夏国宣告灭亡。

翌年，蒙古军攻破蔡州（今河南汝南），金朝宣告灭亡。

在历史的车轮面前，东夏国的灭亡是大势所趋，东夏国在历史上存留的时间虽然十分短暂，从立国至灭亡仅短短的 19 年时间，在中国历史星河中犹如一颗流星划过。

瓷雷：夹砂黄褐陶质地，采用高岭土掺和黄黏土烧制而成，烧制时火候偏高，陶质较坚硬，施酱釉，手制。凸平顶，顶径 8.5 厘米，凸高 0.8 厘米，上有 3.8 厘米的孔。内中空，器身布满凸起的尖角。平底。通高 15.5 厘米，最大腹径 22 厘米（依外凸尖刺测量），底径 10.3 厘米。年代为东夏时期。

铜权：青铜质地，采用范模翻铸而成。小平顶，上有直径 0.6 厘米的穿孔，肩圆鼓，腹下束收，平底。肩腹上錾刻隶书"年造"二字。通高 9.5 厘米，肩宽 5 厘米，底径 5 厘米。年代为东夏时期。

铜权：青铜质地，采用范模翻铸而成。共两枚，一大一小，形制略同。

一是带有桥形穿孔，孔径 0.3 厘米，圆肩，束腰，平底。通长 6.8 厘米，肩径 3.8 厘米，束腰径 2.7 厘米，底径 3.5 厘米。

二是顶部立高 1.3 厘米，带有穿孔，孔径 0.3 厘米，肩圆鼓，腹下束腰，平底。通高 6.7 厘米，肩径 2.8 厘米，束腰径 1.3 厘米，底径 2.8 厘米。器身附着土黄色铜锈，以上两件标本时代均为东夏时期。

银锁：白银质地，采用范模翻铸而成。双面带工，正面，有一横栓，径 0.35 厘米，连缀一个凹形心状，上面雕有人和花木，形态生动，下缀两个（应该是三个）直径 0.6 厘米的银环。长 8.7 厘米，宽 11 厘米，厚 1 厘米。背面，大体与前面类同，仅是改动了画面，由牡丹和花心托起篆字吉语。通体附着一层黑色银锈。年代为东夏时期。

银锁：白银质地，翻铸而成。双面带工，正面，通体漫圆，有一横穿孔连缀锁形。上面饰有书法"福"字，配以吉祥纹，长 6 厘米，宽 8.5 厘米，厚 2.3 厘米。年代为东夏时期。

银锁：白银质地，翻铸而成。整体似元宝状。双面带工，正面，形制与前面大致相同，上雕二人对弈，造型生动，布局安排合理。背面，形制大致与正面相同，按锁的外形沿边缘有一道随形凸弦纹，上面饰有齿状纹，内有凸雕楷书"元"字，旁边配以花纹点缀。通长 7 厘米，宽 10.4 厘米，厚 2.3 厘米。年代为东夏时期。

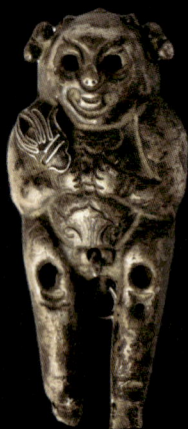

银娃：白银质地，翻铸而成。造型夸张。眉毛、口、鼻以按压纹点缀，双目被钻成深邃诡异而神秘的圆孔，孔径0.5厘米，头上左右梳起两个抓髻，除一个肚兜之外，通身裸露，双手捧物在胸，左手抓握一个手形玩具。博人一笑之处在于，在肚兜下面有一个小圆孔，由孔里前伸一个小生殖器。在双腿之间（裆部）还有一个直径1.2厘米的圆环。通长16厘米，肩宽7.3厘米，厚3厘米。器身附着一层黑色银锈，年代为东夏时期。

环形玉器：青玉质地，环宽窄厚薄不一，外径3.6厘米，内径2厘米，厚0.3～0.5厘米，内部圆润，外部经过抛光磨制。年代为东夏时期。

铜件：青铜质地，通体鎏金。整体呈不规则椭圆形，依外边缘在其内饰有一圈齿状纹，左右两侧各饰有云卷装饰，在其中间部位雕刻出一个牛头，下方有一个镂空偃月形，依这个形状，在其边缘錾刻出一圈齿状纹，通体显示出鎏金的华美，长5厘米，宽7.4厘米，厚0.3厘米。年代为东夏时期。

饼状陶器：泥质灰陶质地，烧制时火候偏低，陶质较疏松。手制。用途不明，通体呈不规则凸圆形。圆形，饼状。边缘上饰有不对称的大齿纹，凸面上饰有压印凹凸圆形纹，中间有一直径3厘米的对穿圆孔。通长22厘米，宽径21.4厘米，厚6.8厘米。年代为东夏时期。

第六章　元、明、清东北亚民族与文物新发展

第一节　元朝统治下的东北

一、元代东北

有元一代的女真族，与金代基本一致，只是相对盛金而言地域分布有所收缩。在《元史》的记载中还出现了并列的女直、水达达、乞列迷、兀者野人、骨嵬等称谓。学术界有人认为水达达属于蒙古人，而兀者野人、骨嵬和乞列迷不属于女真系统。我们结合文献记载与出土文物相互研究后认为，水达达、兀者野人、乞列迷、骨嵬属于女真族系，并世代居住在松花江、黑龙江、乌苏里江和辽河流域，与金和元朝生活在其统治范围内的各地女真人一样，他们均属于明代野人女真、建州女真和海西女真（直）人的直系先祖。

据《元史》卷十二《本纪》载："立海西辽东提刑按察司，按治女直、水达达部。"这是出现的将女直与水达达并列的文献记载。

待到乃颜与哈丹等因叛乱悉数被剿平后，部分女直被迫迁徙到长城以内进行分化与屯田。

至元三十年（1293年），元朝将乃颜和胜纳合儿旧部约400户女直迁徙到扬州、滨州、赵州、安丰县芍陂等地进行分化和屯田。

据《辍耕录》记载：女真"故家遗俗，存复无几，非自叙其为女真人，世人已不知其非我族类了"[1]。

据《元史·地理志》记载：水达达路，"土地旷阔，人民散居。元初设军民万户府五，抚镇北边。一曰桃温，一曰胡里改……一曰斡朵邻，一曰孛苦江。各有司存，分领混同江南北之地。其民皆水达达女直之人，各仍旧俗，无市井城郭，逐水草而居，以射猎为业，故设官牧民，随俗而治，以相统焉"[2]。

解读上述文献我们发现，元初就已经设立桃温、胡里改、斡朵里、脱斡怜、孛苦江五个军民万户府，其属下居民就有水达达路女真人。

皇庆元年（1312年），开元路划归水达达路后，黑龙江下游广大地区亦属水达达路管辖区

---

[1] 孙进己著：《东北民族源流》，黑龙江人民出版社1989年版，第198页。

[2] ［明］宋濂著：《元史·地理志》，中华书局1976年版，第1400页。

域。此时东北地区大部分女真部族都归属水达达路的辖区。水达达路早期所辖五个军民万户府仅存三个，即斡朵里、胡里改和桃温万户府。而胡里改和斡朵里演化为明建州女真。桃温与海西女真渊源颇深。

据《元史》记载："立吾者野人、乞列迷等处诸军万户府于哈儿分之地。"[1] 其中哈儿分之地，指黑龙江下游阿纽依河注入黑龙江左近之地。

据《辽东志》记载：乞列迷"性奸贪、居草舍、捕鱼为食"，故认为乞列迷属于是今赫哲族先祖，在当时以捕鱼为生的女真人部落。

而骨嵬则属于居住在今俄罗斯远东库页岛上的一支女真部落，是隋唐五代时期黑水靺鞨一部。

女真人与部分汉人、契丹人在元代被降为三等属民，或沦为种族奴隶。元灭金的第二年（1235年），在东北设置开元和南京两万户府，并实施了"设官牧民，随俗而治"的政策管理东北地区的女真人。

至元二十二年（1287年），元世祖为了加强对东北的统治而设立"辽阳行中书省"。《元史·地理志》对辽阳等处行中书省记载为："路七、府一、属州十二、属县十。"[2]

皇庆元年（1312年），元朝又将开元路东和东北部女真人从该路划出，单独设置水达达路。而开元路、咸平府、合兰府、恤品路、奚关总管府等，掌管羁縻自今松花江与嫩江交汇处以东、兴凯湖以北、黑龙江入海口这一广阔地域内女真诸部。除此之外，元朝还在黑龙江阿姆贡河对岸特林地方的奴儿干地区设置了征东元帅府。在黑龙江下游立吾者野人、乞列迷等军万户府，在今乌苏里江流域设阿速古儿千户所与今俄罗斯境内滨海等地设置鲸海、木答哈、牙兰等千户所。

对于水达达路，《元史·地理志》有如下记载："各仍旧俗，无市井城郭，逐水草为居，以射猎为业。故设官牧民，随俗而治。"元朝曾任命土著酋长为千户、百户土官，世守其土，世袭官职。而多数女真人仍从事农耕、狩猎、捕鱼业。由于自然地理条件等差异，南北地区及边远地区农业所占比重不一。黑龙江、松花江、乌苏里江等地区狩猎和鱼捞业占很大比重。为了促进当地农业发展，元朝曾在水达达路设置"屯田总管府"，专门负责当地驻军及土著居民屯田耕种的管理。

元灭南宋后，为了分化汉军力量，特从中原调拨一批汉军到女直水达达进行屯田务耕。同时实行南民北调与北民南下制度，如"诸流远因徒，惟女直、高丽两族流湖广，余并流奴儿干及取海清之地"[3]。

对饥民进行赈灾方面，元朝也做了大量卓有实效的工作。

如《元史》载："十二月乙未，辽东开元饥，赈粮三月"[4]，"以女直、水达达部连岁饥荒，

---

[1] ［明］宋濂著：《元史·本纪》，中华书局1976年版，第926页。

[2] ［明］宋濂著：《元史·地理志》，中华书局1976年版，第1395页。

[3] ［明］宋濂著：《元史·刑法志》，中华书局1976年版，第2634页。

[4] ［明］宋濂著：《元史·本纪》，中华书局1976年版，第294页。

移粟赈之，仍减免今年公赋及减所输皮布之半"[1]。

又见，至元六年（1269年），"开元等路饥，减户赋布二匹，秋税减其半，水达达户减青鼠二，其租税被灾者免征"[2]。

至元二十年（1283年），"广宁、开元等路雹害，稼免田租七万七千九百八十八石"[3]。

向元朝交税纳贡方面，诸部族女真人也担负着沉重的负担。女真诸部向元朝纳的税主要有粮食与各种兽皮、海东青等。诸部女真的经济状况不一，所缴赋税也略有不同，女直主要以粮食为主，水达达则以各种兽皮为主，吾者野人与乞列迷等部主要以海东青为主。花样繁多的徭税给女真诸部生产与生活带来沉重负担。

史料中所见贡税方面情况如下。

1243年，仅合兰、恤品两路交布3000匹。

至元四年（1267年），签女直、水达达军三千人。[4]

至元六年，因灾减水达达户"青鼠二"。

至元八年（1271年），又签女直、水达达军。[5]

至正六年（1346年），因抗税捐，部分女真人开始反抗。

元朝还对水达达路等地女真部族进行征兵。

除向女真地区征兵外，元朝还曾勒令女直、水达达造战船以备远征日本。据《元史》载："命女直、水达达造船二百艘及造征日本迎风船。"[6]

元朝与女真诸族间的往来则反映在从属关系上。为强化对女真诸部的管理，元朝还逐渐恢复了辽金时期的城站与驿道以及松花江、黑龙江、乌苏里江沿江水陆城站的联通，更加便于黑龙江口的女真与蒙古诸族间的商贸往来，从黑龙江流域向南可通达至元大都。这些城站驿道的恢复与开通主要基于军事目的，但从客观上则有利于女真与元朝及蒙古腹地的商贸流通。

元朝与女真诸部的关系就是对其进行民族压迫与经济掠夺，逼迫女真诸部多次进行反叛。世祖时，女直诸部与水达达部趁乃颜叛乱与其勾结借以反抗元朝的统治。至元朝末年，辽东女真人锁火奴起兵造反，以"大金子孙"自誉，后被元朝镇压，虽起义未获成功，但助推了元朝亡覆的步伐。

元末，东北地区的女真诸部开启了近百年由北自南的民族移动，在这些民族大迁徙过程中，逐渐形成了后来明清时期著名的建州女真、海西女真和野人女真三大部族。

[1] ［明］宋濂著：《元史·本纪》，中华书局1976年版，第269页。

[2] ［明］柯绍忞著：《新元史·食货志》，中国书店1988年版，第373页。

[3] ［明］宋濂著：《元史·本纪》，中华书局1976年版，第373页。

[4] ［明］宋濂著：《元史·本纪》，中华书局1976年版，第117页。

[5] ［明］宋濂著：《元史·本纪》，中华书局1976年版，第136页。

[6] ［明］宋濂著：《元史·本纪》，中华书局1976年版，第277页。

带滴水绿釉瓦：泥质黄褐陶质地，滴水施绿釉，瓦面施布纹。滴水长16厘米，宽8厘米，厚1.5厘米，瓦（包括滴水）长35厘米，宽18厘米，厚2.2厘米。年代为元代。

铜勺：青铜质地，采用范模翻铸而成。扁柄，柄中央有横刻线纹。柄头成椭圆形，长 15 厘米，勺宽 6.4 厘米，柄宽 1 厘米，柄头宽 2.8 厘米，厚 0.2 厘米。器身附着一层深绿色铜锈。年代为元代。

铜勺：青铜质地，采用范模翻铸而成。整体呈亚腰形。长 16.7 厘米，勺宽 5.3 厘米，柄宽 0.8 厘米，柄头长 5 厘米，宽 2.7 厘米，厚 0.2 厘米。器身附着一层铁红和浅绿色铜锈。年代为元代。

铜刀柄：青铜质地，采用范模翻铸而成。素面。呈竹节状。长 11.8 厘米，宽 2 厘米，厚 1.3 厘米。器身附着一层很厚的绿色铜锈。年代为元代。

长柄铜勺：青铜质地，采用范模翻铸而成。勺直径1厘米，柱状柄，柄长25厘米，径0.6厘米。器身附着一层很厚的绿色铜锈。年代为元代。

虎牌：白银质地，采用锤砸錾刻而成。整体呈圆形片状。造型精巧，纹饰、布局合理，是同类器物中少见的精品。直径7.7厘米，厚0.2厘米。器身附着一层很厚的土沁与草绿色银锈。年代为元代。

八思巴文钱币：青铜质地，采用范模翻铸而成。直径4厘米，厚0.26厘米。中穿呈方形，长、宽1厘米。器身附着一层很厚的翠绿色铜锈。年代为元代。

第二节 明代的东北

当历史进入到元末明初阶段，女真诸部极不均衡的发展以及明朝对其具有针对性的怀柔与招抚政策，促成了女真诸部为期百余年的大迁徙，并加快其内部整合。诸部女真以聚落为中心，分化形成建州女真、海西女真和野人女真几大族群。

据《元史·地理志》记载：水达达路，"土地旷阔，人民散居。元初设军民万户府五，抚镇北边。一曰桃温，一曰胡里改……一曰斡朵邻，一曰孛苦江。各有司存，分领混同江南北之地"。水达达路实际的管辖地域不仅限于这五个军民万户府，还涵盖与其临近的其他民族。

据《明会典》记载："盖女真三种，居海西等处者为海西女直，居建州、毛怜等处者为建州女直，……为野人女直，野人女直去中国甚远，朝贡不常。"[1]

永乐元年（1403 年）十一月，"女直野人头目阿哈出来朝，设建州卫军民指挥使司，以阿哈出为指挥使"。[2] 明廷以阿哈出"招谕野人"，女真各部纷纷归附，猛哥帖木儿的斡朵里部加入建州卫。

永乐三年（1405 年），"毛怜等处野人头目把儿逊等六十四人来朝，命设毛怜卫，以把儿逊等为指挥、千百户等官、并赐诰印、冠带、袭衣及钞币有差"[3]。

据《明会典》记载："居海西等处者为海西女直。"

据《明实录》永乐元年十二月辛巳条记载："忽刺温等处女真野人头目西阳哈、锁失哈等来朝贡马百三十匹，置兀者卫，以西阳哈为指挥使、锁失哈为指挥同知……赐诰印、冠带、袭衣及钞币有差。"[4]

学界认为，兀者卫当设在忽刺温（呼兰河）流域，同建州卫均属明朝在东北置卫最早且颇具影响的卫所建制。

另据《明实录》记载："女直野人头目，塔刺赤，亦男伴哥的报告四十五人来朝置塔山卫，以塔刺赤为指挥同，卫所镇抚千百户赐诰印冠带袭衣及钞币有差。"[5]

据《明实录》记载："永乐四年二月庚寅，女直野人头目打叶等七十人来朝，命置塔木、苏温河、阿速江、速平江四卫，以打絮等为指挥、卫镇抚、千百户等官，赐诰印、冠带、袭衣及钞币有差。"[6]

《明实录》永乐七年（1409 年）三月丁卯条又载："葛林河等处野人头目秃木里等百一十八人来朝，设葛林、把城……忽儿海、木束河、好屯河等十一卫，命秃木里等为各卫指挥、千百

---

[1] ［明］申时行著：《大明会典·礼部六五·朝贡三·东北夷》，1906 年版。

[2] 《明太宗实录·卷二五》，"中央研究院"历史语言研究所校印 1962 年版，第 460 页。

[3] 《明太宗实录·卷四九》，"中央研究院"历史语言研究所校印 1962 年版，第 739 页。

[4] 《明太宗实录·卷二六》，"中央研究院"历史语言研究所校印 1962 年版，479 页。

[5] 《明太宗实录·卷五一》，"中央研究院"历史语言研究所校印 1962 年版，第 762 页。

[6] 《明太宗实录·卷五一》，"中央研究院"历史语言研究所校印 1962 年版，第 769 页。

户等官，赐诰印、冠带、袭衣及钞币有差。"[1]

在明朝招抚下，海西女真以塔山卫、塔鲁木卫和弗提卫为中心，将诸族凝聚到忽刺温地区后，女真海西部族集团形成了。

明朝另通过兀者诸卫管理黑龙江流域诸部女真，诸部后通过与明朝交贡纳税与朝廷恩赏等方式进行联系，明朝把与其交易和朝贡的女真诸部称为海西女真。海西女真范围包括松花江流域至黑龙江中下游地区的广大区域。如海西卜鲁丹河卫、海西脱木河卫、海西依木河卫、海西哈儿分卫，等等。

元代文献中所圈定海西地区相当于元水达达女直地域范围。明初海西地区属于继承了元朝对海西全部地域。明朝曾制定对东北女真招抚怀柔政策，促使建州女真部分迁徙到绥芬河与图们江流域，海西女真借此向西迁徙至忽刺温（呼兰）地区。整合后，海西女真塔山卫和塔鲁木卫及弗提卫部向南迁徙，乃至最终形成著名的扈伦四部。

据《明会典》记载，建州女真与海西女真诸部因整合南迁形成强势的民族集团，而部分留居原地未被建州女真与海西女真统一的部族则被称作"野人女真"。

野人女真主要分布在外兴安岭及日本海沿岸附近地带（包括库页岛）。

除此之外，还有一些生活在黑龙江和乌苏里江流域两岸地区的女真部族，明朝实施了用当地土著酋长对其居住区域进行管辖的政策，其民族性质属于野人女真范畴。为了扩大领土疆域，明朝在野人部落也曾设置过卫所对其进行羁縻。这些散居野处的部落通过朝贡与明朝政府进行联络，因海西女真把控"南关"与"北关"阻碍了野人女真向明朝纳贡，使得野人部落与明朝商贸交流都得假手海西女真和建州女真来完成。

《明世经文编》中"野人处极东，每入必假野人女真各部道海西，贡市无常"的记载，即是很好的说明。

据《朝鲜李朝实录》记载："兀狄哈有五姓焉，有三姓焉，皆在速平江边。尼麻车最强云。"[2]

在东北女真各部几乎都存在不均衡发展问题。与建州女真和海西女真地域相近交流颇为密切的野人女真，其发展水平较高。很多留居原地的野人女真部落，与海西女真或建州女真相融合后，逐渐融入到海西女真或建州女真部族集团以内。

除海西女真或建州女真及野人女真以外，还有著名的乌拉、哈达、叶赫、辉发扈伦四部女真。可以说，海西女真和建州女真的南迁与扈伦四部形成有很深的渊源。

永乐四年（1406年），明朝政府在忽刺温（呼兰）一带置塔山卫，以塔刺赤为指挥同知。

正统十一年（1466年），塔山卫指挥以"所管人民颇多、声息驰报未边为由，请设卫印"。明朝根据塔山卫指挥奏报中从塔山卫分置塔山左卫（呼啦温地区）。据史料分析，扈伦四部中乌拉与哈达部都来源于塔山左卫。

---

[1]《明太宗实录·卷七九》，"中央研究院"历史语言研究所校印，1962年版，第1003页。
[2]《李朝成宗实录》（三十二年四月）三姓兀狄哈包括都骨、沙东、波乙卯、小巨节等；四姓兀狄哈：都叱骨、尼麻车等四姓；五姓兀狄哈：尼麻车、亏乙未车、伊乙仇车、亏乙仇车、都骨；七姓兀狄哈以尼麻车、都骨为核心的氏族联合。

据《明世宗实录》记载："女直左都督速黑忒。"[1]文献记载中的速黑忒于嘉靖年间负责统领海西女真部族。此时的塔山左卫其实已南迁。据记载："速黑忒居松花江，距开原四百余里，为遒北江上诸夷入贡必由之路。人强马盛，诸部畏之。"[2]后来，有史料证实速黑忒死于内乱，其子王忠为避叛乱南逃至广顺，在哈达河流域哈达部逐渐兴盛起来。

据《清史稿》载："哈达贡于明，入广顺关，地近南，故谓之南关。"女真部族凡从混同江及黑龙江赴开原转至京师者必先入开原后经哈达。哈达部首领王忠素以"兵力强盛"而名冠海西诸部。王忠所居之地乃东北亚咽喉要道，得天独厚的地理位置是当时的东北其他部族无法与之比拟的。实质上哈达部已经扼控海西诸部与中原通贡和商贸通道。因此，哈达部较其他临近部族的实力日益增长。

至明嘉靖三十一年（1552年），王忠因内乱被杀，其长子王台任哈达部首领。此时叶赫、乌拉、辉发及建州诸部都畏服哈达部强大的势力。王台晚年腐败致使哈达部逐渐走向衰败。

万历二十七年（1599年），哈达部终被日益崛起的努尔哈赤吞并。

乌拉部，其部族因聚落在乌拉河流域附近得此名。

据《东夷考略》记载："开原北近松花江者曰山寨夷，又北抵黑龙江曰江夷，而江夷有灰扒、兀喇等族。"文献中提到的灰扒即辉发，兀喇即乌拉。乌拉部和哈达部同源，均出自明初的塔山卫。

正统十一年（1446年）十月，明朝从塔山卫中析置塔山左卫。后来，塔山卫南迁，古对珠延的部族也随之南迁。其后世孙布颜为避蒙古袭扰，举族迁居乌拉河一带后逐渐兴旺起来，成为扈伦四部之一的乌拉部。学术界认为，乌拉城就在今吉林市附近，所辖范围在今吉林市、永吉、舒兰、磐石、蛟河、榆树、九台以及松花江上游地区。乌拉部曾听命于哈达部（部族联盟性质）。满泰统治时期，乌拉部逐渐强大起来，一度达到部族发展的顶峰。

至万历四十一年（1613年），乌拉部最终被努尔哈赤征伐东北其他女真部族时所吞并。

《明太宗实录》载，塔鲁木卫的指挥为打叶（叶赫部的始祖星根达尔汗）。叶赫始祖星根达尔汗是蒙古人，为土默特人氏，后因迁居随俗改姓纳喇。在叶赫河一带繁盛后被称为叶赫国。

《柳边纪略》载："北关叶赫，逼处开原、铁岭，乃明边之外障。"女真叶赫部，是扈伦四部的中坚力量，其部族族源即来自塔鲁木卫。叶赫部和其他扈伦三部一样，也是在南迁过程中逐渐壮大起来的。

根据《清实录》记载，叶赫部最初居于呼兰河流域及其附近地区，部分迁至松花江上中游附近地区。最后南迁至叶赫河流域及其附近地区，后改称叶赫部。叶赫部与乌拉都曾受控于哈达部，后叶赫部趁哈达部衰落逐渐开始成为四部中的中坚力量，也逐渐成为明朝与建州争夺地区话语权的主要平衡力量。

万历二十一年（1593年），叶赫部联蒙攻建州遭惨败后，在万历四十七年（1619年）其终被努尔哈赤吞并。

辉发部，因居住辉发河流域附近地区而得名。

---

[1] 《明世宗实录·卷一二三》，"中央研究院"历史语言研究所校印1962年版，第2970页。
[2] 《明世宗实录·卷一二三》，"中央研究院"历史语言研究所校印1962年版，第2970页。

据《清史稿》记载，昂古里星古力有两子：留臣、备臣。备臣又有两子，当弗提卫首领传至王机储时，收邻近诸部，渡辉发河，筑城以居，称辉发部。

永乐七年（1409年）三月，明朝在忽儿海河流域置忽儿海卫，同年五月更名为弗提卫，以塔失为指挥。后塔失与昂古里星古力发生"卫印之争"事件，明朝借故将弗提卫一分为二。昂古里星古力任弗提卫首领时，连卫所在内举族一迁至呼兰河流域，后又二迁至辉发河流域而改称辉发部。该部曾受制于叶赫部，万历三十五年（1607年），终被努尔哈赤吞并。

可以说，扈伦四部是当时东北地区唯一与建州女真相抗衡的地方割据力量，在明末海西女真与扈伦四部两大部族集团的斗争中，扈伦四部始终没有能统一女真各部的能力。但其存在的意义在于，不仅促使女真诸族走向一统，也大大地推动了东北地区的建设与发展，为后金政权的建立贡献巨大，奠定了满族共同体的形成，为清朝的建立打下了坚实的基础。

第三节　元、明、清水陆城站和各时期文物

一、元、明时期的驿站

元代的驿站，是朝廷为了女真水达达州府建置、屯田与军事的需要，也是为了便于东北诸族商贸往来和邮驿而建。由南至北，包括黑龙江入海口，共设站驿49个。

据《元史》卷一零一《兵志》记载："其给驿传玺书，谓之铺马圣旨。遇军务之急，则又以金字圆符为信，银字者次之。"同书又记："其官有驿令，有提领，又置脱脱禾孙于关会之地，以司辨诘，皆总之于通政院及中书兵部。而站户阙乏逃亡，则又以时签补，且加赈恤焉。"[1]黑龙江流域冬季寒冷、夏季短，对应季节产生两大运输方式：一是盛夏水活乃可行舟；二是冬则以犬驾爬行冰上。黑龙江中下游至奴儿干沿线所经驿站，冬天则不用车马，而是用狗拉爬犁，谓之曰"狗站"，沿途共设15个狗站。

元朝对于驿站的养护修缮十分重视，如遇到灾害之年，沿途站户兵役会及时得到赈济，同时填充驿站因死亡缺失的常备牲畜。

至顺元年（1330年）九月，"辽阳行省水达达路，自去夏霖雨，黑龙、宋瓦(松花)二江水溢，民无鱼为食。至是，末鲁孙一十五狗驿，狗多饿死。赈粮两月，狗死者，给钞补市之"[2]。

对站户兵卒及时赈济的举措，有效地保障了朝廷与东北边疆邮路城站的利用，使得朝廷能够更有效地掌控远在边陲的水达达地区军警民情。

多年来的考古调查发现，元朝还存有一种邮驿方式，就是陆行沿松花江、黑龙江两岸每隔一定距离即有古城或堡寨，为邮驿和往来奔波的商旅提供间歇之所。

---

[1]　［明］宋濂著：《元史·兵志》，中华书局1976年版，第2583页。

[2]　［明］宋濂著：《元史·文宗纪》，中华书局1976年版，第767页。

铜饰件：青铜质地，采用范模翻铸而成。共四件，均带纹饰。（1）是筒状铜牌饰，上面錾刻凹形浅纹，由小坑点和凹线组成，长9厘米，宽2.4厘米，厚0.12厘米；（2）是片状铜饰件，上面錾刻凸形纹，长9厘米，宽3.2厘米，厚0.1厘米；（3）是铜状饰件（残剩半面），长9厘米，宽2.3厘米，厚0.1厘米；（4）是片状，上面錾刻凸形纹，长9厘米，宽3.5厘米，厚0.1厘米。通过比较，后三件应该为一组三件的管状器，残损后呈目前这样，这些器身附着一层很厚的绿色铜锈。年代为明代。

盾形铜牌：青铜质地，采用范模翻铸而成。在铜片上錾刻花纹后形成。整体呈盾形，片状，圆顶，平底。器身下部残缺。长9厘米，宽5.3厘米，厚0.1厘米。器物顶上有一直径0.3厘米的圆孔，在左下边角有个圆顶铜铆钉。器身附着一层很厚的浅绿色铜锈。年代为明代。

银锁：白银质地，采用范模翻铸而成。蝴蝶向"钱"锁，长5.5厘米，宽4.8厘米，厚0.4厘米。器身附着一层很厚的银灰色银锈。年代为明代。

1   2

　　铜挂钩：黄铜质地，采用范模翻铸而成。（1）成型后又进行在此錾刻加工，通体围绕一根树藤，缠绕着有两组莲花、莲蓬组成的塑面。长17.8厘米，宽3.2厘米，粗（厚）3.6厘米；（2）紫铜质地，翻铸而成，后加錾刻工艺辅助。整体呈拱形。上有一朵和花骨朵形钮。左右两侧由两组荷花组成。长16.7厘米，宽（高）12.3厘米。器身附着一层很厚的紫红、土黄色铜锈。年代为明代。

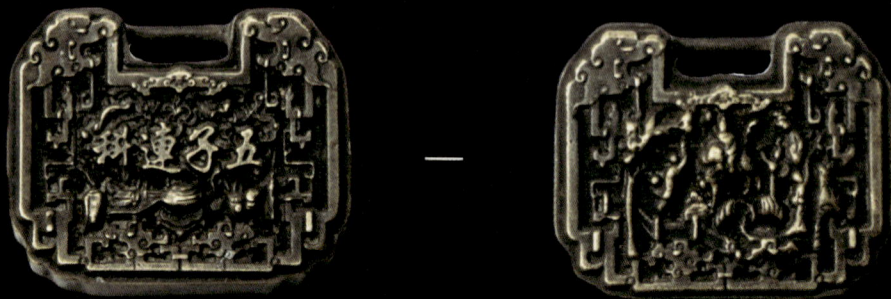

　　银锁：白银质地，采用范模翻铸而成。略成长方形，共两面。一面是"五子登科"，另一面是"麒麟送子"。长5.3厘米，宽4厘米，厚1.2厘米。器身附着一层很厚的土黄色银锈。年代为明代。

铜铃：青铜质地，采用范模翻铸而成。整体呈不规则圆球状，上有一片状拱起，内有一圆孔，孔径 0.4 厘米。长 5 厘米，宽 3.7 厘米，厚 3 厘米。器身附着一层很厚的蓝色、赭色和深绿色铜锈。年代为明代。

叶公好龙：杨木质地，手工雕刻而成。人物神态，龙的灵动，刻画细腻。长 40 厘米，宽 28 厘米，厚 4 厘米。年代为明代。

吹箫引凤：杨木质地，手工雕刻而成。人和凤凰，月舞和鸣，雕工精湛，构图丰满。长 40 厘米，宽 27.6 厘米，厚 4 厘米。年代为明代。

三连发火铳：
铁质，复合加工
而成。由三个连
在一起的管状物，
被三道环箍紧紧
地捆在一起，呈品
字形，后由一个空
心铁管将其连在
一起，通长 30 厘
米，铳口长 7 厘米，
柄管径 3.3 厘米。
年代为明代。

1   2

官补·明代丝绸：丝质，刺绣而成。残剩二块。（1）长 15 厘米，宽 12.5 厘米；
（2）长 17.5 厘米，宽 12.5 厘米，年代为明代。

第四节　明、清时期对东北亚古丝路的利用

一、明代

明洪武元年（1368 年）八月，元大都被明军攻破，元残部远遁漠南。

明洪武二年（1369 年），朝廷下诏劝降元旧将纳哈出及辽阳等地旧民。

明洪武四年（1371 年）秋七月，置辽都卫指挥使司并招抚女真各部降明。明朝开始在东北女真诸部创卫和所建置。至明成祖朱棣时期，更加重视对"藉女直制北虏"诸部的招抚。曾下诏曰："尔等若能敬训天意，诚心来朝，各立卫分，给印信，分赏赐，世居本土，自相统属。"

洪武十五年（1382 年），鲸海千户速哥帖木儿率众归附。

另据《寰宇通志·女真志》记载，"其地东濒海，西接兀良哈，北至奴儿干、北海"。如上诸族与元明两朝的朝贡与恩赏促使互动频繁，元明两朝和边民对东北亚古丝路的开通维护与利用超过任何朝代。

东北亚古丝路巅峰时期为明清两朝。东北亚陆路交通以从今北京至山海关经奉天（沈阳）、吉林、黑龙江为主要交通线。这条交通线对东北边疆的地方政治、经济、军事起着至关重要的作用。

明永乐皇帝即位后，继承了从明太祖时起对东北地区元朝旧地进行重新经略的方针，还完善了一条比郑和下南洋早 79 年开辟的"亦失哈九上北海"的东北亚丝绸之路。由于永乐皇帝对东北亚地区特别是黑龙江流域突出的战略地位格外关注，永乐三年（1405 年），明朝在奴儿干地区（黑龙江下游）设卫，借以招抚奴儿干地区及海西、建州等地女真诸部加盟。自此以后，明朝完成了对东北的统一。为了更好地巩固东北边疆，明政府又在原"卫"基础上将其升格为奴儿干都指挥使司，主要负责对松花江、精奇里江、乌苏里江、黑龙江流域中下游及库页岛等地女真诸部的军政管理。并前后九次派遣钦差内官亦失哈去"替天巡视"，修缮和打通并繁荣了东北地区边民内服和商贸往来以及朝贡的通道。

黑龙江地区最大的军政机构奴儿干都司成立以后，明朝派兵驻守奴儿干。兵卒多时达三千人，最少是也有五百之众。满两年者遣还。永乐至宣德凡二十年时间里，派官员九下奴儿干，替明朝安边抚民，分别在永乐十一年（1413 年）和宣德八年（1433 年）两次修建"永宁寺碑"。

据《明实录》记载："永乐二年二月，……置奴儿干卫，以把剌答塔、阿剌孙等四人为指挥同知，古驴等为千户所镇抚。"

永乐元年（1403 年），明成祖派行人司行人邢枢楷、知县张斌等人，跋涉万里，前往奴儿干"至吉列迷部落，招抚之"。

"永乐七年，始设奴儿干都司，封康旺为都指挥同知，给兵二百护印，千户王肇舟等为都

指挥金事，管辖奴儿干及海外苦夷诸民，岁贡海东青、鹰、貂皮等物。"

奴儿干都司是明朝在东北地区北部建立的军政合一的最高行政机构，相当于省一级建置，直接隶属于明朝兵部。设都指挥使一人，都指挥同知二人，都指挥金事二人。

卫是仅次于都司的地方军政机构，设指挥司一人，指挥同知二人，都指挥金事四人，其属官有镇抚司、镇抚二人。

千户所，比卫低一级的基层行政机构，设正千户一人，副千户二人，镇抚二人。

所下管辖百户，设旗总二人，小旗十人。

自永乐元年（1403 年）十一月起，明朝在东北地区先后设置 368 个卫、20 个所，其中永乐朝 181；正统朝 4；正统后 130；嘉靖朝 53。[1]

据史料记载，钦差内官亦失哈为了完成替朝廷宣抚诏安东北亚古丝路沿线女真诸部的任务，耗时近一年做各种准备，后又在吉林船厂（阿什哈达）监造大船 25 艘。

永乐九年（1411 年）春，亦失哈率官兵千余人及装满布帛、丝绸、粮食、器具等船舶，顺松花江而下直至奴儿干（库页岛）地区。

亦失哈抵达奴儿干后，宣读"敕谕"："授以官爵印信，赐以衣服，赏以布钞，大赍而还。依上兴立卫所，收集旧部人民，使之自相统属。"并与康旺、王肇舟、佟答剌哈等官员在特林（今俄罗斯蒂尔）修建衙署，明朝最北部地区军政合一奴儿干都司宣告成立。后召见了当地部族酋长，"赐男妇以衣服、器用，给以谷米，宴以酒食"。此次行程被镌刻在永宁寺碑上："永乐九年春，特遣内官亦失哈等，率官军以千余人，巨船二十五艘，……开设奴儿干都司"。

据"永宁寺碑"记载：永乐十年（1412 年）"冬，天子复命内官亦失哈等载至其国"。亦失哈此行，做了两件名垂历史的大事：一是"亲抵海外苦夷"，代表大明到库页岛上视察民情和宣示主权，并接待"自海西抵奴儿干及海外苦夷诸民"。其二，利用自带工匠在满泾站建永宁寺，勒石刻碑，镌刻《敕修永宁寺记》，详细记述明朝建立奴儿干都司（卫）与修建永宁寺和替朝廷巡检边地过程。

宣德七年（1432 年），明朝派遣亦失哈到黑龙江下游地区进行最具规模的巡查，这是亦失哈最后一次去奴儿干。《重建永宁寺记》《明实录》均有记载："遣中官亦失哈等往奴儿干处，令都指挥刘清领兵松花江造船。"此类记载还见于吉林阿什哈达摩崖石刻，刻石记曰："宣德七年二月卅日，刘清造巨船五十艘"。

据《明宣宗实录·卷三十一》记载：宣德二年（1427 年），运往"奴儿干官兵三千人。人给行粮七石，总为二万一千石"。

另据史料记载："民皆如故"，独永宁寺破毁。破坏寺庙者被捉，"皆怵惧战栗"，此次入奴儿干，悉见民风依旧，唯有永宁寺被毁，经过调查，拿捕到了毁寺之人，经过开导劝慰赦免了毁寺之人。

亦失哈不但敦促组建奴儿干都指挥使司（卫），还促使奴儿干地区土著派使团向明王朝纳

---

[1] 王钟翰著：《清史新考》，辽宁大学出版社 1990 年版。

贡。周邻土著部族首领们都相互仿效，争相踏寻元朝海西东水陆城站故道，利用原有故城、堡寨和驿站使得东北亚古丝路日益繁盛起来。

由于明朝采取"贡薄而赏厚"的惠边政策，促使边民心向内地，向朝廷交贡纳税的部族群体日益扩大。这些边民既获得了通商贸易交易机遇，又开阔了视野，这都为本地综合发展打下了先期基础。中原内地的丝绸、绢布、金银器皿、各种用具一应俱全，随着朝明使团源源不断地涌进黑龙江流域各地。奴儿干地区及库页岛居民还与日本北海道沿岸居民进行商贸交易，随朝明使团而来的中原地区锦缎摇身变成紧俏的"虾夷锦"。据史料记载，双方这种贸易交往一直延续到清中期。

经过国内外学术界多年来不断深入研究，对于明清时期卫所建制及相关问题已经成为明清史研究的重要领域。随着研究的深入推进，也在不断更新着人们的认知。东北地区卫所建制，不能简单地将其理解为单一的军事组织，它属于军政合一地方行政管理机构。东北地区卫所建制，其第一项功能与中原内地府、道、州、县类似，负责卫所辖区以内的人口、土地、财税等方面日常管理；第二项功能就是具有独立的军事功能，负责所辖区域内剿寇灭盗与维护边境安全。对于卫所属性研究，学术界取得很多有益的共识，诸如军职世袭制、军政共存制，等等。明代很多地区都有类似机构设置。卫所辖区方面，体现在本辖区内具有独立管辖权与行政权并存。戍边屯田又是卫所必备的经济与军事基础，这种建制一直持续到明末。明初在东北开始实施的卫所戍边屯田制，为明代稳定边疆、促农发展上起到了一定作用。但卫所设置到中后期有了细微变化，卫所与州县两大军政体系开始各自独立运转，直到明末州县也没有取代军政性质的卫所。

明代的东北亚古丝路水陆交通驿站，明代早期是从"南京（应天府）－北京（北平）－沈洲（沈阳）－开原（丝关）－阿什哈达（吉林市）－松花江－黑龙江－鞑靼海峡－库页岛－日本北海道"一线，为水路。

明代中晚期东北亚古丝路的陆路则为"北京（京师·顺天府）－迁州（山海关）－新城（锦州）－沈洲（沈阳）－开原（丝关）－济州（农安古城）－阿萨铺（双城单城子古城）－尚京城（阿城金上京古城）－海胡站－扎剌奴城和鲁路吉站－伏答迷城站－海留站－扎不拉站－伯颜迷站－能站－哈三城哈思罕站－兀剌忽站－脱亨站－斡朵里站－一半山站－托温城满赤奚站－阿陵站－柱邦站－弗思木城古佛陵站－奥里迷站－弗踢奚城弗能都鲁站－考郎古城可木站－乞列迷城乞勒伊站－莽吉塔城药乞站（黑瞎子岛、狗站第一站）－奴合温站－乞里吉站－哈剌丁站－伐兴站－古伐替站－野马儿站－哈儿分站－撒鲁温站－伏答林站－马勒亨古站－忽林站－虎把希站－五速站－哈剌马吉站－卜勒克站－播儿宾站－弗朵河站－别儿真站－黑勒里站－满泾站，从黑龙江口渡海经兀列河卫到波罗河卫再白主（库页岛南部）渡海至宗古（北海道的稚内）"。

二、清代

清初，朝廷为了巩固东北边陲，加强对诸民族的管理，同时也为解决上层贵族对土贡貂皮的需求，在黑龙江流域颁布并实施了"贡貂赏乌绫"制度。

康熙三年（1664 年），在黑龙江依兰设置三姓城。后在此基础上增设三姓副都统衙门，一度使之逐渐变成东北亚古丝路和边疆政治、经济、军事与商贸重镇，还获得了"边外七镇"之一的赞誉。

清朝接替并繁荣了明朝东北亚古丝路，负责这一事务的管理机构有盛京将军、吉林将军及黑龙江将军。其中，最主要的形式就是利用东北亚古丝路促使边民纳贡和朝廷恩赏乌绫（满语财帛）。向朝廷纳贡团队主要由赫哲、费雅喀、鄂伦春、绰奇楞、德楞、库页、恰喀拉、达斡尔等部族组成。黑龙江中下游沿线各族均向清政府定期缴纳土贡及貂皮等。清朝在三姓副都统衙门专门设置赏乌绫官员，按时去黑龙江下游地区的鄂伦春、奇集、普禄乡、莫尔气、德楞、恰喀拉与库页岛等地的"丝城"接受各族供奉的土物与貂皮，代朝廷顺便回赏各族乌绫。查阅清朝官方档案和相关文献记载，再佐以这一时期文物，综合来看，朝廷恩赏给东北诸族乌绫品种，成品包括蟒袍（龙袍）、大红盘金蟒袍、各类朝服、锦缎衣袍、蓝毛青布袍等；布匹包括无扇肩朝衣用蟒缎、朝衣用彭缎、缎袍用彭缎、各色锦片妆缎、闪缎、红青缎、丝缎、绸子、绢里子、白绢、红绢、绿绢、纻丝、布衣、布被子，以及被面布、布匹、毛青布、袍子用蓝毛青布、衬衣毛青布、裤子毛青布、白布、高丽布、家机布等，还包括棉线、棉花、帽子、袜子、带子、腿带子、包头，等等，拥有相当规模及数量。

清朝对东北边疆实施的有效治理，使得边民踊跃朝贡，相互间商贸往来频繁，黑龙江下游地区至入海口附近土著上层对于丝绸需求逐年增加，影响力较此前有所扩大，逐渐发展成为著名的"山丹贸易"。山丹，是库页岛人和日本北海道人对黑龙江下游地区沿线土著居民的泛称。居住在日本北海道地区（靠近库页岛一侧）的阿依努人（虾夷人）为了获取中国丝绸，便通过以物换物的交易方式促使山丹交易逐渐得到发展，中国内陆丝绸不断地从库页岛至北海道而后流入日本。日本把阿依努人（虾夷人）在库页岛开展的贸易交易地区称作"北虾夷地"，后又把流入日本的丝绸冠称"虾夷锦"，这些珍贵的丝绸及相关物品，在日本各类博物馆中均有展示。

光绪二十二年（1896 年），曹廷杰向光绪帝呈交的《条陈十六事》里是这样描述的："国初，收服东海诸部，若赫哲喀喇、若额登喀喇，在混同江左右；若木抡，在乌苏里江左右若奇雅喀喇，在尼满河源左右，皆令每年至宁古塔入贡貂皮一张，或三年一贡。又有远在混同江海口之费雅喀、奇勒尔二部，及远在海中之库页一部，不能以时至宁古塔，则以六月期集于宁古塔东北三千里之外普禄乡，章京舟行，如期往受。雍正七年设三姓副都统，遂归三姓办理。定例：岁贡者宴一次，三年一贡者宴三次，皆赐衣冠什器，名曰'赏乌绫'。自诸部者言之，则曰'穿官'。"这种因边民缴纳土贡而获恩赏乌绫的制度，使因战乱而废弃的东北亚古丝路重新燃起了生机。每年春季，赫哲、库伦、鄂伦春、绰奇楞、库野、恰喀拉等五十六部族齐聚三姓，带着土贡、貂皮、山参、海货，乘船或骑马争先恐后地来"穿官"。与历代王朝一样，清朝也承传赏大于贡的制度，就是"每一贡貂户赏一套乌绫"。诸族向官府缴纳土贡有严格的等级区分。恩赏同样也有等级区别，如"喀喇达赏给无扇肩装朝服一套，噶珊达赏给朝服一套，子弟赏给缎袍一套，白人（白丁）赏给蓝毛青布袍一套"。

据史料记载："先由下级官吏出栅栏门，呼唤诸夷之喀喇达、噶珊达等依次单独进入公署。较高级官员三人，坐于台上三条凳上，接受贡物，夷人脱帽，跪地叩首三次，献上黑貂皮一张。中级官吏介绍来人之后，接过礼物呈交较高级官吏面前。贡礼毕，赐予赏物。与喀喇达锦一卷，与噶珊达缎类品四寻，与庶夷则为棉布四反，梳子、针、锁、绸巾及红绢三尺许"。这是日本间宫林藏在 19 世纪初，对黑龙江下游一带至库页岛考察后形成的报告《东鞑纪行》中，依据其在"赏乌绫"城内的亲身经历对"贡赏乌绫"进行的翔实记录。

东北亚丝绸之路沿线事务由盛京将军、吉林将军和黑龙江将军分别管理，自山海关开始，贡貂赏乌绫线路绵延数千里。经考证，具体路线如下：

盛京将军所辖路段 1：山海关—凉水河站—东关站—宁远站—高桥驿—小凌河站—十三山站—广宁站—小黑山站—二道井站—白旗堡站—巨流河站—老边站—盛京（沈阳市）。

盛京将军所辖路段 2：金州—复州—盖州—海州—辽阳—盛京。

盛京将军所辖路段 3：盛京—懿路站—高丽屯—开原—棉花街（以下归吉林将军）—尼什哈站（今吉林市龙潭山）。

吉林将军所辖路段 1：棉花街—叶赫站—克尔素站—阿尔滩额墨勒站—伊巴丹站—刷烟站—依儿门站—搜登站—尼什哈站。

吉林将军所辖路段 2：尼什哈站—额黑木站—额伊虎站—退蛟站—俄莫赫索罗站—毕尔汉河站—沙兰站—宁古塔站。

吉林将军所辖路段 3：尼什哈站—腾额尔哲库站—蒙古卡伦站（今吉林省榆树市太安乡）—拉林多欢站—萨库哩站—蜚克图站—塞勒佛特库站—佛思亨站—富尔珲站—蒙古尔库站—鄂尔多穆逊站—妙嘎山站—三姓城—喀拉尔噶珊、奇集噶珊、莫尔气、敦敦河口、德楞。

此外，黑龙江将军开通了以齐齐哈尔为中心的南北驿道：北道为齐齐哈尔至瑷珲城，南道为齐齐哈尔至茂兴站。

康熙朝又开通了齐齐哈尔通往呼伦贝尔的驿道，以及墨尔根至雅克萨的驿道。

后来，这条东北亚古丝路在沙俄入侵远东后彻底中断。

三、清代文物

狮钮五魑蕙铜镜：青铜质地，采用范模翻铸而成。标本保存完整，整体呈圆形。直径11厘米，厚0.7厘米。器身附着一层铜锈。年代为清代。

花鸟兽纹铜镜：青铜质地，采用范模翻铸而成。标本保存完整，整体呈圆形。从边缘向内有两道凸弦纹与穿钮组成。第一道弦纹与第二道弦纹间隔2厘米；第二道弦纹与中间穿钮间隔2厘米，在这两处间隔中分别饰有飞鸟花枝与兽纹花枝，纹饰精美，直径10.2厘米，厚0.6厘米。器身附着一层黑漆色铜锈。年代为清代。

手把镜：青铜质地，采用范模翻铸而成。标本保存完整，圆镜直径8.3厘米，厚0.6厘米；柄长9.1厘米，厚0.8厘米，柄头有一椭圆形凹陷，长1.8厘米，宽1.3厘米，内里由一个直径0.3厘米的穿孔。通长17.4厘米。器身附着一层绿色铜锈。年代为清代。

狴犴纹铜钩：青铜质地，采用范模翻铸而成。整体呈琴形，其刻画神态、造型、构图等，堪称奇巧。长16厘米，宽5.3厘米，厚1.3厘米。器身附着一层很厚的黑漆古色和绿色铜锈。年代为清代。

睚眦纹铜钩：青铜质地，采用范模翻铸而成。整体呈琴形，造型生动，刻画细腻。长5.5厘米，宽5.3厘米，厚1.2厘米。器身附着一层很厚的黑漆古色和绿色铜锈。年代为清代。

十二生肖小铜镜：青铜质地，采用范模翻铸而成。标本保存完整，通体呈圆形。直径均为5厘米，厚0.4厘米。器身附着一层深浅不一的绿色铜锈。年代为清代。

对虎铜镜：青铜质地，采用范模翻铸而成。标本保存完整，通体呈圆形。画面上左右由两只老虎左旋右转的缠斗，张牙舞爪。上下各有两朵祥云。中穿钮呈圆形。直径9厘米，厚0.7厘米。器身附着一层黑漆色铜锈。年代为清代。

双猴戏虎铜镜：青铜质地，采用范模翻铸而成。标本保存完整，通体呈圆形。扁桥状钮。穿钮边缘由三道正方形凸弦纹围绕。通体由外向内有三道凸弦纹和穿钮组成。在第三道凸弦纹至穿钮四周、三道凸弦纹之间的空余处，底面规范的凸起点状纹装饰，在其上凸雕两只猴子正在戏耍两只老虎，场面紧张有趣，直径10厘米，厚0.5厘米。器身附着一层深浅不一的黑漆色铜锈。年代为清代。

小铜镜：青铜质地，采用范模翻铸而成。标本保存完整，通体呈圆形。带纹饰，直径5.2厘米，厚0.5厘米。器身附着一层深浅不一的黑漆色铜锈。年代为清代。

铜鹿：青铜质地，采用范模翻铸而成。标本保存完整，长5.5厘米，宽7.5厘米，厚0.8厘米。器身附着一层铜锈。年代为清代。

各类印章：青铜质地，采用范模翻铸而成。共六枚，分正反两面，均为清代私印。（1）边长7厘米，厚1厘米，板钮，有一直径0.6厘米的穿孔，通高4厘米。印面上的篆刻阳文，没有释读。（2）押纹印，为阳刻印文，没有释读，边长4厘米，宽3厘米，厚0.3厘米，有一蹲卧狮钮，头后有一环形穿缀。通高4.3厘米。（3）私印，仿汉印。阴刻白文，印面边长4厘米，厚1厘米，印钮为肖形牛。（4）油厂印，印面为楷书阳文，长方形，边长5.5厘米，宽3.8厘米，厚0.4厘米，板钮。（5）仿汉私印，阴刻白文，印面长4厘米，宽4厘米，厚2.6厘米，背为斗形，覆扣瓦钮。（6）仿汉印，篆刻阳文，印面长3.6厘米，宽3.6厘米，厚1.5厘米，柱形钮。器身附着一层很厚的黑漆古色和绿色铜锈。年代为清代。

素面瓷盘：高岭土质地，通体呈蛋青色。圆唇，侈口，台底。口径14.5厘米，底径8.3厘米，厚0.3厘米，立高2厘米。年代为清代。

1

2

3

4

清代瓷盘（民窑）：（1）高岭土质地，白釉蓝纹，有鱼纹、菊花纹、福字竖线纹、花篮四种。鱼纹瓷盘，圆唇，侈口，台底，上施蓝色鱼纹，鱼鳞用赭红绘制，口径22.6厘米，高3.8厘米，底径14.5厘米，厚0.3厘米；（2）菊花纹盘，盘口饰满菊花纹，圆唇，敞口，台底，口径23.5厘米，立高3.6厘米，底径14厘米，厚0.4厘米；（3）福字竖线纹盘，盘内饰满图案，圆唇，敞口，台底，口径23厘米，底径14.2厘米，立高3.8厘米，厚0.4厘米；（4）花篮盘，口径16.5厘米，立高3厘米，底径8厘米，厚0.2厘米，圆唇，敞口，平底。以上四件瓷盘，年代均为清代。

　　青花碗：高岭土质地，白釉兰花，共四件。（1）圆唇，侈口，台底，口径16厘米，底径7.5厘米，高6厘米，厚0.4厘米；（2）尖唇，侈口，台底，口径16.2厘米，底径7.5厘米，立高5.8厘米，厚0.3厘米；（3）小斜平唇，侈口，台底，口径17.4厘米，底径7.5厘米，立高6厘米，厚0.3厘米；（4）圆唇，侈口，台底，口径为17.5厘米，底径6.7厘米，立高8厘米，厚0.4厘米。以上四件，年代均为清代。

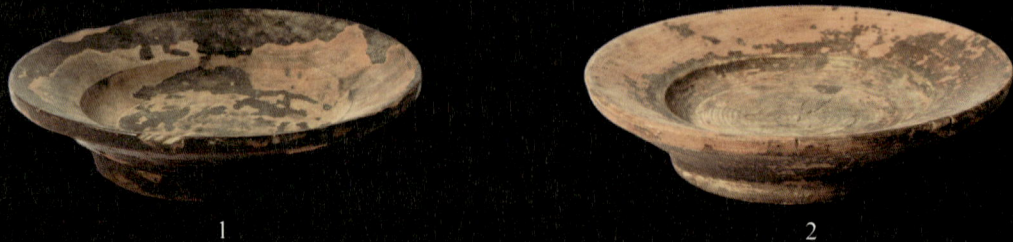

　　木碟：木质，削切而成，快轮制作。共两件。（1）尖唇，侈口，台底，口径14.3厘米，底径8厘米，立高2.5厘米，厚0.8厘米；（2）尖唇，侈口，台底，口径15厘米，底径9.5厘米，厚0.7厘米，立高3厘米。年代为清朝。

三角形铜牌：黄铜质地，采用范模翻铸而成。采用铜片经錾刻而成，通体呈三角形。上錾刻一横卧鲤鱼，纹饰精美。鱼身和左右两条三角的线的夹角上，錾刻几道水波纹。顶长7.5厘米，左边线长4.4厘米，右边线至底角长5.2厘米，厚0.2厘米。器身附着一层铜锈。年代为清代。

铜配件：黄铜质地（含一个紫铜），锉磨后经组合而成。共三件，两件为钥匙；一件为弯钩。其中（1）（3）为锁钥匙。（1）长9.5厘米，厚（组合后）1.2厘米。（3）是铜钥匙，也是组合而成，用一根细铜棍，一头钻孔，一头从中锯出一个"U"形口即完成。长9.3厘米，宽3厘米；（2）是铜弯钩，采用紫铜线，一头经磨制成尖状后弯成勾状，而后锤砸铜线另一头，后将锤扁处刺穿一孔，通体呈"S"形，长6.3厘米，宽0.5厘米。器身附着一层铜锈。年代为清代。

铜棒锤：黄铜质地，采用范模翻铸而成。共三件，大小造型一致。均长9厘米，粗径1.5厘米。器身附着一层铜锈。年代为清代。

琵琶形银饰：白银质地。长9厘米，宽4.3厘米，厚0.1厘米。器身附着一层很厚的土黄色银锈。年代为清代。

鹿牌：黄铜质地，采用范模翻铸而成。片状。上饰有浮雕式一头面向观众的鹿，衬有树叶，预示秋山之意。长9.7厘米，宽6厘米，厚0.4厘米。器身附着一层很厚的黑漆古色铜锈。年代为清代。

铜铃：青铜质地，采用范模翻铸而成。整体布有浅凹形云纹。通长8厘米，宽6厘米，壁厚0.3厘米。器身附着一层黑漆古色、铁红、深绿色铜锈。年代为清代。

铜钵：黄铜质地，采用范模翻铸而成。素面，平唇，直口、圆底。口径9.6厘米，立高3.5厘米，壁厚0.3厘米。器身附着一层铜锈。年代为清代。

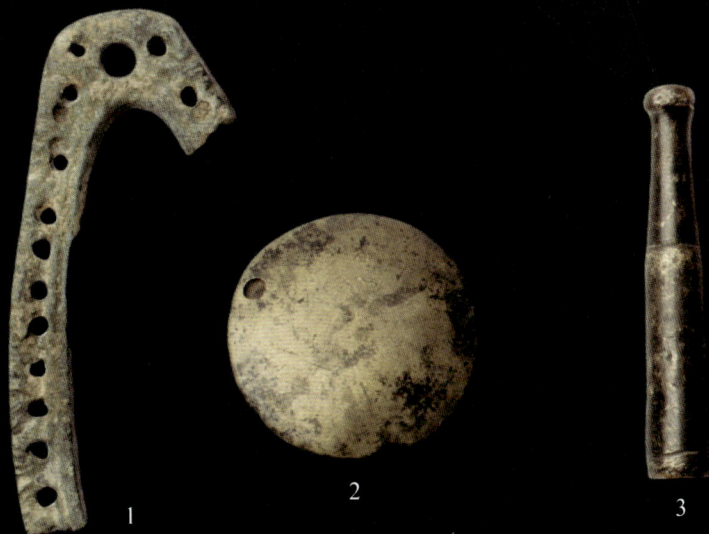

1   2   3

　　铜件：一件为青铜质地，另外两件为黄铜质地。共三件。采用范模翻铸而成。（1）钩形铜件（残），残剩15个留在器物上的小圆孔，长7.6厘米，宽1.3厘米，厚0.2厘米；（2）铜扣，直径3.6厘米，厚0.4厘米；（3）烟嘴，长5.6厘米，粗径0.7厘米。器身附着一层很厚的黑漆古色、绿色、土黄色铜锈。年代为清代。

　　双喜铜牌：白铜质地，片状，刻制。器身所有部位均有錾刻花纹，整体呈正方形，长、宽4.5厘米，厚0.1厘米。器身附着一层很厚的土黄色铜锈。年代为清代。

　　铜牌：白铜质地，片状，呈圆形。上面刻画由细线状佛手纹。长6厘米，横径5.7厘米，厚0.3厘米。器身附着一层很厚的土黄色铜锈。年代为清代。

　　各式铜镯：青铜质地，采用范模翻铸而成。共分三类。一圆头代环箍；二片状；三龙头形。分别为长5.5厘米，头径0.6厘米，宽1.3厘米，厚0.4厘米；直径7.4厘米，宽0.6厘米，厚0.2厘米；直径7.5厘米，宽0.4～0.7厘米。器身附着一层很厚的土黄色铜锈。年代为清代。

银八仙：白银质地，范模翻铸后錾刻而成。共九枚。各个造型神采奕奕，活灵活现。均呈筒状。
长 3.5 厘米，宽 1.3 厘米，厚 0.1 厘米。器身附着一层很厚的土黄、银灰色铜锈。年代为清代。

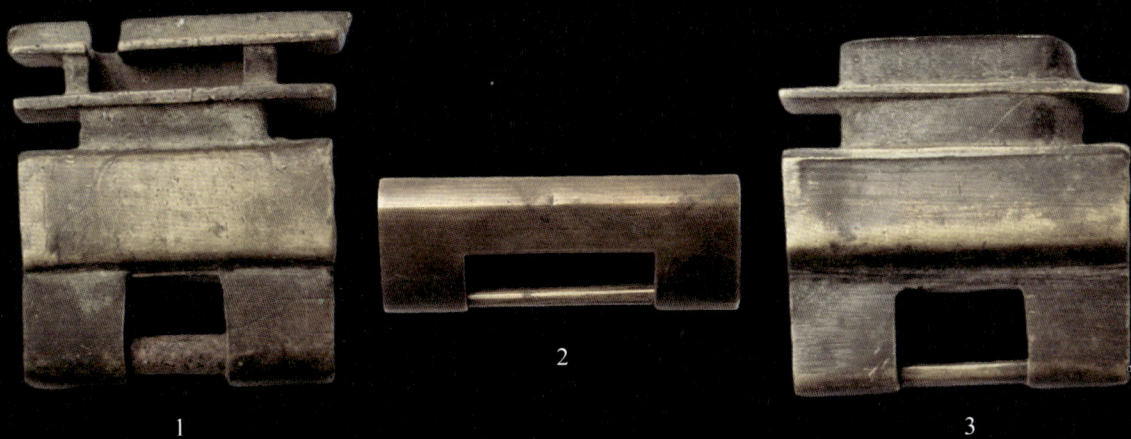

铜锁：黄铜质地，采用范模翻铸而成。共三把。（1）锁栓铁质，通体呈长方形，长8厘米，宽7.5厘米，厚1.3厘米；（2）整体呈长方形，长、宽7.5厘米，厚1.3厘米；（3）呈长方形，长8.5厘米，宽3厘米，厚2厘米。器身附着一层很厚的土黄色铜锈。年代为清代。

福字双心铜鼻：黄铜质地，采用范模翻铸而成。范痕清晰。上面有一个福字，左右各有一个心形图案，下面连缀两个垂悬的心形。长10.5厘米，宽8厘米，厚0.6厘米。器身附着一层很厚的黑漆古色铜锈。年代为清代。

秋山铜件：黄铜质地，采用范模翻铸而成。范痕清晰。通体呈一个大圆套一个小圆形，内饰有一株大树，树下有一只鹿。直径7.3厘米，厚0.2厘米，内圆直径1厘米。器身附着一层铜锈。年代为清代。

铁权：铁质，采用范模翻铸而成。总体呈羊的造型。长10.5厘米，宽6.5厘米，厚3厘米。器身附着一层很厚的铁红色斑锈。年代为清代。

铜盅：黄铜质地，采用范模翻铸而成。圆唇，略侈口，台底。口径6厘米，立高3厘米，底径2厘米。器身附着一层黑漆古色铜锈。年代为清代。

　　铁灯盏：铁质，翻铸而成。尖唇，侈口，平底。唇上立有网格状竖耳，便于端拿。口径 11 厘米，底径 7 厘米，厚 0.7 厘米。该标本保存完整，器身附着一层很厚的铁红色锈。年代为清代。

铜烙铁：黄铜质地，采用范模翻铸而成。由烙铁面和扁长方柄组成，面长8厘米，宽4.2厘米，厚0.4厘米，柄长17.6厘米，宽0.8厘米，厚0.5厘米。器身附着一层草绿色铜锈。年代为清代。

火镰：由皮、铁、铝三合一而成，铁镰面，皮柄，铝装饰面，上缀一个铁丝穿缀。长11厘米，宽7.5厘米，厚1.2厘米。标本保存完整。年代为清代。

火镰：由皮、铁二合一而成，铁镰面，皮柄，长16厘米，宽10.6厘米，厚2厘米，标本保存完整。年代为清代。

木梭子：柞木质地，手工刨制。立面上有一长11.5厘米，宽2.5厘米，深2厘米的方槽。器底为半圆状，两头有尖。整体使用时磨制光滑。通长17厘米，立高4厘米，厚3厘米。年代为清代。

铜锁：黄铜质地，采用范模翻铸而成。整体呈扁长方形，锁面上饰有山茶花、竹子，均阴刻。长17.3厘米，宽4厘米，厚2.3厘米。标本保存完整。器身附着一层铜锈。年代为清代。

铜盘：黄铜质地，采用范模翻铸而成。上面三角对等分布有一个环形穿缀。口径16.2厘米，底径13厘米，立高2厘米，厚0.26厘米。器身附着一层绿色铜锈。年代为清代。

铜盘：黄铜质地，采用范模翻铸而成。口径18.5厘米，底径14.5厘米，立高2.4厘米，壁厚0.3厘米。器身附着一层绿色铜锈。年代为清代。

铜灵芝：黄铜质地，采用范模翻铸而成。长11.5厘米，宽8厘米，厚4厘米。器身附着一层黑漆古色铜锈。年代为清代。

鞋拔子：黄铜质地，采用范模翻铸而成。通长17厘米，宽6厘米，厚0.3厘米，柄部有一穿孔。器身附着一层铜锈。年代为清代。

割烟（罂粟）工具：铁与木复合制品。共8件。（1）铁钩镰，木柄，柄长10厘米，钩镰长8厘米。铁钩刀，柄长15厘米，柄宽1.5厘米，铁钩刀长11.5厘米，勾柄宽1.8厘米，勾刃宽0.3厘米，锋利。（2）短柄平刃刀，柄长8.2厘米，柄径3.4厘米，刀长12厘米，刃宽2.3厘米；（3）短柄直铲，平顶，弧刃，长8.6厘米，刃宽7厘米，柄宽1.5厘米，厚0.5厘米；（4）铁匕首，柄和刃一体，柄长9.4厘米，宽2厘米，厚0.5厘米，刃长7.8厘米，宽1.5厘米，厚0.3厘米，通长17厘米；（5）长柄扁铲，柄呈麻花状，柄头由圆圈。铲面呈扁形，宽3.2厘米，厚0.3厘米，通长17厘米；（6）合刀，铁质，三合一组合，刀、柄、柄后附贴面。长15厘米，宽2厘米，厚1.4厘米；（7）扁铲，铁质，长9厘米，铲面宽5厘米，厚0.2厘米；（8）铁锥，长12.4厘米，柄宽1.3厘米，锥尖锋利。以上年代均为清代。

嵌宝石铜如意：紫铜质地，采用范模铸造后镶嵌宝石而成。由一个缠枝长柄，上留出 8 个心形凹托，凹陷里面原镶嵌的各色宝石，现已遗失，缠枝的前头镶嵌一个铜牌，原来也镶嵌有宝石。长 27.5 厘米，缠枝粗径 1.4 厘米。镶嵌牌长 6.5 厘米，宽 3.7 厘米，厚 0.3 厘米。器身附着一层紫红色铜锈。年代为清代。

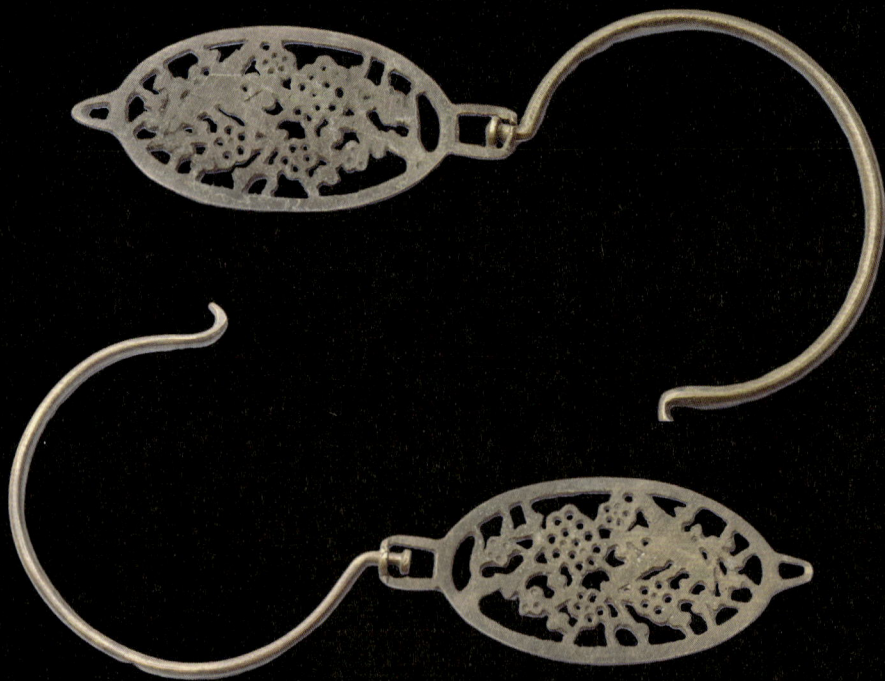

铜幔帐钩：紫铜质地，一个规制、一个尺寸、一个造型，共两件。通长 26 厘米，上面镂空雕刻有梅花，器身附着一层铜锈。年代为清代。

铜提梁壶：紫铜质地，锤砸而成，后经符合拼凑。分盖、把、提梁。口沿上有一尖流，上有桃形盖，侧面有一扁状贴耳（把），有一麻花状提梁。通高24厘米，最大腹径15厘米，底径9.6厘米，口径8厘米，流口3厘米。器身附着一层紫红色铜锈。年代为清代。

铜熨斗：黄铜质地，采用范模翻铸后组合而成。又分别安装斗腹、小鸡和提梁。通长13厘米，宽13.7厘米，厚5.6厘米。器身附着一层铜锈。年代为清代。

铜熏炉：紫铜质地，采用范模翻铸而成。分炉盖、炉两部分。炉盖，有精美的镂空网格加图案，制作精巧。炉沿呈圆唇，敛口，平底。长6厘米，最大腹径10.7厘米，壁厚0.3厘米。器身附着一层紫红色铜锈。年代为清代。

铜蜡台：白铜质地，采用范模翻铸而成。长15.5厘米，基座径9.2厘米，厚1厘米。器身附着一层铜锈。年代为清代。

铁熨斗：铁质，翻铸而成。斗长30厘米，立高5厘米，立耳高14.5厘米（算器底），斜平唇，直口，平底。口径12.3厘米，底径10厘米，壁厚0.6厘米，斗柄径2厘米。器身附着一层铁锈。年代为清代。

铁权：铁质，采用范模翻铸而成。总体呈羊的造型。长 12.5 厘米，宽 7.5 厘米，厚 3.6 厘米。器身附着一层很厚的铁红色斑锈。年代为清代。

鱼形刀：铁刀铜柄，属于复合工具。长 11 厘米，宽 2.5 厘米，厚 1 厘米。器身附着一层土黄色铜锈、刀部有一层铁红色斑锈。年代为清代。

锡碗：锡质，采用范模翻铸而成。共两只。款式尺寸一样。圆唇，敞口，台底。口径 14 厘米，底径 5 厘米，壁厚 0.4 厘米。器身附着一层浅灰色、红色、绿色锡锈。年代为清代。

各式帽顶：均采用复合式制作而成，共六件，质料由蓝玻璃、铜、景泰蓝构成。年代为清代。

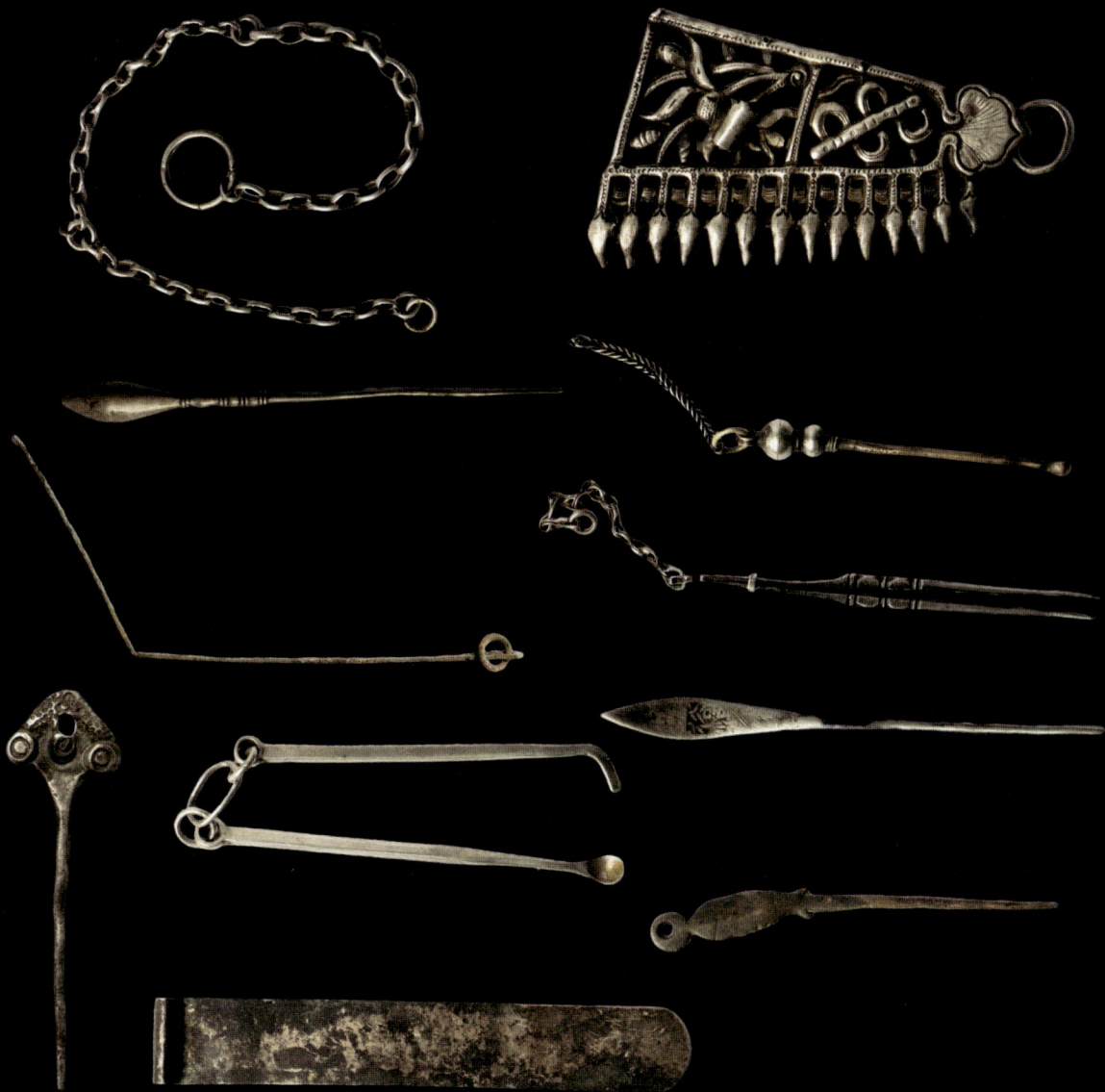

　　各式银器：共 11 件。银链，由银丝制成，串联成链；带齿银器，长 13 厘米，宽 7 厘米，厚 0.3 厘米，制作精巧；棒槌形银簪，长 10 厘米，粗径 0.8 厘米；针状银簪，通长 17 厘米，粗径 0.3 厘米；葫芦耳挖，葫芦下一个细柄，柄头是耳挖，葫芦上有个立式穿缀，上系一个短银链，通长 10 厘米，最粗径 1 厘米；镊子形银簪，长 1 厘米，宽 0.7 厘米；小银簪，长 7 厘米，宽 2 厘米，厚 0.2 厘米；耳挖、耳钩，长 11 厘米、长 9.5 厘米；针状银簪，长 9.7 厘米，宽 0.8 厘米，厚 0.3 厘米；素面扁簪，长 14.7 厘米，宽 2 厘米，厚 0.4 厘米；扁簪，长 12 厘米，宽 1.2 厘米，厚 0.3 厘米。年代均为清代。

　　圆形银牌：白银质地，采用范模翻铸而成。圆形，片状。直径 5.5 厘米，厚 0.1 厘米。器身附着一层深绿色铜锈。年代为清代。

各式银簪：白银质地，精品，共十二件。球形银簪，长 14.5 厘米，粗径 4 厘米；球形银簪，长 12 厘米，球径 3.5 厘米；球形银簪，长 15 厘米，球径 2.8 厘米；球形银簪，长 19 厘米，球径 3 厘米；球形银簪，长 15 厘米，球径 2.4 厘米；禅杖形银簪，长 18 厘米，杖头径 3.3 厘米；圆球形银簪，共两件。长 14 厘米、长 13.5 厘米，球径均为 1.7 厘米；扁状银簪，长 14 厘米，宽 1.5 厘米，厚 0.5 厘米；球形银簪，长 16 厘米，宽 0.6 厘米，球径 2 厘米；球形银簪，长 1 厘米（残），球径 3 厘米；扁形银簪，长 15.6 厘米，宽 0.6 厘米，厚 0.3 厘米；扁形银簪，长 13.5 厘米，宽 1 厘米，厚 0.5 厘米。年代均为清代。

铁灯盏：铁质，采用范模翻铸而成。灯盏呈桃形，平唇，直口，口沿上立塑一个扁桃形耳。口径 10.5 厘米，立高 2.2 厘米，立耳高（从器底算起）6.8 厘米，厚 0.2 厘米。器身附着一层很厚的铁红色斑锈。年代为清代。

扁皮壶：皮质，缝合（黏合）而成。长 21 厘米，宽 11.5 厘米，厚 5.5 厘米。年代为清代。

仿圈：黄铜质地，采用范模翻铸而成。通体呈长方形。长 12 厘米，边框宽 8 厘米，边宽 0.9 厘米，边厚 0.4 厘米。器身附着一层土黄色铜锈。年代为清代。

八卦：紫铜质地，采用范模翻铸而成。整体呈八卦形，直径 10.5 厘米，厚 0.4 厘米。器身附着一层紫红色铜锈。年代为清代。

八卦：紫铜质地，采用范模翻铸而成。整体呈八卦形，内饰八卦方位，中间由太极阴阳图，直径 10 厘米，厚 0.3 厘米。器身附着一层紫红色铜锈。年代为清代。

铜带扣：青铜质地，采用范模翻铸而成。由一只蝙蝠连缀一个圆形图案而成，长8.5厘米，宽4.5厘米，厚1厘米。器身附着一层土黄色铜锈。年代为清代。

蝙蝠纹铜带钩：黄铜质地，采用范模翻铸而成。标本完整。长8厘米，宽4厘米，厚1厘米。器身附着一层土黄色铜锈。年代为清代。

蝙蝠纹铜带钩：黄铜质地，采用范模翻铸而成。标本完整，造型精巧，是难得的精品。由一个蝙蝠连缀两组镂空图案组成。长14.5厘米，宽4厘米，厚1厘米。器身附着一层土黄色铜锈。年代为清代。

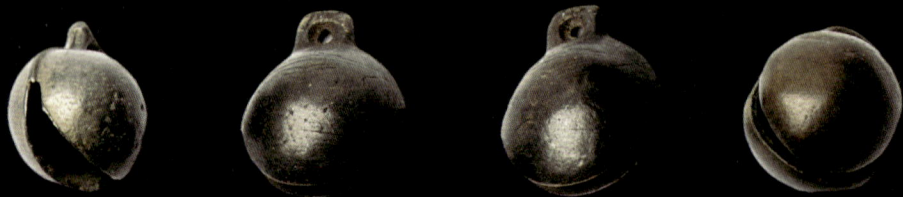

铜铃：黄铜质地，采用范模翻铸而成。共四枚。大小长短一致。中空。顶上有一穿孔，下部有一条形开口。长3.3厘米，宽3厘米，厚2厘米。器身附着一层黑漆古色铜锈。年代为清代。

龙形铜锁：黄铜质地，采用范模翻铸而成。整体造型生动，有龙和祥云，经过二次加工，装有锁芯及配件。通长12.7厘米，宽5厘米，厚1.3厘米。器身附着一层很厚的黑漆古色铜锈。年代为清代。

蛇形铜锁：黄铜质地，采用范模翻铸而成。整体锁身有一条蛇缠绕，翘尾吐信，灵动异常。长12.3厘米，宽边5.8厘米，厚1.4厘米。器身附着一层很厚的黑漆古色铜锈。年代为清代。

玉件：白玉质地，抛磨雕刻而成。整体由两条鱼、花茎和花叶组成，刻画细致，玉质温润。长16厘米，宽4.2厘米，厚1.5厘米。年代为清代。

方形铜件：青铜质地，采用范模翻铸而成。整体呈方形，长5.3厘米，宽5厘米，厚0.3厘米。器身附着一层很厚的赭红、浅绿色铜锈。年代为清代。

嵌珊瑚火镰：由铜、铁、皮、珊瑚组成，手工制作。火镰由铁片组成，镰身由铜片包皮，在其上嵌珊瑚珠。器身做工精细，上有一铁质穿环。长 15 厘米，宽 10.3 厘米，厚 1.2 厘米。蒙古人遗物，年代为清代。

嵌宝石首饰盒：白银质地，手工艺加工而成，由一圈齿状纹围系；而后用各色宝石（由绿松石、红玛瑙）组成，每个宝石之间由工艺凸起间隔。随后，有一圈麻花纹围起一个圆形玉片，上刻有龙纹，直径 15.5 厘米，厚 5 厘米。年代为民国早期。

银锁：白银质地，手工制作而成。上书"百家安"字样，长 6.6 厘米，宽 5.5 厘米，厚 1.2 厘米。器身附着一层银锈。年代为清代。

龙纹盘：黄铜质地，采用手工艺锤砸而成。用阴刻后充填黑漆方式制作。整体龙的神态刻画入微，造型生动，是该类器物中的精品。直径 16.5 厘米，厚 0.3 厘米。器身附着一层很厚的黑漆古色铜锈。年代为清代。

铜香炉：黄铜质地，翻铸而成。平唇，直口，三足。口径 11 厘米，颈径 9.3 厘米，最大腹径 11.3 厘米，立高 5.5 厘米。器身附着一层铜锈。年代为清末。

人物故事牌：黄铜质地，翻铸而成。整体呈等距六菱形。上面饰有两个女子翩翩起舞状、禾苗、土地、树木（竹子）、浮云组成一个画面。长10厘米，宽9厘米，厚0.15厘米。年代为清代。

银镯：白银质地，手工制作而成。镯面上錾刻蒙古文与图案，造型精巧，一副，尺寸、直径类似。直径为9.2厘米，宽1.8厘米，厚0.3厘米。年代为清代。

银簪：白银质地，手工制作而成，长17.5厘米，宽3.5厘米，厚0.2厘米；长17厘米，宽3厘米，厚0.2厘米。器身附着一层银锈。年代为清代。

银狮：白银质地，手工制作而成。整体刻画精致，造型生动。长7厘米，宽4.6厘米，厚0.1厘米。器身附着一层银锈。年代为清代。

南极仙翁银牌：白银质地，手工制作而成。南极仙翁跨梅花鹿、踏祥云而行，面视观者，制作精巧。长7.5厘米，宽5.3厘米，厚0.1厘米。年代为清朝。

313

银盒：白银质地，手工制作而成，整体呈圆筒状。有一盒盖。器身上书楷字"天蕙斋"三字。长9.7厘米，直径4.5厘米。年代为清末。

铜锤：黄铜质地，翻铸而成。整体呈一头扁曲，一头方直，平顶。锤面上饰有花纹，錾刻而成。长5厘米。锤顶长2厘米，宽1.5厘米，扁曲头长2厘米，厚0.2厘米。年代为清代。

1   2   3

铜盅：黄铜质地，采用范模翻铸而成。共3件。（1）圆唇，侈口，台底，口径8厘米，高3厘米，壁厚0.3厘米，底径3.3厘米；（2）圆唇，侈口，台底。口径6厘米，立高3厘米，底径2.4厘米，壁厚0.3厘米；（3）圆唇，侈口，台底。口径6厘米，高3厘米，底径2.4厘米，壁厚0.3厘米。年代为清代。

1

2

3

4

　　铜铃：黄铜质 3 个，紫铜质 1 个，均采用范模翻铸而成。（1）长 9 厘米，铃口径 6 厘米（民国）；（2）长 7 厘米，铃口径 5.7 厘米（民国）；（3）紫铜质，顶穿已残，长 8.5 厘米，铃口径 7 厘米（清代）；（4）平顶，顶径 5.5 厘米，通长 6.5 厘米，铃口径 8.5 厘米，年代为清代。

　　铁锁：铁质，锻造而成，后第二次加工装锁芯。通长 29 厘米，锁身径 6.3 厘米，年代为清代。

鱼形刀：铜柄，铁刀刃。共两把，一大一小。大者长 10 厘米，柄宽（柱状）1.5 厘米，刃宽 2.3 厘米；小者长 8.3 厘米，柄宽 1.4 厘米，刃宽 1.5 厘米。年代为清末。

铅灯：铅质，手工制作而成。由灯碗、喇叭口状长柄（柄把）、托盘组成。通长 30 厘米，灯口径 9 厘米，灯碗高 6.7 厘米，碗底径 2 厘米，柄底径 8.5 厘米，底盘口径 17 厘米，高 2 厘米，壁厚 0.2 厘米，盘底径 15.7 厘米。年代为清代。

香炉：黄铜质地，翻铸而成。平唇，敞口，平底（空心）。口径 9.3 厘米，最大腹径为 6.7 厘米，底径 5.5 厘米，通长 10.5 厘米。器身附着一层很厚的铜锈。年代为清代。

铁锁：铁质，手工加工而成，后复合加装锁芯。长 8 厘米，宽 5 厘米，厚 2 厘米。通体附着一层很厚的铁锈。年代为清代。

铜盘：黄铜质地，翻铸而成。平唇，侈口，平底。口径 15.4 厘米，立高 3 厘米，底径 12.5 厘米，壁厚 0.3 厘米。年代为清代。

银件：白银质地，手工加工而成。该器好像是两个依偎的福娃。带有穿缀孔。长 5.5 厘米，宽 5 厘米，厚 1.4 厘米。年代为清代。

扁壶：酱釉，烧制而成，烧制火候偏高，陶质较坚硬，仿皮壶制作。上方圆流口，带拱形提梁。平底。长 18 厘米，上宽 9.6 厘米，厚 2.2 厘米，底宽 7.6 厘米，厚 2 厘米。年代为清代。

玉件：白玉质地，经抛磨后雕刻而成。整体由勾云卷纹连缀里面的一只蝙蝠，长 7.5 厘米，宽 6 厘米，厚 0.4 厘米。年代为清末。

玉件：白玉质地，抛磨雕刻而成。整体由竹节围系呈不规则圆形，内饰有一只鸟及梅花、竹叶。雕刻简练。直径 7.5 厘米，厚 0.35 厘米。年代为清末。

官补：质地为锦、丝质地，刺绣而成。画面为一只振翅起舞的凤凰，单爪踏在水纹托起的一块石头上。左右花团簇拥，顶上祥云飞绕，边角施以精美配纹。长 26 厘米，宽 24 厘米，厚 0.3 厘米。年代为清代。

铁灯盏：铁质，翻铸而成。由灯盏、长柄（柱状）、托盘组成。长 18 厘米。灯盏呈碗状，边沿有三个尖状立耳。口径 6 厘米，高 3 厘米。托盘，平唇，侈口。口径 10 厘米，高 1.2 厘米，底径 8.5 厘米。器身附着一层砖红色铁锈。年代为清末。

铁勺：铁质，手工制作而成。通长 13.5 厘米，勺口径 5.7 厘米，立高 1.3 厘米。年代为清末。

木香插：木质，手工旋刻而成。插口呈筒状，中间有一凸环，平底。口径4.7厘米，底径5.5厘米，环径5.7厘米。年代为清末。

1

2

香插：木质，手工加工而成。均整体略呈束腰状。平唇，直口，平底。（1）口径11厘米，最大腹径13.5厘米，束腰5厘米，底径10.3厘米。年代为清末。（2）口径10.5厘米，最大腹径12.6厘米，束腰5厘米，底径10厘米。年代为清末。

木灯座：松木质，手工加工而成。整体由一个柱状（顶上开口，直径5厘米）柄，外加一个端手，下面一个方形基座组成。柱长18厘米，底座5厘米，端手长11.5厘米，基座长、宽16厘米，通长23厘米。年代为清末。

木蜡台：杨木材质，旋刻而成。通体呈塔状，从底至尖部共八层。（1）长21厘米，底座径10厘米；（2）长24厘米，底座宽10厘米。年代为清末。

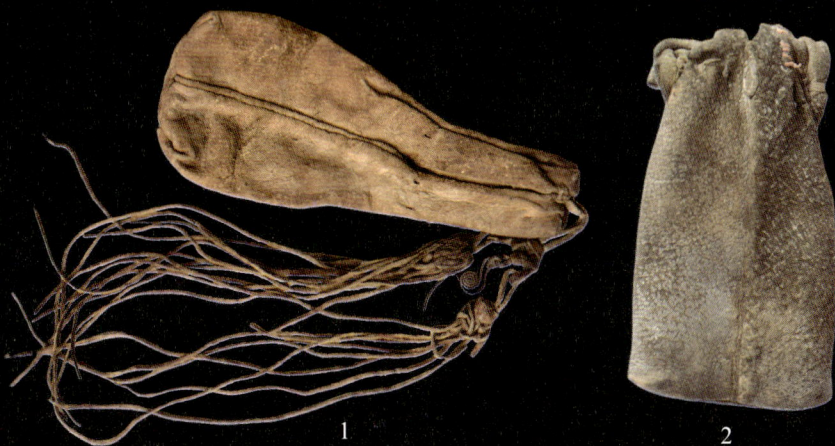

1   2

烟口袋：皮质，缝合而成。整体呈袋状，口沿缀以条状皮飘带装饰。（1）长19厘米，宽8厘米；皮质，缝合而成。整体呈袋状。（2）长14厘米，袋口宽7厘米，底宽8厘米。年代为清末。

铜针：黄铜质地，采用铜丝磨制而成，一头开一个圆孔。整体呈扁状圆尖，圆顶。长13.5厘米，宽0.5厘米，厚0.3厘米。年代为清末。

后　记

　　本书撰写的主要基础，源自对燕山大学校藏千余件东北亚古丝路沿线各历史时期民族文物标本的整理，再加上本人多年来对东北亚古丝路沿线诸历史民族的研究成果。在书中章、节、目的设置上，又认真听取了李治亭先生的意见，对个别章、节进行了归并与整合。

　　本书在撰写过程中得到了燕山大学党委书记赵险峰的支持，他在百忙中为本书题写了书名；感谢艺术学院院长孙利的大力支持与配合，抽调王威老师负责对千余件文物标本进行专业摄影，刘维尚老师负责图片处理和装帧设计；国际交流处路军处长和外语学院王林海院长负责协调英文教师为本书书名和目录进行英文翻译；燕山大学出版社陈玉社长给予大力的支持，柯亚莉老师对本书稿进行细心审读；还要特别感谢墨缘彩印公司的朱玉慧老师对本书精心排版和不厌其烦地多次调整。

　　本书能如期出版，离不开诸位领导和老师们的支持与帮助。最后，向多年来一直支持和帮助我的学术界前辈和朋友们表示衷心感谢！

邓树平

2020 年 11 月 6 日于燕山大学